KB054131

초보자도 고수 되는
부동산 경매

※ 이 책을 유용하게 보는 방법

1. 목차의 별색 ★은 특수물건

초보자는 특수물건은 이해가 어려울 수 있으므로 처음에는 개념 정도만 익히고 넘어간다. 이 책을 끝까지 읽은 후 특수물건만 다시 보면 더 이해가 잘될 것이다. 매각 진행 중인 경매 물건을 보면서 같이 공부하면 효율적이다.

- **초보** : 6장 부동산 등기부상의 권리분석과 7장 유치권, 법정지상권, 분묘기지권은 나중에 공부한다.
- **고수** : 6장 부동산 등기부상의 권리분석, 7장 유치권, 법정지상권, 분묘기지권을 포함한 이 책의 모든 내용을 공부한다.

2. 이 책을 공부 중에 경매 입찰을 하려면?

이 책을 공부 중에 경매 입찰을 하려면, 무엇보다 '8장 이것만 알면 권리분석 끝' 부분만은 꼭 읽고 권리분석한 후에 입찰하자.

★ 누구나 성공할 수 있는 경매 투자 교과서 ★

초보자도 고수 되는
부동산 경매

박노성 지음

매일경제신문사

시중에는 많은 경매 책이 있다. 경매 서적 부류는 크게 2가지로 구분해볼 수 있다. 경매를 배우는 실용서적과 경매해서 얼마를 벌었다는 경험담을 담은 서적이다.

부동산 경매를 재테크로 배우고자 하는 수요자(경매 매수인)들에게 마땅히 경매 교과서로, 체계적이며 쉽고 깊이 있게 한 권으로 볼 수 있는 책은 없는 것 같다.

경매 실용서적을 보면 너무 이론적이어서 경매 투자자 관점에서 불필요한 내용이 많거나 반대로 너무 실무중심적이어서 이론적인 내용이 부족한 면이 있다.

대다수 책이 쉽고 간단한 권리분석 방법을 알려주고 물건을 낙찰받아서 어떻게 했다는 개인의 경험담 내용으로써 피상적이며 깊이 있는 내용은 없고 체계적이지 않아서 참고용으로는 괜찮아도 교과서로 보기에는 적절하지가 않다.

이 책은 경매 투자자(경매 매수인)를 위한 부동산 경매 정통 교과서다.

부동산 경매를 배우는 경매 투자자 관점에서 알아야 할 꼭 필요한 내용으로 모든 과정을 체계적 순서(경매 투자 방향, 절차분석, 권리분석, 물건분석, 사후처리)로 쉽고 깊이 있게 한 권으로 정리했다.

이 책은 특수물건(대지권 미등기, 토지 별도 등기, 가처분등기, 가등기, 지분경매, 유치권, 법정지상권, 분묘기지권)도 수록되어 있다. 일반적으로 쉬운 기초과정을 공부한 후에 좀 더 어려운 특수물건을 따로 공부하지만, 이 책은 권리분석 분야에서 체계적인 순서에 의해 수록되어 특수물건도 이 한 권으로 마스터할 수 있다.

이러한 특수물건도 전체적인 경매의 숲에서 어느 부분에 들어가는지 보여주고자(숲을 보고 나무를 보도록) 체계적인 순서에 의해 집필했다. 따라서 초보자의 경우 특수물건은 개념 정도 이해하고, 한 번 끝까지 읽고 다시 읽어보면 보면 좋을 것이다.

기존에 저자가 쓴 책과 현재까지 15년간의 경매 실무경험(투자, 컨설팅), 강의경험을 토대로 현재 경매 시장에서 경매 공부하면서 무엇이 필요하고, 무엇이 도움이 되는지를 알기에 경매 투자자 입장에서 꼭 필요한 내용으로 도움이 되도록 편집했다. 책 내용 수준은 초급에서 중상급까지의 내용으로, 초보자도 쉽게 공부하면서 끝까지 읽고 마스터하면 어느새 경매 고수가 되어 있을 것이다.

박노성

차 례

10장　명도, "사는 사람 내보내기"

1장

**성공적인
경매
투자 방향**

부동산 경매,
어떻게 해야 돈 벌 수 있나요?

　일반인이 부동산 경매를 공부하는 이유는 여러 가지가 있을 것이다. 예컨대, 조금 더 싸게 내 집 마련을 하기 위해서, 또는 건물과 토지를 구입해 사업운영을 하기 위해서 등 실수요자이거나, 본인의 자금을 투자해 수익을 실현하고자 하는 투자자로 구분해볼 수 있다.

　투자자의 경우 투자 유형으로는 매월 고정적으로 임대료가 잘 나오는 상가를 원하는 임대수익형과 투자한 금액 대비 높은 가격으로 매각해 시세차익을 얻기 위한 차익실현형으로 구분해볼 수 있다.
　차익실현형은 단기 투자와 장기 투자로 나눠볼 수 있다. 단기 투자의 예로는 낙찰 후 바로 매각할 수 있는 물건이 있다. 매각금액이 어느 정도 확실할 경우 향후 매각금액 대비 저가매수할 수 있는 물건들이다. 장기 투자의 예로는 시간이 지날수록 가치가 오르

[자료 1-1] 경매 투자 유형

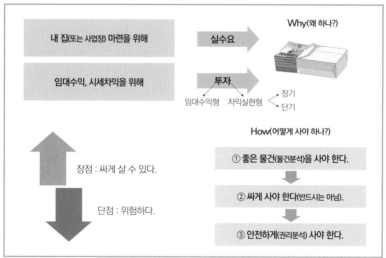

출처 : 저자 작성

는 토지나 재개발, 재건축 예정인 빌라 등을 들 수 있겠다.

경험상 투자자의 성향을 보면 임대수익형은 주로 안전한 물건 위주로 입찰하므로 안정적인 투자 성향이 많다. 차익실현형은 차익실현이 높을수록 리스크도 크므로 과감한 성향이 많은 것 같다.

또 다른 이유로는 부동산 지식을 쌓기 위해서, 경매를 당해 재산을 잃은 경험이 있어 그 계기로 다시 경매를 제대로 배워보고자 하는 사람도 있다.

이처럼 이유는 여러 가지지만 크게 실수요와 투자로 구분되고, 경매를 공부하는 이유는 결론적으로 '돈을 벌기 위해서'로 귀결된다. 부동산 경매를 부를 축적하기 위한 하나의 재테크 수단으로 공부하는 것이다.

경매의 장점은 많이 있지만, 무엇보다도 가장 큰 장점은 정상적인 일반 매매보다 저렴하게 살 수 있다는 점이다. 반면에 가장 큰 단점은 권리분석을 잘하지 못하면 큰 손해를 볼 수 있는 위험성이 있다.

'따라서 우리가 부동산 경매로 돈을 벌기 위해서는 좋은 물건을 싸고 안전하게 사야 한다. 바로 이것이 경매를 공부하는 목적이다.'

이 문장을 보면 경매 공부를 어떻게 해야 하는지 알 수 있다.

좋은 물건을 사기 위해 공부해야 하는 것은 '물건분석'이고, 안전하게 사기 위해 공부해야 하는 것은 '권리분석'이다.

사실 경매 공부는 물건분석과 권리분석이 주된 공부다. 물건분석과 권리분석을 잘하는 사람이 경매로 돈을 잘 번다.

아무리 좋은 물건을 잘 분석해서 사더라도 권리분석을 잘못해서 손해를 입으면 실패한 투자고, 반대로 아무리 권리분석을 잘했더라도 물건의 가치를 잘 못 보고 물건분석을 잘못해서 그 물건을 평생 소유해야 했다면 역시 실패한 투자다.

부동산 경매 공부는
싸가지(4가지)다!

경매 공부는 싸가지(4가지)다. 경매 물건을 매수하고 투자하기 위해서는 4가지만 잘하면 된다.

그 4가지는 경매 진행절차를 아는 절차분석, 권리상 문제없는지 확인하는 권리분석, 좋은 물건인지 안 좋은 물건인지 따져보는 물건분석, 낙찰 후 잔금을 내고 사는 사람을 내보내는 사후처리다.

모든 경매 공부는 이 4가지 안에 있다. 시중에 있는 경매 서적 모두가 이 안에서 이야기하고 있다. 투자자에게 제일 중요한 것은 권리분석과 물건분석이고, 그중에서 물건분석이 더 중요하다.

[자료 1-2] 경매 성공 투자 공부법

경매 공부 4가지

1. 절차분석 경매 절차가 어떻게 진행되나요? ➡️ 경매 절차 진행과정

2. 권리분석 이 물건 문제 있나요? ➡️ 권리의 하자 유무

3. 물건분석 이 물건 좋은 물건인가요?(현장조사, 가치분석, 예상낙찰가) ➡️ 물건의 가치평가(현재, 미래)

4. 사후처리 잔금납부(대출, 등기), 명도, 출구전략(임대 매각~수익창출) ➡️ 명도, 출구전략
　　　　　　 리모델링(성형수술)

5. +α 경험담 서적, 심화과정(특수물건, 경매 소송), NPL, 틈새시장 공략

좋은 열매(경매 성공 투자)를 맺기 위해

1. 나무를 심자 - 경매 공부 4가지 바닥 다지기
   숲을 보고 나무를 보듯 큰 줄기를 보고 공부를 시작한다.
   (불휘 기픈 남간 바라매 아니 뮐쌔, 곶 됴코 여름 하나니)
   (뿌리 깊은 나무는 바람에 아니 흔들리매 꽃이 좋고 열매가 많나니
   《용비어천가》)

2. 물건분석 위주로 - 나머지는 물건에 따라 적절히 공부

3. 열매를 맺는다 - 경매 성공 투자
   더 큰 열매를 맺기 위해 4가지(1~4)에 5번째 +α를 가미한다.

땅바닥(모래 ✕) 기초 다지기

출처 : 저자 작성

성공적인
경매 투자 방향

1. 절차분석, 권리분석, 물건분석, 사후처리! 4가지 경매 공부를 한다

이 책은 4가지 경매 공부를 순서에 맞게 체계적으로 썼으며, 필요한 내용을 모두 담았다. 4가지 순서에는 특수물건(대지권 미등기, 토지 별도등기, 가처분등기, 가등기, 유치권, 법정지상권, 분묘기지권)도 들어가 있다. 이러한 특수물건도 전체적인 경매의 숲에서 어느 부분에 들어가는지 보여주고자(숲을 보고 나무를 보도록) 체계적인 순서를 따라 집필했다.

그러므로 초보자는 특수물건은 개념 정도만 이해하고 건너뛰고, 한 번 읽은 후 특수물건 부분을 다시 보면 좋을 것이다. 경매 공부 4가지를 기본으로 경험담, 기타 참고사항 등을 추가해서 내용을 구성했다.

2. 내 물건을 직접 낙찰받아 본다

경매 공부 4가지를 공부하고 낙찰받아도 좋고, 공부 중에 낙찰받아도 좋다. 많은 공부를 하고 낙찰받는다는 생각은 잘못된 생각이다. 공부만 하다 낙찰 한 번 못 받고 끝나는 경우가 많다. 리스크가 작은 소액 경매로 입찰하면서 공부하는 것이 좋다.

3. 낙찰받을 물건을 선정해보자

물건 선정 시 고려사항은 다음과 같다.
① 실수요, 투자
② 보유자금 고려
   (대출 이용 : 낙찰가의 최대 80%까지 대출 가능)
③ 물건 유형(주거, 비주거, 특수물건)
④ 지역선정 : 잘 아는 곳(전국구 아닌 지역구), 투자가 목적인 경우라면 개발계획이 있는 곳(도로, 지하철 예정, 재개발, 재건축 예정, 도시개발 예정, 역세권 등)과 인구가 증가하는 지역

4. 출구전략을 세우자

물건 선정 시, 이 물건을 낙찰받은 후 어떻게 하면 임대, 매매가 잘될 것인지 출구전략을 세운다. 낙찰받는 것도 중요하지만, 낙찰받은 물건의 출구전략을 잘 세워 잘 치고 빠져나오는 것은 더 중요하다. 그러기 위해 낙찰받은 물건에 대해 리모델링(성형수술), 용도변경 등으로 가치를 부가해서 시세차익과 수익률을 높이는 방법을 미리 생각해둬야 한다. 이러한 출구전략은 입찰 전에 계획한다.

5. 경매 이외의 공매와 매매, 분양도 같이 투자한다

필자는 경매가 좋다고 해서 경매에만 투자하겠다는 투자자의
마음가짐은 좋지 않다고 생각한다. 경매 이외에 부동산 투자 기회
가 있으면 같이 하는 것이 현명하다.

부동산 경매가
매매보다 좋은 점과 안 좋은 점

[자료 1-3] 경매 투자의 장단점

장점	단점
1. 시세보다 저렴하다.	1. 권리분석의 위험성 　권리분석을 잘못할 경우 큰 손해를 입을 수 　있다.
2. 일반 매매보다 물건이 다양하고 많다. 　물건종류별, 금액별(1,000만 원~), 지역별, 　특수물건 등	2. 명도 시기의 불확실성
3. 물건정보에 대한 접근이 용이하다. 　인터넷, 신문, 정보지 등에 공개	3. 물건 내부를 보기가 어렵다.
4. 등기부상의 모든 설정등기가 말소된다.	4. 농지의 경우 매각허가결정기일까지 농지 　취득자격증명을 제출해야 한다.
5. 토지 거래허가 등 부동산 규제의 면제 　토지 거래허가, 주택거래신고, 부동산 거래 　신고를 할 필요가 없다.	5. 낙찰 이후라도 이해관계인 등의 항고 등으로 　경매 절차가 상당 기간 지연될 수 있다. 　낙찰자가 매각대금 잔금을 납부하기 전에 　채무자가 채무를 변제하고 경매 절차가 　취소되기도 한다.
6. 부동산 거래사고가 거의 없어 매매보다 　안전하다.	
7. 매매보다 대출이 잘 나온다. 　낙찰가의 80~90%까지도 가능하다.	

출처 : 저자 작성

2장

부동산 경매 기초지식 쌓기

부동산 경매가
뭐예요?

일반적으로 경매란, 매도인(파는 사람)이 다수의 매수 희망자(사려는 사람)에게 얼마 이상 팔겠다는 의사표시를 하고, 그중 최고가격으로 청약을 한 사람에게 매도 승낙의 의사표시를 함으로써 성립되는 매매 형식을 말한다.

경매는 시행하는 주체에 따라 일반인들 사이에서 이루어지는 사경매와 국가기관에서 하는 경매와 공매가 있다. 경매는 민사집행법의 강제집행 절차에 의해 법원에서 진행하고, 공매는 국세징수법에 따라 한국자산관리공사에서 진행한다.

우리가 공부하는 경매는 민사집행법상 강제집행 절차에 의해 법원에서 진행하는 부동산 경매(Real Estate Auction, REA)를 말한다.

사람이 살다 보면 돈을 빌리기도 하고 빌려주기도 한다. 돈을 빌리는 사람을 채무자, 돈을 빌려주는 사람을 채권자라고 한다. 즉, 일반인 또는 법인 간에 채권·채무 관계가 발생한다. 채권자는 돈을 빌려주고 채권확보를 위해 대부분 부동산 담보를 설정하기도 한다. 하지만 상황에 따라 부동산 담보 이외의 것을 담보로 설정하거나 설정하지 못한 상황도 발생한다. 채무자가 채무이행을 하지 못하면 채권자는 채무자의 재산을 매각해서 채권자의 채권에 충당하게 해달라고 국가기관인 법원에 요청한다. 법원은 요건을 갖춘 정당한 채권자일 경우, 경매 절차를 거쳐 채무자의 재산을 일반인에게 매각해서 채권자의 채권에 충당하게 조력한다. 일반인은 법원에 공시된 경매 물건을 잘 선별해 매입하게 된다.

부동산 경매의 종류는
2가지로 구분한다

    경매의 종류는 일반적으로 강제경매와 임의경매로 나눈다. 강제경매와 임의경매는 실제 돈을 빌려주고 빌려준 돈을 받기 위해 하는 경매여서 '실질적 경매'라고 한다. 실질적 경매에 대응해서 실제 빌려준 돈을 받기 위한 경매가 아닌 것을 '형식적 경매'라고 한다.[1] 다음 사례를 통해 임의경매와 강제경매를 알아보자.

---

1) ① 실질적 경매 : 채권자가 실질적으로 빌려준 돈을 받기 위해 실행하는 경매를 말한다. 실질적 경매에는 임의경매와 강제경매가 있다.
　② 형식적 경매 : 실제 빌려준 돈을 받기 위한 경매가 아닌 재산의 정리를 목적으로 하는 경매를 형식적 경매라고 한다. 형식적 경매에는 공유물 분할을 위한 경매(특징 : 청구금액이 0원 또는 1원. 민법 제269조 제2항), 유치권에 의한 경매(민법 제322조 제1항), 청산을 위한 경매(=상속재산의 경매, 민법 제1037조)가 있다.

乙이 甲에게 1억 원을 차용하면서 乙 소유의 아파트를 담보로 제공(근저당권 설정)하거나, 담보 없이 신용으로 차용하는 경우가 있다. 만일 乙이 변제기에 돈을 갚지 못하게 되면, 甲은 乙의 아파트 담보를 경매에 부쳐서 매각대금에서 받아 가고, 만일 담보를 설정하지 않았다면 甲은 乙을 상대로 대여금반환청구소송을 해서 판결문을 받아서 乙 소유의 아파트를 경매에 부쳐서 매각대금에서 받아 갈 수 있다.

1. 강제경매

강제경매는 집행권원(강제집행할 수 있는 공정의 증서로 채무명의라고도 함. 종류로는 확정된 종국 판결, 가집행선고부 판결, 확정된 지급명령, 화해조서, 조정조서, 약속어음 공정증서 등이 있음)을 가지고 있는 채권자가 채무자 또는 보증인 소유의 부동산을 매각해 그 매각대금에서 금전채권의 만족을 얻는 것을 말한다(민사집행법 제2편 제2장 제2절 제2관 제80조~제162조).

쉽게 말해 판결문을 가지고 경매를 부치는 것을 말한다. 甲이 乙에게 담보 없이 돈을 빌려주었으나 만기가 지나도 갚지를 않아서 甲이 乙 재산에 경매에 부쳐 돈을 받아 가고자 한다. 그러기 위해서는 먼저 법원에 대여금반환청구소송을 제기해 승소판결문을 받고 판결문을 첨부한 후 乙 재산에 경매를 부칠 수 있는데, 이러한 경매를 '강제경매'라고 한다.

2. 임의경매

임의경매는 강제경매에 대응하는 개념으로 집행권원이 필요 없는 경매, 즉 담보권자가 담보권(저당권, 전세권, 유치권, 담보가등기 등) 실행을 통해 그 담보물의 매각대금에서 채권의 만족을 얻는 것을 말한다.

따라서 쉽게 말하면 근저당권에 의한 경매를 부치는 것을 말한다. 甲이 乙에게 돈을 빌려주면서 담보로 乙 소유 아파트에 근저당권을 설정했고, 만기가 지나도 갚지를 않으면 甲이 乙 소유 아파트에 판결문 없이 근저당권에 근거해서 임의로 경매를 부칠 수 있다. 이러한 경매를 '임의경매'라고 한다. 임의경매는 법률상의 용어는 아니고 학문적인 용어로, 민사집행법 제3편에 담보권의 실행 등을 위한 경매에 규정되어 있으며 강제경매 절차가 준용된다(민사집행법 제268조. 이하 민사집행법을 법, 민사집행규칙을 규칙 또는 규, 민사집행법시행령을 영으로 표기한다).

경매와 공매는
어떻게 다른가?

경매와 공매는 다음과 같이 구별된다. 여기에서 공매는 압류재산처분을 위한 공매다. 질문을 해보겠다. 공매와 경매 동시에 진행된 물건을 각각 낙찰받으면 소유자는 누구일까? 정답은 잔금을 먼저 낸 사람이다.

[자료 2-1] 경매와 공매 비교

구분	경매(법원)	공매(압류재산)
진행 주체	법원	한국자산관리공사
법률	민사집행법 (금전채권을 법원을 통해 회수하는 법원의 재판)	국세징수법 (체납세액을 강제징수하는 행정처분)
기입등기	경매개시 기입등기	압류 후 공매 공고
물건검색	대한민국법원 법원경매정보 www.courtauction.go.kr	자산관리공사 온비드 www.onbid.co.kr
조사내역	매각물건명세서 (사법보좌관 작성)	압류공매재산명세서 (캠코 직원 작성)

구분	경매(법원)	공매(압류재산)
입찰방법	기일입찰 (법원 방문)	온비드 인터넷 입찰 (공인인증서 필요, 월~수 : 기간입찰, 목 : 개찰)
입찰금액	최저가의 10%	최저가의 10%
차순위 신고	가능	가능(2016년 1월 공고물건부터)
공유자우선매수 청구	가능 (매각물건종결 전까지)	가능 (매각결정 전까지)
유찰 시 저감률	최저매각가의 20~30%	최저매각가의 10% (50%까지 진행)
유찰 시 다음 매각기일	약 1개월	7일(빠르다)
매각결정기일	낙찰 후 7일	개찰 후 3일(다음 주 월요일 확정)
잔금 납부기한	매각확정일(2주)로부터 약 1개월	매각결정일로부터 3,000만 원 미만 7일, 3,000만 원 이상 30일
잔금 미납 시 입찰보증금	배당금액에 산입	국고, 지방자치단체 금고에 귀속
상계신청	가능	안 됨.
명도 시 법적 절차	인도명령	명도소송
매수제한 (미납한 전 매수인)	해당 물건 입찰 불가	입찰 가능 (불이익 없음)
농지취득자격증명서 제출기한	매각결정기일 전까지	소유권이전등기 촉탁신청 전까지

출처 : 저자 작성

법원 경매에 관한 주요용어 배우기

법원 경매 물건을 보면 다음과 같은 용어들이 나온다. 용어의 개념을 알아두자.

> 사건번호, 물건번호, 매각물건명세서, 현황조사서, 개별매각, 일괄매각, 과잉매각, 매각조건, 유찰, 변경, 재경매, 이중 경매(중복 경매), 상계, 대위변제, 취하와 취소, 대항력, 낙찰가율, 입찰경쟁률

▶ 사건번호

우리나라에서 사람이 태어나면 개인마다 고유의 주민등록번호가 있는 것처럼 어떠한 사건이 법원에 접수되면 각각의 사건번호가 부여된다. 사건번호는 법원에서 사건 종류에 따라 붙이는 번호를 말한다. 일반적으로 앞에는 연도와 사건의 부호 그리고 접수번호의 순서대로 표기된다. 경매 사건의 경우 부호는 '타경'이며 2021년에 진행된 경매 사건의 경우 '2021 타경 1234'와 같이 표기된다.

[자료 2-2] 사건번호를 부여하는 방법

법원에서 사건종류에 따라 붙이는 번호

예) **안양지원**   **2021**   **타경**   **1234**

| 관할 법원 | 접수 년도 | 사건 부호 | 접수 번호 |

출처 : 저자 작성

▶ 물건번호

소유자의 담보 제공된 부동산이 여러 개인 경우가 있다. 은행에서 돈을 빌리면서 부동산을 여러 개 공동으로 담보 제공한 사례다. 즉, 경매 사건 중 경매에 부쳐질 물건이 여러 개 있을 경우 사건번호 옆에 일련번호를 붙이는데 이것이 물건번호다. 물건이 1개인 경우에는 물건번호가 1이며 이때는 물건번호는 적지 않아도 되지만, 물건번호가 2개 이상 있는 물건에 입찰할 때는 반드시 물건번호를 기재해야 한다.

▶ 매각물건명세서

우리가 어떤 물건을 사려고 할 때 그 물건에 대한 명세서가 있는 것처럼, 부동산을 매각할 때 매각하려는 물건을 법원에서 요약한 명세서를 매각물건명세서라고 한다.

법원은 부동산의 표시, 부동산의 점유자와 점유의 권원, 점유할 수 있는 기간, 차임 또는 보증금에 관한 관계인의 진술, 등기된 부동산에 관한 권리 또는 가처분으로써 경락에 의해 그 효력이 소멸하지 않는 것, 매각에 따라 설정된 것으로 보게 되는 지상권의 개요 등을 기재한 경매 물건명세서를 작성한다. 이를 매각기일의 1주 전까지 법원에 비치해 일반인 누구나 열람할 수 있도록 작성해놓은 것을 말한다(법 제105조 1, 2항, 규칙 제55조).

[자료 2-3] 매각물건명세서(샘플)

서 울 중 앙 지 방 법 원

2022타경10██10

매각물건명세서

사 건	2022타경10██10 부동산강제경매	매각 물건번호	1	작성 일자	2022.09.21	담임법관 (사법보좌관)	김██학	
부동산 및 감정평가액 최저매각가격의 표시	별지기재와 같음	최선순위 설정		2018.1.18. 근저당권		배당요구종기	2022.04.01	

부동산의 점유자와 점유의 권원, 점유할 수 있는 기간, 차임 또는 보증금에 관한 관계인의 진술 및 임차인이 있는 경우 배당요구 여부와 그 일자, 전입신고일자 또는 사업자등록신청일자와 확정일자의 유무와 그 일자

점유자 성 명	점유 부분	정보출처 구 분	점유의 권 원	임대차기간 (점유기간)	보 증 금	차 임	전입신고 일자, 사업자등록 신청일자	확정일자	배당 요구여부 (배당요구일자)
이██근	06호	현황조사	주거 임차인				2018.01.24	미상	
	전부(방 4칸)	권리신고	주거 임차인	2018.2.25.-	250,000,000	1,500,000	2018.01.24	2018.02.26	2022.03.30

〈비고〉

※ 최선순위 설정일자보다 대항요건을 먼저 갖춘 주택·상가건물 임차인의 임차보증금은 매수인에게 인수되는 경우가 발생할 수 있고, 대항력과 우선변제권이 있는 주택·상가건물 임차인이 배당요구를 하였으나 보증금 전액에 관하여 배당을 받지 아니한 경우에는 배당받지 못한 잔액이 매수인에게 인수되게 됨을 주의하시기 바랍니다.

등기된 부동산에 관한 권리 또는 가처분으로 매각으로 그 효력이 소멸되지 아니하는 것	

매각에 따라 설정된 것으로 보는 지상권의 개요	

비고란	

주1 : 매각목적물에서 제외되는 미등기건물 등이 있을 경우에는 그 취지를 명확히 기재한다.
　2 : 매각으로 소멸되는 가등기담보권, 가압류, 전세권의 등기일자가 최선순위 저당권등기일자보다 빠른 경우에는 그 등기일자를 기재한다.

부동산의 표시

2022타경10██10

[물건 1]
　1. 1동의 건물의 표시
　　　　서울특별시 동작구 신대방동 ██
　　　　동작██길
　　　　101동 ██
　　　[도로명주소] 서울특별시 동작구 신대방1가길 ██

출처 : 서울중앙지방법원

▶ 현황조사서

법원은 경매개시결정을 한 후 바로 집행관에게 부동산의 현상, 점유 관계, 차임 또는 임대차 보증금의 액수 기타 현황을 조사할 것을 명한다. 현황조사서는 집행관이 그 조사내용을 집행법원에 보고하기 위해 작성한 문서다(법 제85조 1항).

[자료 2-4] 현황조사서(샘플)

출처 : 서울중앙지방법원

▶ 개별매각, 일괄매각, 과잉매각

채무자 甲이 2개 이상의 공동담보를 설정해서 모두가 경매로 나온 경우, 법원에서는 여러 개의 부동산을 각각 개별매각할 것인지(개별매각, 낙찰자는 각각 다름), 여러 개의 부동산을 합해서 일괄매각할 것인지(일괄매각, 낙찰자는 1인)를 정하게 되는데 이때의 매각방식을 말한다. 법원은 개별매각을 원칙으로 하며, 특별한 사유가 있는 경우 일괄매각을 한다.

- **개별매각(분할매각)** : 여러 개의 부동산에 관해 동시에 경매 신청이 있는 경우에는 부동산별로 최저매각가격을 정해 경매해야 한다는 원칙이다. 민사집행법 제124조 1항은 개별매각을 원칙으로 하고 있다. 법원은 일괄매각을 할 것인지, 개별매각을 할 것인지 자유재량에 의해 정할 수 있다.

- **일괄매각** : 법원은 경매의 대상이 된 여러 개의 부동산의 위치, 형태, 이용관계 등을 고려해 이를 하나의 집단으로 묶어 매각하는 것이 알맞다고 인정하는 경우에는 직권으로 또는 이해관계인의 신청에 따라, 일괄매각하도록 결정할 수 있다(법 제98조 1항).

- **과잉매각** : 한 채무자의 여러 개 부동산을 매각하는 경우에 일부 부동산의 매각대금으로 모든 채권자의 채권액과 집행비용을 변제하기에 충분한 경우가 있다. 이런 경우를 과잉매각이라고 하는데, 이에 해당하면 집행법원은 다른 부동산의 매각을 허가해서는 안 된다. 과잉매각의 경우에는, 채무자가 낙찰된 부동산 중에서 어느 부동산을 취소할지는 소유자의 의사에 따라 결정한다.

예컨대, 채권금액 1억 원인 채권자가 A, B, C 3개의 아파트를 동시 매각해 A아파트 6,000만 원 낙찰, B아파트 6,000만 원 낙찰, C아파트 6,000만 원에 낙찰되었다고 하자. 그러면 채권자는 2개의 아파트만 매각되어도 채권을 모두 회수할 수 있으므로 3개 중 1개는 과잉매각으로 취소한다. 3개 중 어느 부동산을 매각취소할지는 채무자인 소유자의 의사에 따라 결정한다. 만일 낙찰된 3개 물건 중 1개가 취소될 경우, 취소된 물건을 낙찰받은 사람은 보증금을 반환받게 된다.

[자료 2-5] 매각방식 비교

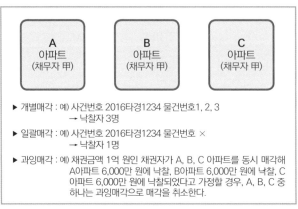

A 아파트 (채무자 甲)	B 아파트 (채무자 甲)	C 아파트 (채무자 甲)

▶ 개별매각 : 예) 사건번호 2016타경1234 물건번호 1, 2, 3
　　　　　　　 → 낙찰자 3명
▶ 일괄매각 : 예) 사건번호 2016타경1234 물건번호 ×
　　　　　　　 → 낙찰자 1명
▶ 과잉매각 : 예) 채권금액 1억 원인 채권자가 A, B, C 아파트를 동시 매각해
　　　　　　　 A아파트 6,000만 원에 낙찰, B아파트 6,000만 원에 낙찰, C
　　　　　　　 아파트 6,000만 원에 낙찰되었다고 가정할 경우, A, B, C 중
　　　　　　　 하나는 과잉매각으로 매각을 취소한다.

출처 : 저자 작성

▶ 매각조건

매각조건이란 법원이 경매 부동산을 매수인에게 취득시키는 조건을 말한다. 일반 부동산을 매매할 때 매매조건과 비슷하다.

- 법정매각조건 : 민사집행법에서 정해놓은 법적 규제사항으로 경매 사건에서 변경할 수 없는 매각조건
  예) 최저매각가격 미만 매각불허 제110조 ①, 무잉여로 인한 경매 취소 제91조 ①, 소멸주의와 인수주의 제91조 ②~④, 매수인의 자격(농지법 제6조), 소유권 취득 시기 제135조 등
- 특별매각조건 : 이해관계인의 합의 또는 법원의 직권으로 변경 가능한 매각조건
  예) 재매각사건의 경우 최저매각가격의 20~30% 보증금, 농취증 미제출 시 보증금 몰수, 공유자우선매수신청 1회 제한, 기타 인수되는 권리에 대해 매각물건명세서에 기재해 특별매각조건으로 하는 경우 등

▶ 유찰

매각기일에 최저 경매가 이상으로 입찰할 사람이 아무도 없어 매각되지 않고 무효가 된 경우를 말한다. 통상 최저매각금액을 20~30% 저감한 가격으로, 약 1개월을 전후해 다음 매각기일에 다시 매각한다. 낙찰불허가 결정으로 불허가 결정이 확정되면 유찰로 봐서 다음 매각기일에 최저가를 저감시키지 않고 이전 최저 경매가로 매각을 실시한다.

▶ 변경

경매 신청 채권자 등 이해관계인의 연기신청 또는 법원 직권으로 매각기일을 미루는 것을 말한다. 이해관계인은 법상 기일 연기 또는 기일변경에 대한 신청권이 없으나, 법원 실무상 경매 신청 채권자가 연기신청할 때는 기일 연기를 통상 2회까지 연기해주고, 1회 연기기간은 2개월 이내로 한다. 채무자 또는 소유자가 연기신청할 때는 채권자의 동의가 없는 한 연기신청은 거의 받아주지 않는다.

▶ 재경매

최고가 매수신고인이 낙찰허가결정의 확정 후 잔금 지급 기일 내에 잔금을 지급하지 않고, 차순위 매수신고인도 없는 경우 법원이 직권으로 실시하는 경매다.

잔금 미납에 의한 재경매의 경우 통상 법원에서는 입찰보증금을 최저 경매가의 20~30%로 특별매각조건을 붙인다.

▶ 이중 경매(중복 경매)

같은 부동산에 2개 이상의 경매 신청이 들어온 경우다. 제1 채권자가 경매 신청을 해서 경매 절차의 개시를 결정한 부동산에 다시 제2 채권자가 경매 신청을 하면, 집행법원은 다시 경매개시결정(이중 경매개시결정)을 하고 먼저 개시한 집행절차에 따라 경매가 진행한다. 보통 이중 경매의 이유는 먼저 신청한 경매가 무잉여로 취소될 경우를 예상해 다른 채권자가 중복 경매 신청하는 경우가 많다.

▶ 상계

채권자가 동시에 매수인이면 있을 수 있는 매각대금의 특별한 지급방법이다. 현금을 납부하지 않고, 채권자가 받아야 할 채권액과 납부해야 할 매각대금을 같은 금액만큼 서로 소멸시키는 것이다. 채권자는 매각대금을 상계방식으로 지급하고 싶으면, 낙찰 후 7일 이내 법원에 상계신청을 해야 하며, 배당기일에 매각대금에서 배당받아야 할 금액을 제외한 금액만을 납부하게 된다. 그러나 그 매수인(채권자)이 배당받을 금액에 대해 다른 이해관계인으로부터 이의가 제기된 때는 매수인은 배당기일이 끝날 때까지 이에 해당하는 대금을 납부해야 한다.

▶ 대위변제

제삼자 또는 공동채무자의 한 사람이 채무자를 위해 변제했을 때는 그 변제자는 채무자 또는 다른 공동채무자에 대해 구상권을 취득한다. 이때 그 구상권 안의 범위에서 종래 채권자가 가지고 있었던 채권에 관한 권리가 법률상 당연히 변제자에게 이전하는 것을 '대위변제'라고 한다.

▶ 취하와 취소

취하는 경매 신청 채권자가 경매 신청을 쉽게 말해서 철회하는 것이다. 취하는 낙찰자가 잔금 납부 전까지 할 수 있으나 낙찰 후에는 낙찰자(최고가 매수신고인과 차순위 매수신고인)의 동의를 받아야 취하할 수 있다. 취하되면 압류의 효력은 소멸한다(법 제93조).

취소는 일단 유효하게 성립된 법률행위를 무효로 만드는 것으로 경매에서 취소가 발생하는 일은 법원의 무잉여에 의한 직권취소, 채무자의 소송에 의한 경매 절차 취소(예 : 변제로 인한 근저당권원인무효소송에서 승소해 경매 절차 취소)가 있다.

▶ 대항력

주택임차인이 임차주택을 인도받고 주민등록까지 마치면, 그다음 날부터 주택의 소유자가 변경되더라도 신소유자에 대해 임차권을 가지고서 대항할 수 있는 권리를 말한다. 즉, 임차보증금 전액을 반환받을 때까지 주택임차인이 새로운 매수인에게 집을 비워주지 않아도 된다.

▶ 낙찰가율(=매각가율)

낙찰가율이란 감정가 대비 낙찰가의 비율을 말하는 것이다. 예컨대 감정가 1억 원 아파트를 7,500만 원에 낙찰받았다면 낙찰가율은 75%이다(낙찰가율=낙찰가÷감정가×100). 평균 낙찰가율은 물건별 평균 낙찰가를 말한 것이다(평균 낙찰가율=물건별 낙찰가율의 합계÷낙찰 건수×100).

▶ 입찰경쟁률

입찰경쟁률은 입찰물건의 입찰자 수를 말한다.

경매 입찰하러
어디로 가나요?

1. 관할 법원

부동산 경매는 부동산 소재지의 지방법원이 관할한다(법 제79조 1항). 따라서 입찰하고자 하는 경매 물건 소재지 관할 법원으로 간다.

대법원 › 고등법원 › 지방법원 › 지원

2. 법원 경매 가격 저감률

가격 저감률이란 경매 유찰 시 최저매각가격을 낮추는 비율을 말한다. 아무도 입찰하지 않으면 다음에는 20~30%씩 떨어지는데(저감), 저감률은 법원별로 다르다.

[자료 2-6] 경매 물건 소재지 관할 법원 및 각 법원 저감률

고등법원	지방법원	지원	관할 구역	저감률
서울	서울 중앙		강남구, 관악구, 동작구, 서초구, 성북구, 종로구, 중구	20%
	서울 동부		강동구, 송파구, 성동구, 광진구	20%
	서울 남부		강서구, 양천구, 구로구, 금천구, 영등포구	20%
	서울 북부		노원구, 강북구, 도봉구, 중랑구, 동대문구	20%
	서울 서부		서대문구, 마포구, 은평구, 용산구	20%
	의정부	본원	의정부시, 동두천시, 구리시, 남양주시, 양주시, 연천군, 포천시, 가평군, 철원군	30%
		고양	고양시, 파주시	30%
	인천	본원	인천광역시	30%
		부천	부천시, 김포시	30%
	수원	본원	수원시, 오산시, 용인시, 화성시	30%
		성남	성남시, 하남시, 광주시	30%
		여주	이천시, 여주군, 양평군	30%
		평택	평택시, 안성시	30%
		안산	안산시, 광명시, 시흥시	30%
		안양	안양시, 의왕시, 군포시, 과천시	20%
	춘천	본원	춘천시, 화천군, 양구군, 인제군, 홍천군	30%
		강릉	강릉시, 동해시, 삼척시	30%
		원주	원주시, 횡성군	30%
		속초	속초시, 양양군, 고성군	30%
		영월	태백시, 영월군, 정선군, 평창군	30%
대전	대전	본원	대전광역시, 연기군, 금산군	30%
		홍성	보령시, 홍성군, 예산군, 서천군	30%
		공주	공주시, 청양군	30%
		논산	논산시, 계룡시, 부여군	30%
		서산	서산시, 태안군, 당진군	30%
		천안	천안시, 아산시	30%
	청주	본원	청주시, 청원군, 진천군, 보은군, 괴산군, 증평군	20%
		충주	충주시, 음성군	20%
		영동	영동군, 옥천군	20%
		제천	제천시, 단양군	20%

고등법원	지방법원	지원	관할 구역	저감률
대구	대구	본원	대구광역시 중구, 동구, 북구, 남구, 수성구, 영천시, 경산시, 칠곡군, 청도군	30%
		서부	대구광역시 서구, 달서구, 달성군, 성주군, 고령군	30%
		안동	안동시, 영주시, 봉화군	30%
		경주	경주시	30%
		포항	포항시, 울릉군	30%
		김천	김천시, 구미시	30%
		상주	상주시, 문경시, 예천군	30%
		의성	의성군, 군위군, 청송군	30%
		영덕	영덕군, 영양군, 울진군	30%
부산	부산	본원	부산광역시 중구, 서구, 동구, 영도구, 부산진구, 북구, 사상구, 상서구, 사하구, 동래구, 연제구, 금정구	20%
		동부	부산광역시 해운대구, 남구, 수영구, 기장군	20%
	울산	본원	울산광역시, 양산시	30%
	창원	본원	창원시 의창구, 성산구, 진해구, 김해시	20%
		마산	창원시, 마산합포구, 마산회원구, 함안군, 의령군	20%
		통영	통영시, 거제군, 고성군	20%
		밀양	밀양시, 창녕군	20%
		거창	거창군, 함양군, 합천군	20%
		진주	진주시, 사천시, 남해군, 하동군, 산청군	20%
광주	광주	본원	광주광역시, 나주시, 화순군, 장성군, 담양군, 곡성군, 영광군	30%
		목포	목포시, 무안군, 신안군, 함평군, 영암군	30%
		장흥	장흥군, 강진군	30%
		순천	순천시, 여수시, 광양시, 구례군, 고흥군, 보성군	30%
		해남	해남군, 완도군, 진도군	30%
	전주	본원	전주시, 기제시, 완주군, 임실군, 진안군, 무주군	30%
		군산	군산시, 익산시	30%
		정읍	정읍시, 부안군, 고창군	30%
		남원	남원시, 장수군, 순창군	30%
	제주	본원	제주시, 서귀포시	30%

출처 : 대한민국법원 법원경매정보

인터넷으로
경매 물건 고르기

부동산 경매 정보를 이용하는 매체는 인터넷과 경매 정보지가 있다. 경매 정보지는 현재 발행사가 거의 없고 물건과 내용을 전달하는 데 제한적이므로, 인터넷을 이용하는 것이 유용하다.

1. 부동산 경매 인터넷 사이트 종류

[자료 2-7] 인터넷 경매 정보 사이트 비교

구분	대법원 경매 사이트	무료 경매 사이트	유료 경매 사이트
종류	대한민국법원 법원경매정보 www.courtauction.go.kr (검색창 "대한민국법원 법원경매정보")	두리옥션 www.dooriauction.co.kr 외 다수(검색창 "두리옥션")	지지옥션 ggi.co.kr 옥션원 auction1.co.kr 부동산 태인 taein.co.kr
장점	- 국가가 운영하는 무료정보 사이트로 신뢰도가 높다. - 회원가입 없이도 누구나 열람이 가능하다.	- 국가가 아닌 개인 또는 사기업이 운영하는 무료 정보 사이트로 누구나 열람이 가능하다. - 대법원 경매 사이트의 단점을 보완한다. 매각기일 2주 이후 물건과 과거의 낙찰물건, 대법원열람기본서류+지도 열람 가능하다.	- 국가가 아닌 사기업이 운영하는 유료 정보 사이트로 무료 경매 사이트의 장점+권리분석+물건자료열람에 좀 더 세부적인 서비스를 제공한다.

구분	대법원 경매 사이트	무료 경매 사이트	유료 경매 사이트
단점	- 매각기일 2주일 이내 물건만 열람 가능 (2주 이후 물건은 사건번호로만 간략히 열람 가능) - 권리분석 등 세부정보 서비스 없음.	- 컨설팅 목적의 사이트가 대부분이라서 유료 경매 사이트보다는 정보제공의 자료가 약하다.	- 유료 (사이트마다 금액 차이 많음)

※ 유의사항 : 경매 사건내용의 정확성(예 : 문건접수내역, 변경, 취하 등)은 대한민국법원 법원 경매정보 사이트를 기준으로 확인하고, 사설 사이트로 참조한다.

출처 : 저자 작성

2. 누구나 쉽게 무료로 이용하는 대법원 경매 사이트

홈페이지(www.courtauction.go.kr) 또는 인터넷 검색창에 '대한민국법원 법원경매정보'를 입력해서 접속한다. 로그인 없이도 경매 물건을 검색할 수 있다. 홈페이지 상단의 '이용 안내'를 참조하길 바란다.

[자료 2-8] 대법원 경매 사이트 첫 화면

출처 : 대한민국법원 법원경매정보

[자료 2-9] 경매 물건 클릭 화면

출처 : 대한민국법원 법원경매정보

① **법원/소재지** : 법원, 소재지별로 물건을 검색할 수 있다.

② **사건번호** : 사건번호로 조회할 수 있다.

③ **용도** : 토지와 건물, 주거용과 주거용 이외의 물건을 검색할 수 있다.

④ **최저매각가격** : 보유자금에 맞게 검색할 수 있다.

⑤ **이용 안내** : 첫 화면 상단 우측의 이용안내에 자세한 설명이 있다.

3장

절차분석,
"경매 절차가 어떻게
되나요?"

매수인이 알아야 할
경매 진행절차

경매 절차는 부동산을 압류해 환가(현금화)한 다음 채권자의 채권을 배당(변제)하는 3단계의 절차로 진행된다. 우리는 매수인(투자자) 입장에서 다음과 같은 정도의 경매 절차를 공부하면 족하고, 그 이상의 경매 절차에 관한 공부는 법원 직원과 법률전문가들이 필요 때문에 보는 것으로 생각해도 무방하다.

[자료 3-1] 한눈에 보는 경매 절차

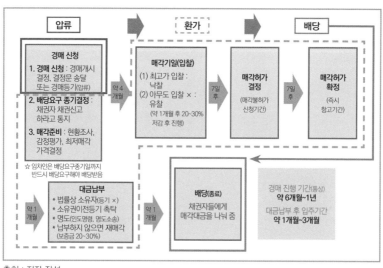

출처 : 저자 작성

매수인이 알아야 할
배당

1. 매각대금을 채권자들에게 나눠주는 배당

배당이란 경매 부동산의 매각대금을 채권자들에게 우선순위에 따라 변제시켜주는 절차다. 매수인이 매각대금을 완납하면 법원은 배당기일을 정하고, 이해관계인 및 배당요구채권자에게 통지해서 배당을 시행한다. 통상 잔금 납부 후 1개월 전후로 배당기일을 정한다.

투자자는 입찰 전에 권리분석을 통해 배당순위와 예상 배당금을 대략 분석해두는 것이 필요하다. 예를 들어, 임차인의 인수보증금 파악, 보증금을 배당받지 못하는 임차인의 이사비용과 집행시간을 고려한다. 무잉여로 인한 경매 취소 가능성 예측, NPL 투자 시 필수다.

(1) 배당할 대금에 포함되는 것(법 제147조)

① 매각대금(입찰보증금 포함)

② 재경매 시 전 매수신청인이 낸 입찰보증금(법 제138조 4항)

③ 재경매가 취소된 경우 매수인이 대금 지급기한이 지난 뒤부

터 대금지급일까지의 대법원규칙이 정하는 이율에 따른 지
연이자와 절차비용(법 제138조 3항)
④ 채무자나 소유자가 한 매각허가 여부에 대한 항고인의 기각
시 공탁한 보증금(법 제130조 6항).
⑤ 채무자 및 소유자 이외의 자가 한 매각허가 여부에 대한 항
고가 기각된 경우, 항고를 한 날부터 항고 기각결정이 확정
된 날까지의 매각대금에 대한 대법원규칙이 정하는 이율에
의한 금액(법 제130조 7항)

(2) 당연 배당요구권자

배당요구를 하지 않아도 당연히 배당에 참가할 수 있는 채권자
다. 다음 채권자들은 추가 조치가 없어도 배당받을 수 있다.

① 배당요구종기 전까지 이중 경매 신청을 한 이중 경매 신청인
② 경매개시결정 등기 전에 등기된 가압류,[2] 근저당권, 저당권자
③ 경매개시결정 등기 전에 등기된 최선순위가 아닌 용익권자
(전세권, 지상권, 지역권)[3]
④ 경매개시결정 등기 전에 국세 지방세 등 체납처분의 압류등
기권자
⑤ 임차권 등기명령에 의한 임차권 등기를 한 임차인[4]

---

2) 가압류권자의 경우 배당금을 공탁하고 가압류권자가 본안소송에서 승소해 집
행권원(판결문)을 제시하면 공탁된 배당금을 받을 수 있다.
3) 이 경우 배당할 금액이 등기부상에 표시되어(예 : 전세보증금 또는 월세보증금) 있
거나 배당표 작성 전인 법원의 채권신고최고기한까지는 채권신고를 해야 한다.
4) 경매개시결정 등기 전에 임차권 등기명령에 따른 임차권 등기를 한 임차인은
배당요구를 하지 않아도 당연히 배당받을 채권자에 속한다(대법원 판결 2005. 9.
15, 2005 다 33039).

(3) 배당요구를 해야만 배당이 되는 채권자

① 집행력 있는 정본을 가진 채권자(법원의 판결문, 인낙조서, 화해조서, 조정조서, 약속어음공증에 집행문을 부여받은 채권자, 집행문이 필요 없는 지급명령이나 이행 권고 결정)

② 경매개시결정 등기 후에 등기된 가압류, 근저당권, 저당권자, 전세권자, 임차권자

③ 경매개시결정 등기 후에 체납처분에 의한 압류권자[5]

④ 담보가등기권자 – 채권신고 최고기간까지 채권신고를 해야한다.

⑤ 민법, 상법, 그 밖의 법률에 따라 우선변제청구권이 있는 채권자

- 근로자의 임금채권자

- 국세, 지방세, 국민연금, 의료보험료, 산재보험료 채권자

- 주택임대차, 상가임대차보호법상의 주택(상가)의 인도+주민등록(사업자등록)+확정일자를 갖춘 주택·상가임차인, 주택(상가)의 인도+주민등록(사업자등록)을 한 소액보증금 해당 주택·상가임차인

⑥ 최선순위 전세권(법 제91조 4항)

---

5) 부동산에 관한 경매개시결정 기입등기 이전에 체납처분에 의한 압류등기 또는 국세징수법 제24조 제2항에 의한 보전압류의 등기가 마쳐져 있는 경우에는 경매 법원으로서도 조세채권의 존재와 그의 내용을 알 수 있으나, 경매개시결정 기입등기 이후에야 체납처분에 의한 압류등기가 마쳐지면 조세 채권인 국가가 경매 법원에 대해 배당요구를 해오지 않는 이상 경매 법원으로서는 이와 같은 조세채권이 존재하는지조차 알지 못하므로, 경매개시결정 기입등기 이전에 체납처분에 의한 압류등기가 마쳐져 있는 경우와는 달리 그 개시결정기입등기 후에 체납처분에 의한 압류등기가 마쳐지게 된 경우에는 조세채권인 국가로서는 경매 법원에 경락기일까지 배당요구로서 교부청구를 해야만 배당받을 수 있다(대법원 판결 2001. 5. 8, 2000 다 21154).

2. 배당순위를 알자!

법원은 민법·상법, 그 밖의 법률에 따른 우선순위에 따라 배당해야 한다(법 제145조 2항). 민법·상법·민사집행법·주택임대차보호법·상가임대차보호법·근로기준법·근로자퇴직급여보장법·국세기본법 등에서 규정하고 있는 배당순위는 다음과 같다.

순위	구분	내용
1	경매 비용(집행비용) 법 제53조	– 경매를 진행하는 데 소요된 비용 : (등록세, 교육세, 인지, 증지, 송달료, 경매 예납금, 신문공고료, 감정료, 현황조사료, 경매 수수료)
2	필요비, 유익비(민법 367조)	매각 부동산 자체에 투입된 필요비, 유익비[6]
3	– 소액임차인의 보증금 – 임금채권	– 주택(상가)임차인의 소액보증금 중 일정액[7] – 근로기준법상 최종 3개월분 임금, 최종 3년간 퇴직금 및 재해보상금(근로기준법 제37조 2항) ※ 채권들이 경합하는 경우 같은 순위로 봄(재민 91-2).
4	당해세	매각 부동산 자체에 대해 부과된 국세(상속세, 증여세, 종합부동산세)와 지방세(재산세)
5	담보채권	우선변제권 순위에 따른 배당 – 담보채권(저당권, 담보가등기, 전세권 등) 설정일자 – 대항력+확정일자 있는 임차인, 임차권 등기된 임차인의 보증금 채권 – 저당권 등 담보설정일자보다 법정기일이 앞서거나 뒤에 있는 당해세 이외의 국세, 지방세 채권 – 조세채권 다음의 공과금 중 납부기한이 저당권 등 담보설정일자보다 앞서거나 뒤에 있는 건강보험료, 연금보험료
6	일반임금채권	3개월분 이외의 임금채권
7	공과금채권	의료보험료, 국민연금, 산재보험료
8	일반채권	일반 채권자의 채권, 과태료, 국유재산법상의 사용료 등

---

6) 필요비란 해당 부동산의 보존비용, 수선비용, 공과금 등을 말하고, 유익비란 당해 물건의 객관적 가치를 증가시킨 비용을 말한다. 필요비 또는 유익비를 지출한 경우에는 필요비에 관해서는 지출한 금액, 유익비는 지출한 금액 또는 부동산의 가액의 증가액을 증명해 배당종기일까지 배당요구를 해야 한다.

7) 주택임대차보호법 제8조 1항, 상가건물임대차보호법 제14조 1항. 경매 기입등기 전 인도+전입(사업자등록)을 한 주택임대차보호법 및 상가건물임대차보호법상의 최우선변제 보증금 채권

[자료 3-2] 배당표(샘플)

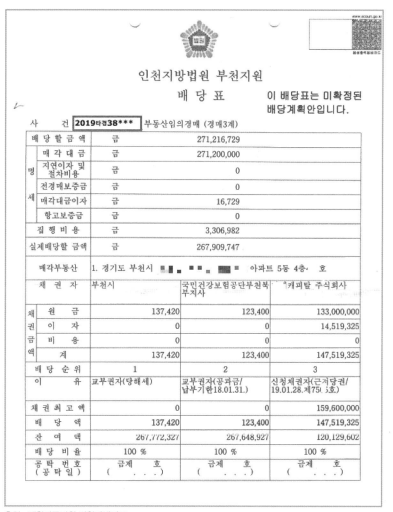

인천지방법원 부천지원

배 당 표

이 배당표는 미확정된 배당계획안입니다.

사 건 **2019타경38***** 부동산임의경매 (경매3계)

배 당 할 금 액	금	271,216,729	
명세	매 각 대 금	금	271,200,000
	지연이자 및 절차비용	금	0
	전경매보증금	금	0
	매각대금이자	금	16,729
	항고보증금	금	0
집 행 비 용	금	3,306,982	
실제배당할 금액	금	267,909,747	

매각부동산 1. 경기도 부천시 ▨▪·▪▪· ▨▨▪ 아파트 5동 4층· 호

		부천시	국민건강보험공단부천북부지사	▨캐피탈 주식회사
채권금액	원 금	137,420	123,400	133,000,000
	이 자	0	0	14,519,325
	비 용	0	0	0
	계	137,420	123,400	147,519,325
배 당 순 위		1	2	3
이 유		교부권자(당해세)	교부권자(공과금/ 납부기한18.01.31.)	신청채권자(근저당권/ 19.01.28.제75 5호)
채 권 최 고 액		0	0	159,600,000
배 당 액		137,420	123,400	147,519,325
잔 여 액		267,772,327	267,648,927	120,129,602
배 당 비 율		100 %	100 %	100 %
공 탁 번 호 (공 탁 일)		금제 호 (. .)	금제 호 (. .)	금제 호 (. .)

출처 : 대한민국법원 법원경매정보

부동산 경매
단계별 경매 진행 기간

통상적으로 경매 물건은 경매개시일로부터 매각기일까지 약 6개월 정도 소요되고, 유찰될 경우 다음 매각기일까지 약 1개월 정도의 시간이 걸린다. 경매개시일로부터 낙찰 및 잔금 납부 배당일(경매 종결)까지 약 1년 정도의 시간이 걸린다. 법원의 사정, 채권자의 변경신청, 채무자의 이의신청, 유치권신고 등으로 인해 경매 기간은 때에 따라 1년 이상 걸리는 경우도 많다.

부동산 경매 사건의 종류별 진행 기간에 대해서는 법원 예규에서 다음과 같이 정하고 있다.

부동산 경매 사건의 진행 기간 등에 관한 예규(재민 91-5)
개정 2017. 1. 20. [재판예규 제1636호, 시행 2017. 1. 20]
1. 부동산 경매 절차는 단계별로 아래 기간 내에 진행해야 한다.
2. 경매 담당 법관 및 담당 사법보좌관은 사건기록 등을 점검, 확인해, 합리적인 이유 없이 접수순서에 어긋나게 경매 기일 지정에서 누락되는 사건이 생기지 않도록 유의해야 한다.

종류	기산일	기간	비고
경매 신청서 접수		접수 당일	법 80, 264 ①
미등기건물 조사명령	신청일부터	3일 안 (조사 기간은 2주 안)	법 81 ③ ④, 82
개시결정 및 등기촉탁	접수일부터	2일 안	법 83, 94, 268
채무자에 대한 개시결정 송달	임의경매 : 개시결정일부터 강제경매 : 등기필증접수일 부터	3일 안	법 83, 268
현황조사 명령	임의경매 : 개시결정일부터 강제경매 : 등기필증 접수일 부터	3일 안 (조사 기간은 2주 안)	법 85, 268
평가 명령	임의경매 : 개시결정일부터 강제경매 : 등기필증 접수일 부터	3일 안 (평가 기간은 2주 안)	법 97 ①, 268
배당요구종기결정 배당요구종기 등의 공고· 고지	등기필증 접수일부터	3일 안	법 84 ① ② ③, 268
배당요구종기	배당요구종기 결정일부터	2월 후 3월 안	법 84 ① ⑥, 법 87 ③, 268
채권신고의 최고	배당요구종기 결정일부터	3일 안(최고기간은 배당요구종기까지)	법 84 ④
최초 매각기일·매각결정기일 의 지정·공고(신문공고의뢰)· 이해관계인에 대한 통지	배당요구종기 결정일부터	1개월 안	법 104, 268
매각물건명세서의 작성, 그 사본 및 현황조사보고서· 평가서 사본의 비치		매각기일(입찰 기간 개시일) 1주 전까지	법 105 ②, 268, 규 55
최초매각기일 또는 입찰 기간개시일	공고일부터	2주 후 20일 안	규 56
입찰 기간		1주 이상 1월 이하	규 68
새매각기일·새매각결정기일 또는 재매각기일·재매각결정 기일의 지정·공고. 이해관계 인에 대한 통지	사유 발생일부터	1주 안	법 119, 138, 268
새매각, 재매각기일	공고일부터	2주 후 20일 안	119, 138, 268, 규 56
배당요구의 통지	배당요구일부터	3일 안	법 89, 268

출처 : 저자 작성

종류		기산일	기간	비고
매각 실시	기일입찰, 호가 경매		매각기일	법 112, 268
	기간입찰	입찰기간 종료일부터	2일 이상 1주일 안	규 68
매각기일조서 및 보증금 등의 인도		매각기일부터	1일 안	법 117, 268
매각결정기일		매각기일부터	1주 안	법 109 ①, 268
매각허부결정의 선고			매각결정기일	법 109 ②, 126 ①, 268
차순위 매수신고인에 대한 매각결정기일의 지정 이해관계인에의 통지		최초의 대금 지급 기한 후	3일 안	법 104 ① ②, 137 ①, 268
차순위 매수신고인에 대한 매각결정기일		최초의 대금지급 기한 후	2주 안	법 109 ①, 137 ①, 268
매각 부동산 관리명령		신청일부터	2일 안	법 136 ②, 268
대금지급기한의 지정 및 통지		매각허가결정확정일 또는 상소법원으로부터 기록송부를 받은 날부터	3일 안	법 142 ①, 268 규 78, 194
대금지급기한		매각허가결정확정일 또는 상소법원으로부터 기록송부를 받은 날부터	1개월 안	규 78, 194
매각 부동산 인도명령		신청일부터	3일 안	법 136 ①, 268
배당기일의 지정·통지 계산서 제출의 최고		대금납부 후	3일 안	법 146, 268 규 81
배당기일		대금납부 후	4주 안	법 146, 268
배당표의 작성 및 비치			배당기일 3일 전까지	법 149 ①, 268
배당표의 확정 및 배당실시			배당기일	법 149 ②, 159, 268
배당조서의 작성		배당기일부터	3일 안	법 159 ④, 268
배당액의 공탁 또는 계좌입금		배당기일부터	10일 안	법 160, 268 규 2
매수인 앞으로 소유권이전등기 등 촉탁		서류제출일부터	3일 안	법 144, 268
기록 인계		배당액의 출급, 공탁 또는 계좌입금 완료 후	5일 안	

출처 : 저자 작성

경매 절차의
이해관계인

1. 이해관계인은 누구인가?

부동산 경매 절차와 관련해 이해관계를 가진 자 중에 법이 보호해야 할 필요가 있는 사람으로 법 90조에서 규정하고 있는 사람을 말한다(법 제90조).[8] (채무자의 가족, 친구, 일반 채권자×)

[법 제90조 경매 절차의 이해관계인]

① 압류채권자와 집행력 있는 정본에 의해 배당을 요구한 채권자

② 채무자 및 소유자

③ 등기부에 기입된 부동산 위의 권리자(가압류권자,[9] 가처분권자,[10] 예고등기권리자[11]는 경매 절차의 이해관계인이 아니다).

④ 부동산 위의 권리자로서 그 권리를 증명한 사람[12](예컨대, 유치권자, 임차인 등)

---

8) 제한적 열거규정으로 보아 이외의 자는 이해관계인으로 취급하지 않는다.

9) 대법원 판결 2004. 7. 22, 2002 다 52312

10) 대법원 판결 1994. 9. 30, 94 마 1534

11) 대법원 판결 1968. 1. 15, 67 마 1024

12) 부동산 위의 권리자란 유치권자, 법정지상권자, 분묘기지권자, 점유권자, 특수지역권자, 건물등기 있는 토지 임차인(민법 제622조), 주택임대차보호법 또는 상가임대차보호법에 따라 인도 및 주민등록 또는 사업자등록을 마친 주택임차인 또는 상가임차인 등을 예로 들 수 있으며, 이들은 그 권리를 스스로 증명해야 이해관계인이 된다.

2. 이해관계인이 가지는 권리

이해관계인은 경매 절차 전반에 관여할 자격을 주고 있다.

① 집행에 관한 이의신청권(법 제16조)

② 부동산에 대한 침해방지 신청권(법 제83조 3항)

③ 경매개시결정에 대한 이의신청권(법 제86조)

④ 이중 경매 신청 또는 채권자의 배당요구신청이 있는 때 법원
   으로부터 통지를 받을 권리(법 제89조)

⑤ 일괄매각을 신청할 수 있는 권리(법 제98조)

⑥ 매각기일과 매각결정기일을 통지받을 수 있는 권리
   (법 제104조 2항)

⑦ 합의로 매각조건을 변경할 수 있는 권리(법 제110조)

⑧ 매각기일에 출석해 매각기일조서에 서명날인 할 수 있는 권
   리(법 제116조 2항)

⑨ 매각결정기일에 매각허가에 관한 의견을 진술할 수 있는 권
   리(법 제120조)

⑩ 매각허가 여부 결정에 대해 즉시 항고할 수 있는 권리(법 제
   129조)

⑪ 배당기일 통지를 받을 권리(법 제146조)

⑫ 배당기일에 출석해 배당표에 관한 의견을 진술할 수 있는 권
   리(법 제149조 2항)

⑬ 배당기일에 출석해 배당에 관한 합의를 할 수 있는 권리(법
   제150조 2항)

3. 입찰자가 경매 기록을 열람, 복사하는 방법

앞서 법 제90조 이해관계인 이외의 사람으로 경매 기록을 열람,

복사할 수 있는 이해관계인(경매 절차 처리지침 제53조)은 아래와 같다. 낙찰자(최고가 매수신고인)는 경매 기록을 열람, 복사할 수 있는 이해관계인이다.

① 최고가 매수신고인과 차순위 매수신고인, 매수인
② 가압류권자, 가처분권자
③ 대항력 없는 임차인으로 현황조사보고서에 기재되어 있는 사람
④ 건물을 매각하는 경우의 대지 소유자, 대지를 매각하는 경우의 건물 소유자 등
 · 경매 기록 전체 복사 ×
 · 경매 기록 특정 복사 ○

★ 입찰자가 경매 기록을 열람, 복사하는 방법 ★
 – 입찰자는 이해관계인이 아니므로 입찰 전에 서류열람을 할 수 없다. 입찰자(제삼자)가 매각기일 전 서류열람을 꼭 확인해야 할 필요성이 있는 경우가 있다.
  입찰자 : 이해관계인이 아님(서류열람의 제한) → **서류열람 방법은?**
 – **방법** : 이해관계인이 되거나 이해관계인을 이용한다. 이해관계인이 되는 방법은 채권자의 지위를 채권 양도양수와 같이 이전받는 방법이 있다. 이해관계인을 이용하는 방법은 소유자, 임차인, 유치권자에게 도움을 줄 수 있는 내용을 주고 서류열람의 협조를 구한다.

4장

입찰실무,
"경매 입찰 어떻게
해요?"

입찰참여가
불가능한 사람

　다음의 사람은 경매 입찰참여가 제한된다. 만일 이러한 사람이 낙찰을 받으면 매각불허가 사유(매각허가에 대한 이의 사유, 법 제121조 2호)가 된다.

① 법정대리인의 동의 없는 미성년자
② 채무자
③ 매각 절차에 관여한 집행관
④ 매각 부동산을 평가한 감정인(감정평가법인이 감정인인 경우는 그 감정평가법인 또는 소속 감정평가사)
⑤ 매각사건에 이해관계가 있는 법관 및 법원사무관
⑥ 재매각 사건인 경우 전매수인
(근거 : 민법 제5조, 민사집행법 제138조 제4항, 민사소송법 제41조, 제50조 및 민사집행규칙 제59조)

Q¹ 경매 부동산의 물상보증인은 입찰참여가 가능할까?
　가능하다.

Q² 채무자의 상속인은 입찰참여가 가능할까?
　단순승인은 안 되고, 한정승인과 상속 포기의 경우 가능하다.

경매 매수인
입찰방법

　매각기일 전까지 물건에 대한 조사분석을 마치고 입찰준비물을 챙겨서 해당 물건지 소재 관할 법원에 방문해 입찰한다.

　법원으로 출발하기 전 입찰하고자 하는 경매 물건이 취하, 변경되었는지 대한민국법원 법원경매정보 사이트로 진행 여부를 먼저 확인 후 출발한다. 취하나 변경된 줄 모르고 입찰법원에 갔다가 돌아오는 경우가 간혹 있다. 입찰 당일 출발 전 확인하고, 입찰법원 도착 후에도 입찰사건 안내게시판을 확인해서 당일 진행하는 사건에 그 물건이 있는지 확인한다.

　법원 도착 후 입찰상 분위기에 휩싸이지 말고, 미리 생각해놓은 입찰금액을 기준으로 소신껏 실수 없이 입찰하도록 한다.

1. 입찰 진행순서 살펴보기

① 법원 도착

② 입찰사건 안내게시판 확인 : 변경, 취하, 유치권신고 여부, 입찰보증금 10~30% 여부, 입찰 마감 시간 등

③ 법원 서류열람(PC 열람), 입찰표, 입찰봉투, 보증금봉투 수령

(법원에 비치되어 있음)

④ 입찰표 작성 및 제출 : 입찰표를 작성해 첨부서류를 입찰봉 투에 넣은 후 입찰 마감 시간 전에 법대 앞 집행관에 제출해 서 입찰함에 넣는다. 입찰은 취소, 변경 또는 교환할 수 없다 (규칙 제61조 제6항).

⑤ 입찰 마감

⑥ 개찰

⑦ 최고가 매수신고인 결정(차순위 신고)

⑧ 입찰 종결

[자료 4-1] 경매 입찰 순서

출처 : 저자 작성

2. 입찰서류 작성방법 이것만 보면 끝

[자료 4-2] 기일입찰표

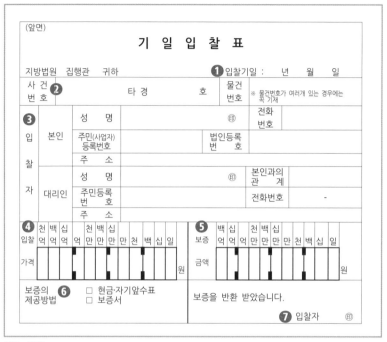

출처 : 법원

(1) 기일입찰표의 작성

① 입찰기일 : 입찰하는 사건의 입찰 날짜를 적는다.

② 사건번호, 물건번호 : 사건번호는 입찰하는 사건의 번호를 적는다. 물건번호는 한 사건에서 2개 이상의 물건이 개별적으로 입찰에 부쳐진 경우, 입찰하고자 하는 물건의 번호를 적는다. 이 경우 물건번호는 반드시 적어야 한다.

③ 입찰자

　　- 개인일 때 : 본인란에 본인의 성명, 주민등록번호, 주소, 전화번호를 적는다.

- 법인일 때 : 본인란에 법인명, 법인등록번호, 사업자등록번호, 본점 주소, 전화번호를 적는다.
- 대리인일 때 : 본인란에 본인의 인적사항을 적고, 대리인란에 대리인의 성명, 주민등록번호, 주소, 전화번호, 본인과의 관계를 적는다.

④ 입찰가격 : 입찰가격은 매수하고자 하는 금액을 적는다. 아라비아 숫자로 자릿수를 정확하게 기재한다. 입찰가격은 연필을 사용하거나 덧칠해서는 안 된다. 수정이 절대로 안 되므로 수정할 경우, 새 용지를 사용한다. 실무에서 입찰장에서 긴장하거나 시간에 쫓겨 입찰가격의 숫자를 하나 더 쓰거나 실수하는 등 입찰가격의 기재사고가 종종 발생하므로 가장 유의해야 할 사항이다.

⑤ 보증금액 : 보증금액은 최저매각가격의 10분의 1을 적는다. 입찰금액의 10분의 1이 아니다. 최저매각가격의 10분의 1 미만을 넣을 경우 무효처리되고, 그 이상을 넣어 낙찰받으면 그 이상의 금액은 반환해준다(예컨대, 최저매각가격 8,000만 원, 입찰금액 9,500만 원일 경우, 입찰보증금액은 800만 원이며, 800만 원 이상 넣어 낙찰받으면 800만 원 초과금액은 반환해준다). 실무상 자기앞수표 1매로 편리하게 준비하고, 매수신청보증금 봉투에 넣고 도장을 찍는다. 당해 사건의 특별매각조건으로 보증금이 20%에서 30%로 증가해서 있는 경우도 있으니 유의해야 한다.

⑥ 보증의 제공방법 : 보증의 제공방법에는 현금·자기앞수표에 체크한다.

⑦ '보증을 반환받았습니다. 입찰자'란은 입찰 후 낙찰이 안 되

어 보증금을 반환받을 때 적는 부분이므로 입찰 시에는 적지 않아도 된다. 실무상으로는 신속한 경매 진행을 위해 미리 기입해놓기도 한다.

(2) 첨부서류

법원에서 받은 입찰표, 입찰 봉투, 입찰보증금 봉투 외에 아래의 서류가 들어간다.

[본인 입찰의 경우]

① 개인 : 입찰보증금＋본인 신분증과 도장
② 법인(법인 대표이사 입찰) : 입찰보증금＋법인 등기부등본＋대표이사 신분증과 도장
③ 권리능력 없는 사단·재단 : 입찰보증금＋대표자의 주민등록등본＋대표자를 증명하는 서면＋정관 기타의 규약＋사원총회결의서
④ 재외국민 : 재외국민도 내국인과 동일하게 부동산을 경매로 취득할 수 있다.
  - 국내에 거소지가 있을 때 : 입찰보증금＋본인여권 또는 재외국민국내거소신고증＋도장
  - 국내에 거소지가 없을 때 : 입찰보증금＋본인여권＋재외국민거주사실증명서 또는 재외국민등록등본(체류지 영사관에서 발급)＋도장
⑤ 공동입찰 : 입찰보증금＋공동입찰신고서, 공동입찰자목록(공동입찰자의 지분을 표시)

[대리 입찰의 경우]

① 개인일 때 : 입찰보증금+위임장(인감날인)+개인 인감증명서+대리인의 신분증과 도장

② 법인일 때 : 입찰보증금+위임장(인감날인)+법인 인감증명서, 법인 인감도장+법인 등기부등본+대리인의 신분증과 도장

③ 재외국민일 때 : 재외국민 본인 입찰서류+위임장+위임자의 서명에 관해 본인이 직접 작성했다는 취지의 본국 관공서의 증명서+위임장에 대한 국내번역공증서+(대리인의 신분증과 도장 준비)

3. 입찰서류 양식 : 기일입찰표, 위임장, 매수신청보증봉투, 입찰봉투, 공동입찰신고서, 공동입찰자목록

기일입찰표 및 경매 관련 서식은 대한민국법원 법원경매정보 홈페이지(www.courtauction.go.kr) '경매 지식'에서 '경매 서식'으로 들어가 양식을 다운로드할 수 있다.

[자료 4-3] 입찰서류 다운로드 하기

출처 : 대한민국법원 법원경매정보

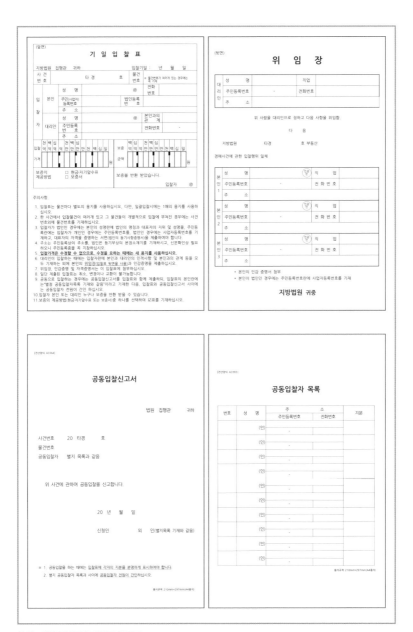

출처 : 대한민국법원 법원경매정보

← 입찰보증금 봉투(흰색) : 사건번호와 제출자를 적고 입찰보증금을 넣는다.

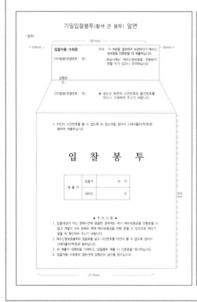

↓ 기일입찰봉투(황색 큰봉투) : 사건번호와 제출자를 적고, 기일입찰표와 입찰보증금봉투를 넣는다.

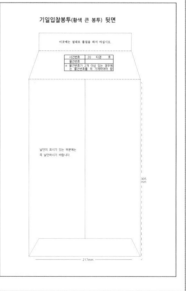

출처 : 대한민국법원 법원경매정보

입찰 시
이것을 유의하자!

입찰장에서 주요 실수 유형을 살펴보면 다음과 같다.

- 기일입찰에서 유효, 무효 처리 기준에 대해서는 '부동산 등에 대한 경매 절차 처리지침'을 참조한다.

입찰표 작성 (★ 입찰가격)	① 입찰가격란에 입찰금액을 밀려 쓰거나 0을 더 붙이는 경우 ② 입찰가격과 보증금액을 바꿔서 기재하는 경우 ③ 입찰가격을 정정 또는 수정(진하게 2번 쓰거나 덧칠하는 경우 등) 하는 경우 ④ 입찰가격을 연필로 쓰는 경우 ⑤ 입찰가격을 한글로 쓴 경우(아라비아 숫자로 기재)
★ 물건번호 미기재	하나의 사건에 매각물건이 여러 개일 때 입찰봉투에 물건번호를 기재하지 않은 경우
입찰보증금	입찰보증금이 부족한 경우 (보통 최저가의 10%, 재매각의 경우 20%~30%)
★ 입찰서류	대리인 입찰 시 인감증명서 불 첨부, 또는 위임장의 도장과 인감증명 서상의 도장이 다른 경우
입찰시간 경과	입찰 마감시간 이후(종이 울린 후) 제출한 경우
미진행 사건	취하, 변경, 정지 등 당일 입찰이 진행하지 않는 사건에 입찰한 경우

출처 : 저자 작성

법원의 입찰서류
유·무효 처리기준

부동산 등에 대한 경매 절차 처리지침(재민 2004-3)

개정 2019. 11. 15 [재판예규 제1728호, 시행 2019. 11. 15] 별지 2,
별지 3에는 첨부서류 등에 흠이 있는 경우의 처리기준, 기일입찰표
의 유·무효 처리기준에 대해 다음과 같이 규정하고 있다.

1. 첨부서류 등에 흠이 있는 경우의 처리기준[13]

번호	흠결사항	처리기준	비고
1	입금증명서 또는 보증서, 법인등기사항증명서, 가족관계증명서, 공동입찰자목록이 같은 입찰봉투에 함께 봉함되지 않고 별도로 제출된 경우	① 직접 제출 : 접수하지 않는다.	입찰봉투에 넣어 제출하도록 한다.
		② 우편 제출 : 접수는 하되, 개찰에는 포함시키지 않는다.	클립 등으로 입찰봉투에 편철하고, 입찰봉투와 접수부에 그 취지를 부기한다.
2	입금증명서 또는 보증서, 법인등기사항증명서, 가족관계증명서, 공동입찰자목록이 누락된 경우	개찰에 포함시키지 않는다.	

번호	흠결사항	처리기준
3	주민등록표등·초본이 누락되거나 발행일이 입찰기간 만료일 전 6월을 초과하는 경우	개찰에 포함시킨다.
4	대표자나 관리인의 자격 또는 대리인의 권한을 증명하는 서면으로 관공서에서 작성하는 증명서, 대리위임장 및 **인감증명서가 누락되거나 발행일이 입찰기간 만료일 전 6월을 초과하는 경우**	**개찰에 포함시키지 않는다.** 다만, 변호사·법무사가 임의대리인으로 입찰하는 경우 인감증명서가 붙어 있지 않더라도 개찰에 포함시킨다.

출처 : 저자 작성

- 설립 중인 회사인 경우에는 발기인, 대표자, 준비행위 등의 소명자료를, 법인 아닌 사단이나 재단의 경우에는 정관 기타의 규약, 대표자 또는 관리인임을 증명하는 서면 등의 소명자료를 제출해야 한다.

2. 기일입찰표의 유·무효 처리기준[14)]

번호	흠결사항	처리기준
1	입찰기일을 적지 않거나 잘못 적은 경우	입찰봉투의 기재에 의해 그 매각기일의 것임을 특정할 수 있으면 개찰에 포함시킨다.
2	사건번호를 적지 않은 경우	입찰봉투, 매수신청보증봉투, 위임장 등 첨부서류의 기재에 의해 사건번호를 특정할 수 있으면 개찰에 포함시킨다.
3	매각물건이 여러 개인데, **물건번호를 적지 않은 경우**	**개찰에서 제외한다.** 다만, 물건의 지번·건물의 호수 등을 적거나 입찰봉투에 기재가 있어 매수신청 목적물을 특정할 수 있으면 개찰에 포함시킨다.
4	입찰자 본인과 대리인의 주소·이름이 함께 적혀 있지만(이름 아래 날인이 있는 경우 포함) 위임장이 붙어 있지 않은 경우	개찰에서 제외한다.
5	입찰자 본인의 주소·이름이 적혀 있고 위임장이 붙어 있지만, 대리인의 주소·이름이 적혀 있지 않은 경우	개찰에서 제외한다.

13) 부동산 등에 대한 경매 절차 처리지침 [별지2]
14) 부동산 등에 대한 경매 절차 처리지침 [별지3]

번호	흠결사항	처리기준
6	위임장이 붙어 있고 대리인의 주소·이름이 적혀 있으나 입찰자 본인의 주소·이름이 적혀 있지 않은 경우	개찰에서 제외한다.
7	한 사건에서 동일인이 입찰자 본인인 동시에 다른 사람의 대리인이거나, 동일인이 2인 이상의 대리인을 겸하는 경우	쌍방의 입찰을 개찰에서 제외한다.
8	입찰자 본인 또는 대리인의 주소나 이름이 위임장 기재와 다른 경우	이름이 다른 경우에는 개찰에서 제외한다. 다만, 이름이 같고 주소만 다른 경우에는 개찰에 포함시킨다.
9	**입찰가격의 기재를 정정한 경우**	**정정인 날인 여부를 불문하고, 개찰에서 제외한다.**
10	입찰가격의 기재가 불명확한 경우(예 : 5와 8, 7과 9, 0과 6 등)	개찰에서 제외한다.
11	보증금액의 기재가 없거나 그 기재된 보증금액이 매수신청보증과 다른 경우	매수신청보증봉투 또는 보증서에 의해 정해진 매수신청보증 이상의 보증제공이 확인되는 경우에는 개찰에 포함시킨다.
12	보증금액을 정정하고 정정인이 없는 경우	
13	**하나의 물건에 대해 같은 사람이 여러 장의 입찰표 또는 입찰봉투를 제출한 경우**	**입찰표 모두를 개찰에서 제외한다.**
14	보증의 제공방법에 관한 기재가 없거나 기간 입찰표를 작성·제출한 경우	개찰에 포함시킨다.
15	위임장은 붙어 있으나 위임장이 사문서로서 인감증명서가 붙어 있지 아니한 경우, 위임장과 인감증명서의 인영이 틀린 경우	개찰에서 제외한다. 다만, 변호사·법무사가 임의대리인으로 입찰하는 경우 인감증명서가 붙어 있지 않더라도 개찰에 포함시킨다.

출처 : 저자 작성

최고가 매수신고인과
차순위 매수신고인

1. 최고가 매수신고인이 2인 이상인 경우

입찰자 중 최고의 높은 가격으로 입찰한 사람을 '최고가 매수신고인'이라고 한다. 최고가 입찰자가 2인 이상이면 그 사람들만 추가입찰을 실시한다. 이때 처음 가격보다 낮은 가격으로 입찰할 수는 없다. 추가입찰을 했는데 또다시 2인 이상이 최고가로 입찰한 경우 추첨에 의해 최고가 매수신고인을 정한다.

민사집행규칙 제66조(최고가 매수신고인 등의 결정)
① 최고가 매수신고를 한 사람이 둘 이상인 때는 집행관은 그 사람들에게 다시 입찰하게 하여 최고가 매수신고인을 정한다. 이 경우 입찰자는 전의 입찰가격에 못 미치는 가격으로는 입찰할 수 없다.
② 제1항의 규정에 따라 다시 입찰하는 경우에 입찰자 모두가 입찰에 응하지 아니하거나(전의 입찰가격에 못 미치는 가격으로 입찰한 경우에는 입찰에 응하지 아니한 것으로 본다) 두 사람 이상이 다시 최고의 가격으로 입찰한 때는 추첨으로 최고가 매수신고인을 정한다.

2. 차순위 매수신고인의 자격

최고가 매수신고인이 대금납부기한까지 잔금을 납부하지 않을 경우, 차순위 매수신고인이 있을 경우, 재매각을 하지 않고 차순위 매수신고인이 낙찰(매각허가)자가 된다. 차순위 매수신고인이 되려면 당해 매각기일에 최고가 매수신고인이 선정되고 집행관이 "이 사건, 차순위 매수신고하실 분 계신가요?"라고 물으면 당해 사건 입찰을 종결하기 전까지 차순위 매수신고를 하겠다고 의사를 밝히면 된다.

차순위 매수신고는 그 신고액이 최고가 매수신고금액에서 그 보증금을 뺀 금액을 넘는 때만 할 수 있다.

차순위 매수신고인은 최고가 매수신고인이 잔금을 완납할 때까지 보증금을 반환받지 못한다. 차순위 매수신고인이 낙찰받는 금액은 차순위 매수신고인의 입찰금액이 아닌 잔금을 미납한 최고가 매수신고인의 낙찰금액이다.

> **민사집행법 제114조(차순위 매수신고)** ① 최고가 매수신고인 외의 매수신고인은 매각기일을 마칠 때까지 집행관에게 최고가 매수신고인이 대금지급 기한까지 그 의무를 이행하지 아니하면 자기의 매수신고에 대하여 매각을 허가하여 달라는 취지의 신고(이하 '차순위 매수신고'라고 한다)를 할 수 있다.
> ② 차순위 매수신고는 그 신고액이 최고가 매수신고액에서 그 보증액을 뺀 금액을 넘는 때에만 할 수 있다.
> **민사집행법 제115조(매각기일의 종결)** ② 차순위 매수신고를 한 사람이 둘 이상인 때에는 신고한 매수가격이 높은 사람을 차순위 매수신고인으로 정한다. 신고한 매수가격이 같은 때에는 추첨으로 차순위 매수신고인을 정한다.
> **민사집행규칙 제63조(기일입찰에서 매수신청의 보증금액)** ① 기일입찰에서 매수신청의 보증금액은 최저매각가격의 10분의 1로 한다.

[자료 4-4] 차순위 매수신고인이 되는가?

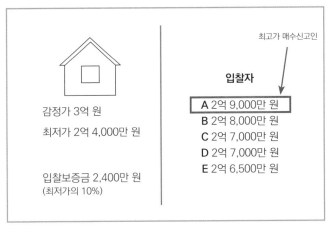

최고가 매수신고인

입찰자

A 2억 9,000만 원
B 2억 8,000만 원
C 2억 7,000만 원
D 2억 7,000만 원
E 2억 6,500만 원

감정가 3억 원
최저가 2억 4,000만 원

입찰보증금 2,400만 원
(최저가의 10%)

출처 : 저자 작성

(1) B, C, D, E가 모두 차순위 신고를 할 경우, 차순위 매수신고를 할 수 있는 사람은 누구이고, 누가 차순위 매수신고인이 되는가?
　– **정답** : 차순위 매수신고를 할 수 있는 사람 B, C, D. 차순위 매수신고인 B.
　– **해설** : 차순위 매수신고는 최고가매수신고금액 2억 9,000만 원에서 입찰보증금 2,400만 원을 뺀 금액인 2억 6,600만 원 이상 입찰자만 할 수 있다. 차순위 매수신고인이 2인 이상인 경우 높은 가격에 입찰한 사람이 차순위 매수신고인이 된다.
(2) 차순위 매수신고를 C와 D가 한 경우 누가 차순위 매수신고인이 되는가?
　– **정답** : 차순위 매수신고한 가격이 같은 경우 추첨해 차순위 매수신고인을 정한다.

5장

권리분석 워밍업,
"이 물건
문제 있나요?"

권리분석은
이렇게 구성되어 있다

　권리분석은 경매 물건을 보고 이 물건이 문제 있는지 확인한다고 하면, 이 경매 물건이 권리상에 문제가 없는지 확인하는 일이다.

　또한, 해당 경매 물건을 매입하게 될 경우 인수하게 되는 권리나 부담에 대해 사전에 밝혀내는 작업을 말한다. 권리분석을 제대로 하지 않으면 매각대금 이외의 예상치 못한 추가비용이 발생하거나, 심지어 소유권을 잃게 되는 경우도 발생할 수 있다.

[자료 5-1] 이 책에서만 볼 수 있는 권리분석의 체계적인 구성도

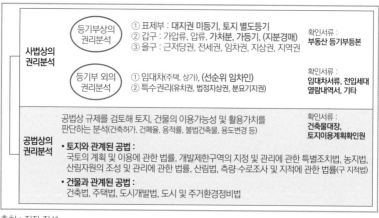

출처 : 저자 작성

등기부등본 권리분석+등기부등본 외의 권리분석=사법상의 권리분석

[자료 5-1]에서 보는 것과 같이 부동산 경매 물건의 권리분석은 등기부등본상의 권리분석과 등기부등본에 나타나지 않는 등기부등본 외의 권리분석으로 구분된다.

등기부등본상의 권리분석은 표제부, 갑구, 을구에 해당 권리들이 기입되어 있다. 등기부등본에 나타나지 않는 권리에는 대표적으로 임대차가 있다. 임대차는 주택임대차와 상가임대차로 구분되고, 전입일자와 사업자등록일자를 기준으로 등기부등본 권리의 등기일자와 우열을 가린다.

또 등기부등본에 나타나지 않는 권리로 유치권, 법정지상권, 분묘기지권이 있다. 이 등기부등본 권리와 등기부등본 이외의 권리에는 특수물건이 모두 각자의 위치에 들어 있다. 등기부등본 권리와 등기부등본 이외의 권리분석을 학문적으로 '사법상의 권리분석'이라고 한다.

공법상의 권리분석

경매 물건에 대한 사용 및 활용 가능 여부 등을 판단할 수 있는 공법상의 권리분석이 있다. 예컨대, 토지를 매입할 경우 해당 토지에 건축이 가능한지, 건축이 가능하다면 몇 평까지 지을 수 있는지(건폐율, 용적률), 건물을 매입할 경우 위법건축물은 아닌지, 원하는 용도로 사용이 가능한지, 용도변경은 가능한지, 증축은 가능한지 등을 판단하는 분석이라고 할 수 있다. 공법상 권리분석은 별도로 공부할 것은 아니고, 입찰물건에 따라 필요한 사항만 검토하면 된다.

권리분석을 위한 권리, 물권과 채권

1. 물권은 뭐고, 채권은 뭐니?

[자료 5-2] 물건과 채권 비교

구분	물권	채권
의의	특정물건에 대해 물건을 직접 지배하는 권리(대물권) **경매, 매매 취득 → 소유권** **담보설정 → 근저당권 등**	특정인에게 일정한 행위를 청구할 수 있는 권리(대인권) A ──→ B 채권자 2,000만 원 빌려줌 채무자
종류와 내용	물권은 법률로 정하며 개인이 임의로 창설할 수 없다(물권법정주의, 강행규정). ① 민법 8종류 : 점유권, 소유권, 지상권, 지역권, 전세권(물권적전세), 유치권, 질권, 저당권 ② 관습법 2종류 : 법정지상권, 분묘기지권	당사자가 자유롭게 정할 수 있다(계약자유의 원칙, 임의규정). – 종류 : 일반채권, 가압류, 압류, 임차권(채권적전세) 등
배타성	있다(○). 배타성 : 하나의 물건 위에 같은 내용의 권리가 2개 이상 성립할 수 없다(일물일권주의). 단, 설정 순위에 따라 서로 충돌하지 않고 권리행사가 가능하면 2개 이상 설정 가능(예 : 후순위 근저당권)	없다(×). 동일한 내용의 채권이 동시에 2개 이상 병존할 수 있다(채권자 평등주의).

공시 여부	등기가 필요하다(등기 ○). 물권의 성립과 내용은 외부에 공시가 필요(부동산 : 등기 원칙)하다.	등기가 필요 없다(등기 ×). 채권의 성립과 내용은 제삼자에게 공시할 필요가 없다.
효력	① 모든 사람에게 주장할 수 있다(절대적). ② 우선적 효력(우선 변제받을 권리 ○) 　– 물권은 채권에 우선한다. 　– 물권상호 간에는 성립순위에 따라 　　효력이 발생한다. ③ 물권적 청구권(반환, 방해 제거, 방해 예방)**15)**	① 당사자 사이에서만 유효하다(상대적). ② 우선적 효력(우선 변제받을 권리 ×) 　– 채권은 우선적 효력이 없다. 　– 채권상호 간은 성립순위에 상관없 　　이 동순위(평등)다.

출처 : 저자 작성

2. 권리분석에서 알아야 할 물권의 종류

권리분석을 하기 위해 알아야 할 물권의 종류로는 민법상 물권 8개(점유권, 소유권, 지상권, 지역권, 전세권, 유치권, 질권, 저당권)와 관습법상 물권 2개(분묘기지권, 관습법상의 법정지상권)이다.

(1) 민법상 물권의 종류

구분		종류	내용	취득
점 유 권		점유권	물건을 사실상 지배(점유)하고 있으면 인정되는 권리 점유권은 점유할 권리가 있든 없든 인정 ○ (예 : 주거임차인, 상가임차인, 임대차 종료한 임차인, 임대인 동의 없는 전차인)	점유
본 권	소유권	소유권	물건을 사용, 수익, 처분할 수 있는 권리 사용 : 사용할 수 있는 권리 수익 : 임대료 수익 처분 : 사실적 처분 = 건물철거, 개조, 파괴 등 　　　법률적 처분 = 매매, 담도 설정 등	계약 + 등기

---

15) 물권적 청구권 : ① 물권적 반환청구권, ② 물권적 방해제거청구권, ③ 물권적 방해예방청구권
　　예 : ① 임대차 종료 시 건물반환을 거부하는 경우, ② 나의 토지에 권원 없이 건물을 지은 경우, ③ 나의 건물 옆 토지의 굴착공사로 건물 붕괴 위험이 있는 경우

구분		종류	내용	취득
본권	제한물권	**용익물권**		
		지상권	건물 기타 공작물 수목을 소유하기 위해 타인 토지를 사용할 수 있는 권리 (1필지 일부라도 가능, 최단존속기간 보장 : 견고한 건물 30년, 견고하지 않은 건물 15년, 건물 이외 공작물 5년)	계약 + 등기
		지역권	자신의 토지의 편익을 위해 타인 토지를 이용할 수 있는 권리 (편익을 받는 토지 : 요역지, 편익을 주는 토지 : 승역지)	계약 + 등기
		전세권	타인의 부동산(토지 또는 건물)을 전세금을 지급하고 사용 수익할 수 있는 권리, 또 후순위 권리자보다 우선 변제받을 권리	계약 + 등기
		담보물권		
		유치권	타인의 물건을 점유한 자가 그 물건에 관해 생긴 채권을 변제받을 때까지 그 물건을 유치할 수 있는 권리(예 : 자동차수리비 변제 시까지 자동차를 유치)	채권 발생 + 점유
		질권	돈을 빌려주면서 물건을 담보로 잡고 갚지 않으면 담보물건을 우선변제 받는 권리 (예 : 전당포에서 시계를 맡기고 돈을 빌리는 경우) 현행법상 부동산질권은 없고 동산질권과 권리질권만 인정 동산질권 : 시계 등 보석 → 계약+동산의 인도 권리질권 : 재산권(예 : 근저당권부 채권) → 계약+등기	계약 + 인도 계약 + 등기
		저당권	채무자가 담보제공한 부동산에 대해 부동산의 인도는 받지 않고 채무의 변제가 없으면 그 부동산에 대해 다른 채권자보다 우선변제 받을 권리	계약 + 등기

출처 : 저자 작성

(2) 관습법상 물권

① 분묘기지권

타인의 토지에 분묘를 설치한 자는 일정한 요건으로 그 분묘기지에 대해서 지상권과 유사한 물권을 취득한다.

- 토지 소유자의 승낙을 얻어 그의 토지에 분묘를 설치한 경우
- 타인 토지에 소유자의 승낙 없이 분묘를 설치한 경우에는 20년간 평온, 공연하게 그 분묘를 점유한 경우(단, '장사 등에 관

한 법률'의 시행으로 2001년 1월 13일 이후에 토지 소유자의 승
낙 없이 설치되는 분묘의 경우에는 분묘기지권을 주장할 수 없다)
  - 자기 소유의 토지에 분묘를 설치한 자가 분묘에 관해서는 별
    도의 특약이 없이 토지만을 타인에게 처분한 경우. 이 3가지
    의 경우에 분묘기지권이 성립한다. 자세히는 이 책 분묘기지
    권 편에서 후술한다.

② 관습법상의 법정지상권

동일인의 소유에 속하는 토지와 그 지상의 건물이 매매 등으
로 소유자를 각각 달리하게 될 경우에 그 건물을 철거한다는 별
도의 특약이 없는 한 건물의 소유자는 그 토지 위에 관습법상의
법정지상권을 취득한다. 이 책, 법정지상권 편에서 더 자세히 후
술하겠다.

권리 상호 간의
우선순위

물권 상호 간, 물권과 채권 상호 간, 채권 상호 간에는 어느 권리가 우선하는가의 문제다. 경매에서 권리의 우선순위를 파악하고 배당관계에서 알아야 할 중요한 부분이다.

[자료 5-3] 어느 권리가 우선하는가?

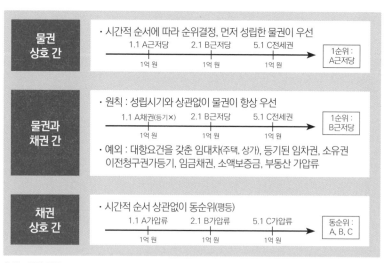

출처 : 저자 작성

1. 물권 상호 간의 우선순위

시간적 순서에 있어서 먼저 성립한 물권이 나중에 성립한 물권보다 우선한다.

2. 물권과 채권 간의 우선순위

(1) 원칙

하나의 물건에 대해 물권과 채권이 병존할 경우, 성립 시기와 상관없이 물권이 항상 우선한다. 그러나 기타 법률에 의해 약자 보호 또는 사회 보호의 목적으로 채권을 물권과 같은 효력(우선적 효력)을 주거나 물권보다 우선하는 효력을 주기도 한다.

(2) 예외

〈채권이지만 물권처럼 우선적 효력을 인정하는 경우〉

① 주택임대차, 상가임대차의 경우 대항요건(전입, 사업자등록)+ 확정일자를 갖춘 경우(주택임대차보호법 제3조, 제3조의 2, 상가건물임대차보호법 제3조)

② 부동산 임차권이 등기된 경우(민법 제621조)[16]

③ 소유권이전청구권 가등기가 된 경우(부동산등기법 제3조).

가등기 후 나중에 본등기를 하게 되면 본등기의 순위는 가등기의 순위에 의하고, 가등기와 본등기 사이에 저촉되는 중간처분의 등기는 등기관이 직권말소하며, 물권의 효력은 가등기를 한 때의 순위로 해 우선적 효력을 갖는다.

---

16) 민법 제621조 2항 : 부동산 임대차를 등기한 때에는 등기한 때부터 제삼자에 대해 효력이 생긴다.

〈채권이지만 물권보다도 우선적 효력을 인정하는 경우〉

① 근로기준법상의 임금채권최우선변제특권(최종 3개월분의 임금, 재해보상금, 근로기준법 제38조 2항)

② 주택임대차보호법상의 소액보증금에 관한 최우선변제권(주택임대차보호법 제8조, 제12조)

〈가압류의 경우〉

① 가압류 등기 후 근저당권등기가 된 경우에는 가압류는 채권이지만 물권인 근저당권과 동순위다(대법원 1994. 11. 29 자 94마417 결정). 반대로 근저당권 등기 후 가압류등기가 된 경우 근저당권이 우선함은 당연하다.

② 가압류 등기 후 주택임대차보호법상 대항요건과 확정일자를 갖춘 임차인은 선순위 가압류채권자와 동순위다(대법원 판결 1992. 10. 13, 선고 92 다 30597).

3. 채권 상호 간의 우선순위

채권은 상대방에 대한 청구권으로서 시간의 전후에 상관없이 평등한 지위를 가지므로 동일한 순위로 시간 순서에 상관없이 금액에 비례해 배당한다.

부동산의 권리관계를 공시하는 부동산 등기

부동산 등기는 등기부등본에 부동산에 관한 권리관계(권리의 설정, 보존, 이전, 변경, 처분의 제한 또는 소멸 등)와 부동산의 현황(소재, 지번, 지목, 면적, 구조 등)을 기재한 공적장부를 말한다.

1. 인터넷으로 쉽게 할 수 있는 부동산 등기부등본의 열람 및 발급방법

부동산 등기부등본은 대한민국법원 인터넷등기소(www.iros.go.kr)와 전국등기소(주소지 관할 지방법원 등기과), 행정복지센터, 시청, 구청 기관에 배치된 무인발급기에서 발급이 가능하다. 인터넷등기소에서는 열람과 발급이 가능하며, 1건당 열람용은 700원, 발급용은 1,000원의 수수료를 받는다. 인터넷등기소 홈페이지에 들어가면 열람·발급 신청방법을 자세히 안내해주고 있다.

[자료 5-4] 인터넷으로 등기부등본 열람하기

2. 권리분석을 위한 등기부등본 보는 요령과 유의사항

(1) 유료 경매 사이트는 참조, 입찰 시점에 등기부등본을 확인

경매 물건을 검색하고 권리분석을 할 때 유료 경매 사이트를 보면 편리하다. 등기부등본상의 권리순위와 임차인 순위를 컴퓨터가 정렬해 보기 좋게 정리해놓는다.

경매 투자자에게 편리함과 시간을 단축해주는 장점이 있지만, 유의할 점은 유료 경매 사이트에 나와 있는 권리분석을 맹신하고 입찰하면 안 된다. 사설 경매 사이트는 일반인이 좀 더 보기 편하게 만든 것이어서 권리분석은 기계적으로 입력이 된다. 오류 또는 누락 기재될 수 있고 이에 따른 책임은 지지 않는다. 입찰 시에는 부동산 등기부등본을 발급해서 반드시 직접 확인해야 한다.

(2) 입찰물건별로 등기부등본을 발급

등기부등본 발급은 입찰하고자 하는 물건이 집합건물이면 집합건물 등기부등본을, 토지면 토지 등기부등본을 열람 또는 발급한다. 단독주택같이 단독건물인 경우 건물 등기부등본과 토지 등기부등본을 각각 발급받아 권리순위를 확인해야 한다. 토지와 건물 각각 설정된 내용이 다를 수도 있다. 또 입찰물건이 공동담보로 다수의 물건인 경우 다수의 물건 모두의 등기부등본을 발급받아 확인한다.

(3) 권리분석 요령

집합건물의 경우 우선 등기부등본 표제부의 대지권 부분을 본다(대지권 미등기인지, 대지권 별도등기인지 확인). 다음으로 갑구의 소유권 변동내용과 을구의 권리설정 내용을 순서대로 살펴본다. 집합건물이 아닌 단독건물과 토지도 표제부, 갑구, 을구순으로 살펴본다. 표제부에서는 부동산 표시가 건축물대장과 비교해서 지번, 호수, 건물용도, 표시면적이 일치하는지도 확인한다(부동산 표시가 등기부등본과 건축물대장이 서로 일치하지 않을 경우 건축물대장이 우선한다. (예 : 집합건물 등기부는 201호인데, 대장에는 101호로 기재됨. 이런 경우 대장의 표시가 우선함. 따라서 등기부 201호로 전입신고할 경우 유효하지 않아서 대항력 없음)).

등기부등본을 전체적으로 봤다면, 등기권리의 내용과 순서를 보고 이 물건에 대한 스토리를 생각해본다. 이 물건이 왜 경매로 나왔는지, 취하 가능한지, 취하해서 매매로 살 수는 있는지, 경매로 갈 수밖에 없는 물건인지 생각해보자.

말소기준권리,
소멸주의와 인수주의, 잉여주의

1. 나 죽으면 내 밑으로 모두 죽는다, 말소기준권리

일반매매의 경우 매수할 부동산에 예컨대, 가등기나 근저당이 설정되어 있다면, 매수인은 매도인에게 모두 말소해주면 사겠다는 조건을 걸어 매수할 수 있다. 하지만 부동산 경매는 매도인의 의지와 상관없이 매각이 진행되므로 법원이 제삼자에게 매각하기 위해서는 부동산상에 인수되는 권리와 말소되는 권리를 법으로 정해놓을 필요가 있다. 바로 이 기준이 되는 권리를 '말소기준권리'라고 한다. 말소기준권리란 용어는 법률상 용어는 아니고, 학문적으로 만들어진 용어다.

말소기준권리에는 저당권, 근저당권, 압류, 가압류, 담보가등기, 경매기입등기 총 6개가 있다. 전세권은 말소기준권리가 되기도 하고, 안 되기도 한다. 전세권이 말소기준권리가 되기 위해서는 건물 전부의 최선순위 전세권자가 경매를 신청했거나 배당요구를 한 경우에만 말소기준권리가 된다. 따라서 최선순위 전세권자가 아닌 경우, 건물 일부의 전세권자인 경우, 건물 전부의 최선순위 전세권자가 경매를 신청하지 않았거나 배당요구를 하지 않으면 말소기준권리가 될 수 없다.

말소기준권리를 포함해 말소기준권리보다 후순위로 설정된 권리는 모두 말소된다.
- 말소기준권리보다 먼저 설정된 말소기준권리 아닌 권리는 매수인에게 인수된다.
- 말소기준권리보다 후순위로 설정된 가처분 등기 중 '소유권에 관한 다툼이 있는 가처분'과 '건물철거 및 토지 인도청구권 가처분'의 경우에는 말소되지 않는다(가처분은 이 책, 가처분 내용 참조).

[자료 5-5] 매각물건명세서에서 말소기준권리 찾기

| Tip | 말소기준권리는 매각물건명세서에도 기재되어 있다 |

매각물건명세서의 최선순위 설정이 바로 말소기준권리다. 이 말소기준권리를 기준으로 인수되는 권리와 소멸되는 권리를 판단한다. 권리분석을 잘 모르더라도 매각물건명세서의 최선순위 설정과 기타 매각물건명세서의 특이사항과 인수조건 유무만 잘 확인하는 것으로도 권리분석을 쉽게 할 수 있다.

매각물건명세서

사건	2021타경: 부동산임의경매 2022타경‘ 중복)		매각 물건번호	1	작성 일자	2022.06.09	담임법관 (사법보좌관)	ㄴㅇㄱ	(도장)
부동산 및 감정평가액 최저매각가격의 표시	별지기재와 같음		최선순위 설정			2016. 5. 18. 근저당권	배당요구종기	2022.02.11	

부동산의 점유자와 점유의 권원, 점유할 수 있는 기간, 차임 또는 보증금에 관한 관계인의 진술 및 임차인이 있는 경우 배당요구 여부와 그 일자, 전입신고일자 또는 사업자등록신청일자와 확정일자의 유무와 그 일자

점유자의 성 명	점유부분	정보출처 구 분	점유의 권 원	임대차기간 (점유기간)	보 증 금	차 임	전입신고일자,사업 자등록 신청일자	확정일자	배당요구여부 (배당요구일자)

출처 : 대한민국법원 법원경매정보

[자료 5-6] 말소기준권리란 무엇인가?

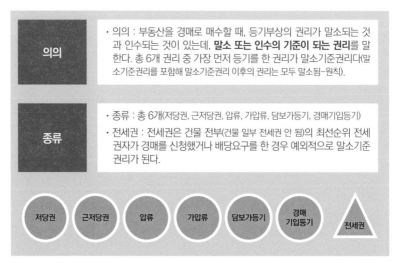

출처 : 저자 작성

2. 소멸되는 권리와 인수되는 권리 구분해서 보기

말소기준권리를 중심으로 말소기준권리보다 후순위로 설정된 권리는 매각으로 소멸되는 것을 소멸주의라고 하고, 말소기준권 리보다 먼저 설정된 권리는 매수인에게 인수되는 것을 인수주의 라고 한다. 부동산 경매는 부동산 위에 존재하는 제한물권 등의 부담은 매수인이 인수하는 것(인수주의)이 아니라 매각으로 소멸 하는 것(소멸주의)이 원칙이다.

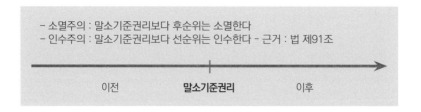

민사집행법 제91조(인수주의와 잉여주의의 선택 등)

① 압류채권자의 채권에 우선하는 채권에 관한 부동산의 부담을 매수인에게 인수하게 하거나, 매각대금으로 그 부담을 변제하는 데 부족하지 아니하다는 것이 인정된 경우가 아니면 그 부동산을 매각하지 못한다.

② 매각 부동산 위의 모든 저당권은 매각으로 소멸된다.

③ 지상권, 지역권, 전세권 및 등기된 임차권은 저당권, 압류채권, 가압류채권에 대항할 수 없는 경우에는 매각으로 소멸된다.

④ 제3항의 경우 외의 지상권, 지역권, 전세권 및 등기된 임차권은 매수인이 인수한다. 다만, 그중 전세권의 경우에는 전세권자가 제88조에 따라 배당요구를 하면 매각으로 소멸된다.

⑤ 매수인은 유치권자(유치권자)에게 그 유치권(유치권)으로 담보하는 채권을 변제할 책임이 있다.

소멸되는 권리	인수되는 권리
– 모든 (근)저당권, 담보가등기	– 예고등기, 유치권, 법정지상권, 분묘기지권
– 말소기준권리보다 후순위로 설정된 용익물권 (전세권, 지역권, 지상권)	– 말소기준권리보다 먼저 설정된 용익물권(전세권, 지역권, 지상권)
– 말소기준권리보다 후순위로 설정된 가압류, 가처분, 가등기, 임차권, 환매권 등기	– 말소기준권리보다 먼저 설정된 가처분, 가등기(소유권이전청구권), 환매권 등기
– 말소기준권리보다 늦게 전입신고(사업자등록) +점유를 한 임차인	– 말소기준권리보다 후순위로 설정된 가처분 등기 중 '소유권에 관한 다툼이 있는 가처분'과 '건물 철거 및 토지 인도청구건 가처분'
	– 말소기준권리보다 먼저 전입신고(사업자등록) +점유를 한 임차인

출처 : 저자 작성

3. 말소기준권리 연습문제

[자료 5-7] 다음 각 항에서 말소기준권리를 고르시오.

①	1) 근저당권	2) 임차인	3) 근저당권	4) 압류

$\longrightarrow$

②   1) 임차인   2) 근저당권   3) 압류   4) 가등기

③   1) (가)압류   2) 임차인   3) 근저당권   4) 전세권

④   1) 가등기(담보)   2) 임차인   3) 근저당권

⑤   1) 임차인   2) 경매기입등기   3) 압류

⑥   1) 가처분   2) 근저당권   3) 임차인   4) 가압류

⑦   1) 가등기(소유권   2) 근저당권   3) 압류
       이전청구권)

⑧   1) 지상권   2) 근저당권   3) 압류

⑨   1) 전세권   2) 근저당권   3) 압류

⑩   1) 임차권   2) 근저당권   3) 압류

출처 : 저자 작성

답 : ① 1) 근저당권, ② 2) 근저당권, ③ 1) (가)압류, ④ 1) 가등기(담보), ⑤ 2) 경매기입등기, ⑥ 2) 근저당권, ⑦ 2) 근저당권, ⑧ 2) 근저당권, ⑨ 2) 근저당권, 전세권은 건물 전부(또는 집합건물)의 최선순위 전세권자가 경매를 신청하거나 배당요구할 경우 예외적으로 말소기준권리가 된다. ⑩ 근저당권

4. 잉여주의, 배당이 안 되면 경매를 취소한다고?

(1) 잉여주의

잉여주의란 경매 신청 채권자에게 매각대금이 한 푼도 배당되지 않을 경우 경매를 진행시키지 않는 입법주의를 말한다(근거 : 법 제91조 1항). 최저매각가격이 경매 신청 채권자에 앞서는 채권자들의 채권금액과 경매 비용을 합한 금액보다 적을 경우 경매를 진행하지 못한다. 즉, 법원에서는 경매를 신청한 채권자가 무잉여(남을 가망이 없다)로 판단될 경우 경매는 취소되어 기각된다.

간혹 경매 유찰횟수는 몇 번까지 진행하는지 문의하기도 하는데, 경매 진행은 채권자가 1원이라도 받을 가망이 있을 때까지 유찰횟수 제한 없이 진행한다.

예 : C근저당권자가 경매를 신청했을 때, 감정가 1억 2,500만 원　유찰 최저가 1억 원	
예상배당 예 : 매각대금 1억 원 [배당] 1순위 : 경매 비용 300만 원 2순위 : A근저당 7,000만 원 3순위 : B근저당 3,000만 원 4순위 : C근저당 2,000만 원	**C근저당권자의 경매 신청은 무잉여로 판단** 절차 : 법원은 채권자에게 매수통지 ⇒ 채권자가 7일 이내 매수신청(+보증제공)× ⇒ 경매 취소되어 기각됨

(2) 입법취지

잉여주의 입법 취지는 경매 신청 채권자가 자신의 채권액을 전혀 변제받지 못하는데도 경매를 진행한다는 것은 자신에게 아무런 실익이 없는 무익한 경매가 행해지는 것을 막고, 또 우선채권자가 그 의사에 반한 시기에 투자의 회수를 강요당하는 것과 같은 부당한 결과를 피하기 위한 것이다(대법원 판결 1987. 10. 30, 87마861).

(3) 집행법원의 처리

무잉여 경매의 경우 경매는 취소되는데, 법원은 바로 취소 결정을 하지 않고 취소하기 전에 경매 신청 채권자에게 우선하는 채권금액과 경매 비용을 변제하면 남을 것이 없겠다고 통지한다(법 제102조 1항). 경매 신청 채권자는 통지를 받고 경매 신청 채권자보다 우선하는 채권금액과 경매대금을 합한 금액 이상으로 매수하는 사람이 없을 경우, 자기가 그 가격으로 매수하겠다고 신청하면서 이에 충분한 보증을 제공할 것임을 7일 이내에 법원에 신청해야 한다. 이 기간 내에 신청 채권자의 신청이 없으면 법원은 경매를 취소한다(법 제102조 2항).

법원은 경매 신청 채권자가 위의 매수신청을 하고 충분한 보증을 제공한 때에는 법원은 매각기일과 매각결정기일을 정해서 공고하고 진행한다(법 제104조 1항).

6장

부동산
등기부상의
권리분석

표제부(집합건물)
권리분석

사법상의 권리분석	등기부상의 권리분석	① 표제부 : 대지권 미등기, 토지 별도등기	확인서류 : 부동산 등기부 등본
		② 갑구 : 가압류, 압류, 가처분, 가등기, (지분경매)	
		③ 을구 : 근저당권, 전세권, 임차권, 지상권, 지역권	
	등기부 외의 권리분석	① 임대차(주택, 상가), (선순위 임차인)	확인서류 : 전입세대열람내역서, 매각물건 명세서
		② 특수권리(유치권, 법정지상권, 분묘기지권)	

출처 : 저자 작성

1. 대지권 미등기★

(1) 집합건물 토지를 사용할 수 있는 권리, 대지권

건물을 지으려면 토지(대지)가 필수적으로 필요하다. 건물을 짓기 위해서는 토지를 사용할 수 있는 권리가 있어야 하는데, 집합건물[17]의 경우 구분소유자가 건물의 전유부분을 소유하기 위해

---

17) 아파트, 오피스텔, 빌라, 상가 등과 같이 한 동의 건물 내부가 여러 부분으로 구분되어 있고, 그 각각의 구분된 부분에 대해 구조상·이용상 독립되어 소유권 이전등기가 가능한 건물을 '집합건물' 또는 '구분건물'이라 한다.

건물의 대지에 가지는 권리를 '대지사용권(垈地使用權)'이라고 한다(집합건물의 소유 및 관리에 관한 법률 제2조 6호). 즉, 대지를 사용할 수 있는 권리다.

대지사용권은 소유권이 대부분이겠으나 소유권이 아닌 지상권, 임차권, 전세권 등이 될 수도 있다. 그리고 대지사용권으로 건물과 분리해 처분할 수 없는 것을 '대지권(垈地權)'이라고 한다(부동산 등기법 제40조 3항). 대지권 등기는 1동 건물의 표제부에 대지권의 목적인 토지의 표시를 하고, 전유부분의 표제부에 그 전유부분에 속하는 대지권의 표시를 한다(동법 같은 항).

대지권이란?

· 집합건물의 경우 토지를 사용할 수 있는 권리 ⇒ 대지사용권
  (소유권, 지상권, 임차권, 전세권)
· 대지사용권으로서 건물과 분리해 처분할 수 없는 것 ⇒ 대지권(부동산등기법 제40조 3항)

[자료 6-1] 대지권 사례

1001	1002	1003	1004	1005
901	902	903	904	905
801	802	803	804	805
701	702	703	704	705
601	602	603	604	605
501	502	503	504	505
401	402	403	404	405
301	302	303	304	305
201	202	203	204	205
101	102	103	104	105

A아파트 100세대

A토지 1,000평

예) 토지 : 1,000평, 건물 : 총 100세대
세대당 대지권 비율 : 10평(1,000평÷100세대)

➡ 1,000평 토지에 아파트 20평형짜리 100세대를 지을 경우,1세대당 약 10평씩 대지권이 생김.

출처 : 저자 작성

(2) 대지권 미등기는 왜 발생하나? 낙찰받으면 대지권을 취득하는지 여부

대지권 미등기 발생유형	대지권 취득 여부(○ ×)
① 대지사용권이 있으나 대지권미등기인 경우	
(가) 집합건물을 신축분양(대개 택지개발, 재개발 등)하면서 수분양자가 분양대금을 완납해 건물등기는 했으나 토지는 환지[18]절차(토지 구획정리) 지연, 각 세대당 지분비율결정의 지연 등으로 대지권은 등기하지 못한 경우[19] (대다수 물건).	(가) (나) : 대지권을 취득한다.
(나) 수분양자가 분양대금을 완납해 대지권등기는 할 수 있지만, 그냥 대지권등기를 하지 않은 경우	
(다) 수분양자가 분양대금을 미납해 대지권등기를 하지 못한 경우	(다) : 분양대금을 추가로 납부함으로써 대지권을 취득한다.[20]
② 대지사용권이 없는 경우	(라) : 대지권을 취득할 수 없음(위험).
(라) 경매, 기타의 사유로 토지 및 건물 소유자가 각각 달라지게 된 경우 (예컨대, 토지에 설정된 근저당권을 말소하지 않은 상태에서 집합건물을 건축하고 대지권등기를 마쳤을 경우 근저당권실행으로 토지와 집합건물 소유자가 다르게 된 경우 대지권을 상실)	이 건을 매수하게 될 경우 토지 소유자와 별도 협의(토지 소유자로부터 대지권을 별도 매수하거나 토지 사용료를 지불해야 함)해야 하고 협의가 이루어지지 않을 경우 토지 소유자로부터 건물철거 또는 매도청구[21]를 당할 수 있음.

(3) 대지권 미등기의 경우 법원에서는 어떻게 처리하는가?

대지권이 미등기일 경우 집행법원은 대지권의 유무를 조사해야

---

18) 환지란 종전(개발 전)의 토지를 개발 후 소유자에게 재배분해주는 토지 또는 이에 따른 행위를 말한다.

19) 대규모 택지개발이나, 재개발의 경우 기존 지번을 말소하고 신 지번을 부여하면서 환지 작업을 하고, 호수별로 대지권을 구분해 대지권 등기를 하게 되는데 이러한 환지 절차 시간이 오래 걸린다. 그래서 건물만 완공되고 환지 절차 지연으로 대지권 등기를 할 수 없는 경우가 대부분이다. 이 경우 분양받은 사람은 건물만 등기한 상태에서 입주하고 나중에 환지 절차 종료 후 대지권 등기를 추가로 받게 된다.

20) 토지 소유자는 최초분양자의 분양대금 미납으로 대지권 이전등기를 거절할 수 있음(분양대금 미지급을 이유로 대지권 분양대금을 납부하면 대지권 등기이전 절차를 해주겠다는 동시이행항변을 할 수 있다). 이 경우 낙찰자는 분양대금을 추가로 납부해야 대지권 등기를 할 수 있다(예 : 부천지원 2014타경26564).

21) 집합건물의 소유 및 관리에 관한 법률 제7조(구분소유권 매도청구권)
대지사용권을 가지지 아니한 구분소유자가 있을 때는 그 전유부분의 철거를 청구할 권리를 가진 자는 그 구분소유자에 대해 구분소유권을 시가로 매도할 것을 청구할 수 있다(대법원 판결 1989. 4. 11, 88다카2981).

한다(대법원 판결 2006. 3. 27, 2004마978). 실무상 법원은 집행채권
자에게 대지권 존부를 소명할 자료를 제출하라고 보정명령을 한
다. 집행법원 스스로 대지권 존부를 소명할 자료에 관해 집행관,
감정인, 분양자 또는 해당 시·군·구에게 대지권비용을 납부했는
지 사실조회신청을 하는 등의 방법으로 자료를 수집하고 대지권
존부를 확인해야 한다.

만일, 조사했는데도 대지권 유무를 알아내기 어려운 경우 통상
적으로 매각물건명세서에 '대지권 유무는 알 수 없음'이라고 기
재한다.

(4) 대지권 미등기 권리분석 방법

① 감정평가서에 대지권의 평가금액이 포함되었는지 여부

감정에 대지권이 평가된 경우	감정에 대지권이 평가 안 된 경우
- 원칙 : 대지권을 취득 - 예외 : 전 소유자가 분양대금을 미납했다면 대지권 취득하지 못함(토지 소유자는 최초분양자의 분양대금 미납으로 대지권 이전등기를 거절할 수 있음. 이 경우 낙찰자는 분양대금을 추가로 납부해야 대지권등기를 할 수 있다. 사례 참조).²²⁾	- 원칙 : 대지권을 취득하지 못함. - 예외 : 실제로는 대지권이 성립되었지만 법원 감정이 실수로 대지권을 누락한 경우에 낙찰자는 대지권을 취득[각주 23] 판례 참조].

출처 : 저자 작성

감정평가서에 대지권이 포함되어 평가되었다면 대지권을 취득
하는 것으로 보는 것이 원칙이다. 하지만 실제로 감정평가서에 대
지권을 포함했는지 여부와 상관없이 분양대금을 납부하지 못한
경우에는 낙찰자는 대지권을 취득하지 못하므로 분양사에게 분
양대금을 납부했는지 사실 여부를 확인해야 한다.

---

22) 만일, 감정평가서상에 대지권이 표시되어 있어 대지권을 취득하는 것으로 알
고 낙찰받았는데 낙찰 후 대지권이 없음이 판명될 경우, 매각불허가신청 또는
매각불허가에 대한 즉시항고, 매각허가결정의 취소 사유가 될 수 있다.

또 실제로는 대지권이 성립되었지만, 법원 감정이 실수로 대지권을 누락한 경우, 예컨대 법원감정이 조사를 잘못해서 대지권이 있음에도 대지권이 없는 것으로 기재한 경우에도 낙찰자는 대지권을 취득한다.

판례[23]는 '대지사용권은 규약으로 달리 정하는 등의 특별한 사정이 없는 한 전유부분과 종속적 일체불가분성이 인정되어 전유부분에 대한 저당권 또는 경매개시결정 압류의 효력은 종물 또는 종된 권리인 대지사용권에도 미치므로 전유부분을 낙찰받은 자는 대지사용권도 취득한다'라고 하고 있다.

간혹 대지권 미등기 물건 중 대지는 감정에 포함시키지 않고 건물만 감정평가해 경매가 진행되는 경우가 있는데 이때 유심히 살펴보면 뜻밖의 수익을 얻을 수 있다.

② 매각물건명세서

매각물건명세서에 인수조건이 있는지 확인한다. 감정평가서에는 대지권가액이 포함되어 있더라도 매각물건명세서에 '대지권유무는 알 수 없음' 등으로 기재되어 있다면 낙찰자는 대지권 비용을 추가로 납부할 수도 있으니 분양사 또는 토지 소유자에게 분양대금을 완납했는지 문의하는 등 대지권 유무에 대한 조사를 해야 한다.

또 '미납분양대금 ○○○만 원을 낙찰자가 부담할 수 있다'라고 매각물건명세서에 기재되어 있어도 실제로 미납분양대금을 납부할 의무가 없는 경우(예 : 분양대금을 현재시점에 이미 납부한 경우, 미분양대금이 근저당권으로 설정된 경우, 근저당권은 배당을 전액 받지

---

23) 대법원 판결 2012. 3. 29, 선고 2011다79210

못해도 매각으로 소멸하므로)도 있으므로 잘 분석한다면 차익실현의 물건이 될 수 있다.

– 대지권 유무 조사방법
① 분양사 또는 조합 또는 토지 소유자에게 문의
② 같은 건물동의 경매 이외 세대(예 : 옆집)의 등기부등본을 샘플로 발급해 대지권이 등기되었는지 확인해보고, 옆집도 대지권 등기가 안 되어 있다면 같은 건물주민인 옆집에 방문해 왜 안 되었는지 문의
③ 관리사무소, 부동산 중개사무소를 방문해 미등기 사유를 문의

---

③ 등기절차

대지권 취득 후 대지권 이전등기에 관해 낙찰자가 분양자와 수분양자를 거쳐서 순차적으로 대지권 이전등기절차를 구하거나 분양자를 상대로 직접 대지권 변경 등기절차를 하도록 요구할 수 있다. 이 경우 분양자는 미분양대금이 있을 경우, 수분양자의 분양대금 미지급을 이유로 동시이행항변(분양대금을 지급받음과 동시에 대지권등기이전서류를 지급하겠다는 항변)을 할 수 있을 뿐이다 (대법원 판결 2006. 9. 22, 2004다58611). 따라서 동시이행관계에 있으므로 낙찰자가 추가분양대금을 납부하지 않아서 대지권 등기를 하시 않고 계속 살더라도 분양자는 낙찰자에게 분양대금을 청구하지 못한다. 다만 임대 매매 시에는 거래가 어렵겠다.

[대지권 미등기 사례]

대지권이 감성가에 포함되어 있으나, 대지권이 감정가에 포함 여부와 상관없이 분양대금을 납부하지 못한 경우에는 낙찰자는 대지권을 취득하지 못하므로 분양사에게 분양대금을 납부했는지 사실 여부를 확인해야 한다.

[자료 6-2] 대지권 미등기 사례 정보

대표소재지	[목록1] 경기 김포시 풍무동 ▒▒ 풍무센트럴푸르지오 ▒▒▒ ▒▒ ▒▒호 [유현로 ▒]				
대표용도	**아파트**	채 권 자	김OO **임의경매**		
기타용도	-	소 유 자	정OO	신 청 일	2021.04.23
감정평가액	760,000,000원	채 무 자	정OO	개시결정일	2021.04.27
최저경매가	**(70%) 532,000,000원**	경매 대상	**건물전부**	감 정 기 일	2021.05.13
낙찰/응찰	550,033,600원 / 2명	토지 면적	**대지권미등기**	배당종기일	2021.07.15
청 구 금 액	250,000,000원	건물 면적	72㎡ (21.8평)	낙 찰 일	2022.05.31
등기채권액	703,100,000원	제시외면적	0㎡	종 국 일 자	**2022.07.20**

대법원공고	**[매각물건명세서]** <비고란> • 미등기 대지권 있음. 최저매각가격에 대지권가격이 포함됨 • 본 사업지구는 도시개발법에 의한 환지방식 사업이므로 김포풍무2지구 도시개발사업 조합의 기반시설 준공 후 환지처분 승인 이후 대지권 등기가 진행되는 상황으로, 현재 기반시설 준공이 완료되지 않은 상태이므로 대지권 미등기 상태이고 대지 공유지분은 44.3953㎡, 소유권이전이 등기 완료된 세대이며 분양대금이 완납되지 않은 경우 소유권이 전 자체가 불가하다는 2021.5.14.자 스카이▒▒▒ 주식회사의 사실조회 회신서가 제출되어 있음

[집합건물] 경기도 김포시 풍무동 풍무▒▒▒▒▒▒ 풍무센트럴푸르지오 ▒▒▒ ▒▒▒ ▒▒▒호

【 표 제 부 】		(전유부분의 건물의 표시)		
표시번호	접 수	건 물 번 호	건 물 내 역	등기원인 및 기타사항
1	2018년8월17일	제22층 제2201호	철근콘크리트조 72.0573㎡	
대지권의 표시가 없다! – 대지권 미등기				

【 갑 구 】			(소유권에 관한 사항)	
순위번호	등 기 목 적	접 수	등 기 원 인	권리자 및 기타사항
1	소유권보존	2018년8월17일 제71629호		소유자 스카이▒▒주식회사 124411-▒▒▒▒▒ 경기도 김포시 ▒▒▒▒, 3층 (풍무동, ▒▒▒빌딩)

출처 : 태인 법원경매정보

2. 토지 별도등기★

(1) 대지권에 권리제한이 있으니까 확인하고 입찰해라, 토지 별도등기

대지권 미등기는 대지권 등기가 되어 있지 않은 경우인데, 토지 별도등기는 대지권 등기는 되어 있으나 대지권에 대해 권리제한 사항이 있는 경우다. 1부동산 1등기용지[24]를 취하고 있는 나라에

---

24) 1필의 토지 또는 1개의 건물에는 1개의 등기부를 두는 것이 원칙이다.

서는 예외적으로 집합건물의 경우 토지와 건물등기부를 따로 두지 않고 건물에 관한 표시와 토지에 관한 표시를 하나로 통합해 집합 건물등기부를 두고 있다. 그런데 집합건물의 토지에 관해 근저당 권, 가압류, 압류, 가등기, 가처분, 지상권 등 권리에 제한사항이 있을 경우 집합건물 표제부(전유부분의 건물의 표시)에 '토지 별도등기 있음' 또는 '별도등기 있음'이라고 표시하게 된다.

[자료 6-3] 토지 별도등기 사례

【 표 제 부 】 (전유부분의 건물의 표시)				
표시번호	접 수	건 물 번 호	건 물 내 역	등기원인 및 기타사항
1	2019년3월4일	제1층 제105호	철근콘크리트구조 34.04㎡	
(대지권의 표시)				
표시번호	대지권종류		대지권비율	등기원인 및 기타사항
1	1 소유권대지권		1983.1분의 63.92	2019년2월22일 대지권 2019년3월4일 등기
2				별도등기 있음 1토지 (을구 1번 근저당권 설정 등기) 2019년3월4일 등기

출처 : 대법원 인터넷등기소

토지 별도등기의 위험성
나대지 상태에서 토지 가압류(또는 근저당권, 가등기, 가처분)가 들어온 후 집합건물을 완공[25]하고 토지 가압류권자가 향후 본압류에 기한 토지 강제경매를 실

---

25) 토지 소유자가 건물을 지을 때(건축허가 시) 토지에 설정된 아래의 등기권리가 있을 때 이들의 동의가 필요한지 여부

토지에 설정된 권리	동의 여부	
근저당권	근저당권자의 동의 ×	건축허가 시 토지의 소유나 그 사용에 관한 권리를 증명하는 서면을 제출토록 하고 있으며 특별히 동의를 받을 필요는 없음. 건물멸실의 경우도 건물 등기부등본상 소유권 이외 권리관계자의 동의를 받을 필요는 없음.
지상권	지상권자의 동의 ○	
가압류	가압류권자의 동의 ×	
가등기, 가처분	가등기, 가처분권자의 동의 ×	

(2) 토지 별도등기는 왜 발생하나? 낙찰받으면 소멸되는지 여부

토지 별도등기가 발생하는 원인은 대지권 등기가 이루어지기 전에 토지에 대해 권리제한 등기가 설정되어 있는 경우다. 다음과 같은 예를 들 수 있다.

첫째, 대지권 등기전에 토지에 근저당권 등의 등기가 설정된 경우
① 유형

나대지(건물이 없는 토지)인 토지를 담보로 은행에서 대출을 받고 근저당권을 설정한 후 근저당권을 말소하지 않은 상태에서 집합건물을 완공해 대지권등기가 경료된 경우, 또는 나대지인 토지에 가압류등기를 한 후 집합건물을 완공해 대지권 등기가 경료된 경우에 집합건물 등기부등본에 '토지 별도등기 있음'이라고 기재하게 된다.

예를 들어, 100평의 나대지를 소유한 甲이 10채의 다세대주택을 짓기 위해 토지를 담보로 乙로부터 2억 원의 대출을 받고 2억 4,000만 원의 근저당권을 설정했을 경우, 향후 다세대주택을 완공하고 근저당을 말소하지 않은 상태에서 집합건물 등기를 했다면 10채의 집합건물 등기부에 '토지 별도등기 있음'이라고 각각 표시된다. 그리고 각 1채씩 근저당권 2억 4,000만 원의 10분의 1인 2,400만 원씩 근저당권의 부담을 갖는 대지권을 가진다.

그리고 집합건물 소유자가 10채 중 1채(101호)를 A에게 분양을 하고 A가 분양대금을 완납했다면, 토지 등기부에는 분양대금을 완납한 101호에 대한 대지권을 근저당권 지분포기로 근저당권을 말소하고 토지 별도등기를 말소한다([자료 6-4] 참조).

토지 등기부등본 소유권 일부 근저당권 지분포기 사례

[자료 6-4] 근저당권 지분포기 사례

출처 : 대법원 인터넷등기소

② 소멸 여부

낙찰 후 소멸될 것인지 여부는 대지권 등기가 이루어지기 전에 토지에 대해 권리제한 등기(근저당, 가압류, 압류, 담보가등기, 가등 기, 가처분, 지상권, 임차권)가 설정된 경우

권리제한 등기가 금전채권(근저당, 가압류, 압류, 담보가등기)인

경우와 비금전채권(가등기, 가처분, 지상권, 임차권)인 경우로 구분해볼 수 있다.

- **소멸되는 경우** : 토지 별도등기 권리가 금전채권(근저당, 가압류, 압류, 담보가등기)인 경우 토지 별도등기에 붙어 있는 제한권리를 매수인이 인수한다는 특별매각조건이 없다면 ⇒ 토지 별도등기는 소멸한다.
- **인수되는 경우** : 토지 별도등기 권리가 비금전채권(가등기, 가처분, 지상권, 임차권)인 경우 ⇒ 토지 별도등기는 인수한다.

둘째, 무용(無用)의 토지 별도등기

토지 등기부등본에는 실제로 근저당 등 권리제한등기가 말소(변제완료)되었는데도 집합건물 등기부등본에 토지 별도등기가 있음을 지우지 않아서 남아 있는 경우가 있다.

토지 등기부등본을 발급받아 입찰하고자 하는 호수의 물건이 말소되었는지 확인하면 쉽게 알 수 있다.

보통 토지 등기부등본에는 해당 호수 토지 지분에 대해 일부 포기로 말소되어 있다. 실제 토지의 권리제한등기는 말소되고 토지 별도등기는 지우지 않고 남아 있는 경우이므로, 이 경우 매수인이 토지 별도등기를 인수하지 않아 문제는 없다.

셋째, 구분지상권에 기한 토지 별도등기

집합건물 지하에 공공시설(지하철, 가스배관 등)이 존재하는 경우인데, 보통 공공기관으로부터 구분지상권이 설정되어 있으며 토지에 별도등기 있음으로 기재된다.

대부분 매각물건명세서에 특별매각조건으로 매수인이 인수한 다는 조건(도시철도법, 도로법, 전기사업법상의 지하 또는 지상을 사용하기 위해 구분지상권을 설정함)이 붙지만, 실제로 매수인이 집합건물의 소유권을 취득해 사용, 수익, 처분하는 데 문제는 없다. 오히려 건물의 가치를 높여주는 역할을 하기도 한다.

실무상 토지 별도등기가 문제되는 것은 첫째 발생 원인이며, 이런 물건을 낙찰받을 경우 토지 별도등기가 소멸하는지 인수하는지 여부는 다음과 같다.

(3) 토지 별도등기 권리분석 방법

① 토지 등기부등본 열람

'토지 별도등기 있음' 집합건물의 경우 해당 토지 등기부등본을 열람해 토지 별도등기의 권리가 무엇인지(금전 채권자인지, 비금전 채권자인지), 제한권리는 말소되었는데 토지 별도등기만 남아 있는 것인지, 토지 별도등기의 권리자가 경매 신청 채권자와 동일인인지, 배당요구를 했는지, 소멸될 것인지, 인수될 것인지를 파악한다. 그리고 낙찰 후 인수되어 추가 부담금 발생 또는 위험이 있는 경우에는 입찰을 포기하거나 토지 별도등기로 인해 발생할 추가 부담금과 위험요소를 감가하고 입찰을 고려하도록 한다.

② 매각물건명세서 열람

토지 별도등기가 매각으로 소멸하지 않는 경우(인수되는 경우)에는 집행법원에서는 매각물건명세서에 '토지 별도등기 있음'이라고 표시하고 인수조건을 표시한다. 따라서 매각물건명세서에 인수조건이 있는지 확인하고, 만일 인수조건이 있다면 인수되는 것으로 보면 된다.

토지 별도등기 권리자가 비금전 채권자(가등기, 가처분, 지상권, 임차권)인 경우 인수조건이 기재되어 있지 않더라도 인수할 수 있다.

③ 선순위 임차인이 있는 경우 유의사항

토지와 건물이 동시에 경매 진행될 때 말소기준권리는 건물 기준이므로, 배당받지 못한 임차인의 보증금이 인수될 수 있는지 확인하는 것도 중요하다.

예컨대, 토지 별도등기 집합건물 토지와 건물의 감정평가 비율이 50%(토지) : 50%(건물)이고, 2억 원에 낙찰되었다면 배당은 토지분 50%인 1억 원, 건물분 50% 1억 원으로 된다.

권리순위가 1순위 토지 근저당 1억 원, 2순위 집합건물 임차인 보증금 1억 5,000만 원, 3순위 집합건물 근저당 1억 원이라고 가정할 경우, 말소기준권리는 건물기준이므로 임차인은 대항력이 있다. 토지 별도등기가 없는 경우(즉, 토지에 근저당권이 없는 경우) 임차인은 토지와 건물에 대해 우선 배당을 받을 테지만, 토지 별도등기가 있는 경우 토지분에 대해서는 토지 근저당권 1억 원이 우선 변제받고, 임차인은 건물분에 대해서만 우선변제 받을 수 있다.

따라서 건물분 1억 원에 대해 배당받고, 나머지 5,000만 원은 매수인이 인수하게 된다.

한편, 토지 별도등기가 있는 물건에서 최선순위 임차인이 있는 경우 매각물건명세서 최선순위 설정란에는 토지에 대한 근저당권과 건물에 대한 근저당을 모두 표시하게 되어 있으며, 만일 모두 기재하지 않은 경우 매각불허가 사유가 된다.

토지 별도등기 물건에서 임차인이 있는 경우, 매각물건명세서 최선순위 설정란 기재 내용 : 토지와 집합건물의 최선순위 권리를 각각 기재한다.

[자료 6-5] 사례의 매각물건명세서

<table>
<tr><td colspan="11" align="center">매각물건명세서</td></tr>
<tr>
<td rowspan="2">사 건</td>
<td rowspan="2">2021타경10████부동산임의경매
2022타경████중복)</td>
<td rowspan="2">매각
물건번호</td>
<td rowspan="2">2</td>
<td>작성
일자</td>
<td colspan="2">2022.05.16</td>
<td>담임법관
(사법보좌관)</td>
<td colspan="2">███ ███</td>
<td rowspan="2"></td>
</tr>
<tr>
<td colspan="3" rowspan="1"></td>
</tr>
<tr>
<td colspan="2">부동산 및 감정평가액
최저매각가격의 표시</td>
<td colspan="2">별지기재와 같음</td>
<td>최선순위
설정</td>
<td colspan="3">토지(대지권): 2020. 1.
14. 근저당권, 집합건물:
2020. 12. 2. 근저당권</td>
<td>배당요구종기</td>
<td colspan="2">2021.08.30</td>
</tr>
<tr>
<td colspan="11">부동산의 점유자와 점유의 권원, 점유할 수 있는 기간, 차임 또는 보증금에 관한 관계인의 진술 및 임차인이 있는 경우 배당요구 여부와 그 일자, 전입신고일자 또는 사업자등록신청일자와 확정일자의 유무와 그 일자</td>
</tr>
<tr>
<td>점유자
성 명</td>
<td>점유
부분</td>
<td>정보출처
구 분</td>
<td>점유의
권 원</td>
<td>임대차기간
(점유기간)</td>
<td colspan="2">보 증 금</td>
<td>차 임</td>
<td>전입신고
일자,
사업자등록
신청일자</td>
<td>확정일자</td>
<td>배당
요구여부
(배당요구일자)</td>
</tr>
<tr>
<td></td>
<td>201호</td>
<td>현황조사</td>
<td>주거
임차인</td>
<td>미상</td>
<td colspan="2">3,000만원</td>
<td>월60만원</td>
<td>2021.04.21</td>
<td>미상</td>
<td></td>
</tr>
</table>

갑구
권리분석

1. 가압류, 가처분★

소송 전에 상대방의 재산을 임시로 묶어두는 것을 보전처분이라고 하고, 대표적인 보전처분으로는 가압류와 가처분이 있다. 받을 돈이 있어 장기간 소송해서 승소하고 판결문을 받았지만, 이미 상대방이 재산을 처분해 강제집행을 할 수 없다면 아무 소용이 없

[자료 6-6] 가압류와 가처분 비교

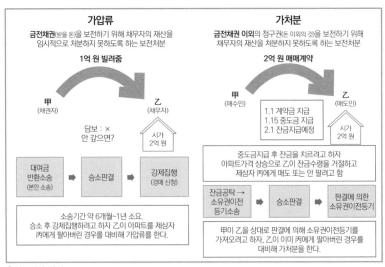

출처 : 저자 작성

다. 가압류와 가처분은 소송 판결 전에 미리 상대방의 재산을 임시로 동결시키는 법원의 잠정적 처분을 말한다.

(1) 소송 전에 상대방의 재산을 임시로 묶어두는 가압류, 가처분 비교

구분	가압류	가처분
의의	금전채권(예 : 받아야 할 돈)을 보전하기 위해 채무자의 재산을 임시적으로 처분하지 못하도록 하는 보전처분[26]	금전채권 이외의 청구권(돈 이외의 것을 받아야 할 때)을 보전하기 위해 채무자의 재산을 처분하지 못하도록 하는 보전처분[27]
요건	① 피보전권리 : 금전채권 　(예 : 대여금청구, 임대보증금 반환청구, 임금청구 등) ② 보전의 필요성 : 채권자가 가압류를 하지 않으면 장래 강제집행 시 집행불능 또는 집행이 현저히 곤란하게 될 염려가 있는 경우 인정	① 피보전권리 : 금전채권 이외의 특정물에 관한 청구권 　(예 : 소유권이전청구 또는 말소청구, 저당권·전세권·임차권의 설정 또는 말소청구, 건물철거 및 토지 인도청구 등), ② 보전의 필요성 : 채권자가 가처분을 하지 않으면 현상변경으로 청구권실현이 불가능 또는 현저히 곤란할 경우 인정
종류		① 처분금지가처분 계쟁(법적다툼) 부동산 청구권 보전을 위해 계쟁 부동산 관련 제삼자에게 소유권이전, 담보 설정 등 일체의 처분을 금하는 부동산 처분금지가처분이 대표적이다. ② 점유이전금지가처분 부동산 인도(명도) 청구권을 보전하기 위해 계쟁 부동산 점유를 하고 있는 자에게 점유를 이전·변경하지 못하도록 하는 가처분
효력	가압류 이후 소유자는 제삼자에게 매도할 수 있으며 대외석으로 소유권이선은 유효하지만, 가압류권자에 대해 무효	가처분 이후 소유자는 제삼자에게 매도할 수 있으며 내외적으로 소유권이전은 유효하지만, 가처분권자에 대해서는 무효

---

26) 일반적으로 채권자가 금전채권에 대해 소송으로 판결을 확정받고 판결문에 기해 강제집행을 하고자 할 때 시간이 장기화되어 채무자가 이미 재산을 타인에게 처분할 경우 강제집행을 할 수 없다. 그러므로 채무자의 재산을 사전에 처분하지 못하도록 잠정적으로 가압류해 묶어두고 본안소송에서 승소한 후 확정판결문에 의해 본압류(강제집행)를 하게 된다.

27) 예컨대, 甲이 자신의 아파트를 乙에게 매도하기로 하고 계약금과 중도금을 지불한 상태에서 乙이 잔금을 지불하려고 하자 아파트값의 상승으로 甲이 잔금 수령을 거절하고 제삼자에게 매도하는 경우가 있다고 하자. 乙은 제삼자에게 처분하지 못하도록 매매를 원인으로 한 소유권이전등기청구권을 피보전권리로 가처분을 해놓고 소유권이전에 관한 본안소송을 통해 승소 후 단독으로 소

(2) 오래된 가압류·가처분은 소멸시효로 소멸

채권자가 가압류와 가처분 후 일정한 기간 이내에 본안소송을 제기하지 않으면 채무자 또는 이해관계인(매수인 등)은 가압류, 가처분에 대해 취소신청을 할 수 있다.

예컨대, 2006년에 가처분해놓고 본안소송을 3년간 안 했다면 채무자 또는 이해관계인은 가처분을 취소할 수 있다. 경매 물건 중 선순위 가처분과 가압류가 본안 소송 없이 기간이 오래되었다면 말소신청으로 소멸시킬 수 있다.

가압류, 가처분 적용시기	기간 (가압류, 가처분 집행 후)	근거법률
2002. 6. 30 이전	10년	구민사소송법 (1990. 1. 13, 법률 제4201호)
2002. 7. 1~2005. 7. 27	5년	민사집행법 (2002. 1. 26, 법률 제6627호)
2005. 7. 28~	3년	민사집행법 (2005. 1. 27, 법률 제7358호)

(3) 가압류 권리분석

① 가압류는 말소기준권리로 판단해 경매 절차를 진행하므로 선순위 가압류도 원칙적으로 말소된다.

② 가압류 이후의 근저당권, 전세권, 담보가등기, 주택·상가임대차는 가압류와 동순위로 안분배당을 받는다.

③ 선순위 가압류 후 가압류 부동산의 소유권이 제삼자에게 이

유권이전등기를 할 수 있다. 만일, 乙의 가처분 후 甲이 제삼자 丙에게 소유권이전 또는 근저당권설정 등의 처분행위를 했더라도 乙은 본안소송에서 승소할 경우 乙의 가처분 이후의 丙의 소유권이전등기 또는 근저당권 설정 등의 처분등기는 乙에게 대항할 수 없어 모두 말소하게 된다.

전된 경우

(가) 부동산에 가압류가 되어도 소유자는 부동산을 처분할 수 있다. 그러나 가압류 후의 재산처분행위는 가압류권자에게는 무효가 된다.[28]

(나) 선순위 가압류권자가 경매 신청한 경우 가압류는 매각으로 소멸한다.

(다) 할아버지 가압류 : 甲 소유 부동산에 A가 선순위 가압류를 했고, 그 후 가압류한 부동산 소유권이 제삼자 乙에게 이전되고 신소유자 乙의 채권자 B가 경매 신청을 한 경우

[자료 6-7] 할아버지 가압류

출처 : 저자 작성

ⓐ 선순위 가압류 A는 배당받고 소멸한다는 견해
ⓑ 선순위 가압류는 소멸하지 않는다는 견해가 있어 왔다.

---

28) 가압류 후 가압류된 부동산을 가압류 채무자가 타인에게 매매 또는 근저당권 설정을 하는 등의 처분행위를 할 수 있다. 이러한 처분행위는 가압류 채무자와 처분행위를 한 당사자 간에만 유효하고 가압류권자와의 관계에서는 무효다(처분금지적 효력). 따라서 가압류권자가 향후 가압류 채무자를 상대로 본압류 후 강제집행(강제경매)을 하게 되면 소유권이전, 근저당권 설정 등 가압류 이후 처분행위에 상관없이 채권을 회수할 수 있다.

ⓒ 그러나 대법원은 집행법원이 구체적인 매각절차를 살펴서 소멸 여부를 판단한다고 했다.[29]

따라서 전 소유자의 선순위 가압류가 소멸되지 않을 경우 매각물건명세서에 기재해야 한다. 입찰 전 매각물건명세서를 열람해 선순위 가압류등기가 말소될 것인지, 인수될 것인지 여부를 확인해야 한다.

(4) 가처분 권리분석 방법과 유의사항

① 원칙

말소기준권리 이전에 등기된 선순위 가처분은 매수인에게 인수되며, 말소기준권리 이후에 등기된 후순위 가처분은 말소된다.

---

29) 대법원 판결 2007. 4. 13. 선고 2005다8682
【판시사항】선순위 가압류 등기 후 목적 부동산의 소유권이 이전되고 신소유자의 채권자가 경매 신청을 해 매각된 경우, 이 가압류등기가 말소촉탁의 대상이 되는지 여부 판단 기준
【판결요지】부동산에 대한 선순위 가압류 등기 후 가압류 목적물의 소유권이 제삼자에게 이전되고 그 후 제삼자 취득 채권자가 경매를 신청해 매각된 경우, 가압류 채권자는 그 매각 절차에서 당해 가압류목적물의 매각대금 중 가압류결정 당시의 청구금액을 한도로 배당을 받을 수 있다. 이 경우 종전 소유자를 채무자로 한 가압류 등기는 말소촉탁의 대상이 될 수 있다. 그러나 경우에 따라 집행법원이 종전 소유자를 채무자로 하는 가압류 등기의 부담을 매수인이 인수하는 것을 전제로 해서 이 가압류 채권자를 배당절차에서 배제하고 매각절차를 진행시킬 수도 있다. 이와 같이 매수인이 이 가압류 등기의 부담을 인수하는 것을 전제로 매각절차를 진행시킨 경우에는 이 가압류의 효력이 소멸하지 않으므로 집행법원의 말소촉탁이 될 수 없다. 따라서 종전 소유자를 채무자로 하는 가압류 등기가 이루어진 부동산에 대해 매각절차가 진행되었다는 사정만으로 이 가압류의 효력이 소멸했다고 단정할 수 없다. 구체적인 매각절차를 살펴 집행법원이 이 가압류 등기의 부담을 매수인이 인수하는 것을 전제로 매각절차를 진행했는가 여부에 따라 이 가압류 효력의 소멸 여부를 판단해야 한다.

최선순위 가처분등기 또는 가등기(담보가등기 제외)가 있는 경우 집행법원의 처리

최선순위 가처분등기가 되어 있더라도 집행법원은 경매 신청을 기각할 수 없다. 이 경우 경매개시결정 후 경매개시결정 등기만을 촉탁한 단계에서 그 이후의 경매 절차를 사실상 중지하고 향후 가처분 또는 본안소송의 결과에 따라 처리하는 경우가 실무다.

다만 장기간 사건을 중지할 수 없으므로 실무상 신청채권자나 가등기권리자에게 일정한 내용의 보정권고 조치를 취한 후 보정이 없으면 진행하기도 한다. 진행할 경우 최선순위 가처분의 경우는 매각물건명세서에 '갑구 순위 ○번 최선수위 가처분 등기(2018. 4. 8, 등기)는 매각으로 소멸하지 않고 매수인이 인수한다. 만약 이 가처분의 피보전권리가 실제로 존재하는 것으로 확정되는 경우에는 매수인이 소유권을 상실할 수 있음'이라고 기재하고, 선순위 소유권이전등기청구권 가등기의 경우는 매각물건명세서에 '갑구 순위 ○번 소유권이전등기청구권 가등기(2018. 4. 10, 등기)는 매각으로 소멸하지 않고 매수인이 인수한다. 만약 이 가등기된 매매 예약이 완결되는 경우에는 매수인이 소유권을 상실할 수 있음'으로 기재하고 매각절차를 진행한다(참조 : 2012 의정부지방법원 경매 업무편람).

② 예외

(가) 선순위 가처분이더라도 말소되는 가처분 등기

㉠ 가처분권자가 가처분의 목적을 달성한 경우

- 가처분의 피보전권리가 소유권에 관한 청구권이고, 가처분권자가 소유권을 취득한 경우(가처분은 혼동[30])으로 소멸하는데 가처분을 지우지 않은 상태임. 가처분목적을 달성했으므로 효력이 없는 가처분임).

- 가처분의 피보전권리가 근저당권설정청구권이고, 가처분권자가 근저당권을 설정한 경우(근저당권 설정이라는 목적

---

30) 혼동(混同) : 서로 대립하는 2개의 법률상의 지위 또는 자격이 동일인에게 귀속하는 것을 말한다. 동일한 물건에 대한 소유권과 다른 물권이 동일한 사람에게 귀속한 때에는 다른 물권은 소멸한다. 예컨대 저당권자가 저당물의 소유권을 취득하는 경우 저당권은 소멸한다.

달성으로 소멸), 만일 가처분권자가 근저당권을 설정하지 않은 상태에서 권리신고 및 배당요구한 경우(가처분권의 배당요구금액은 나중에 근저당권 설정 청구소송에서 승소할 것을 전제로 가처분권에게 배당될 금액을 공탁하고 가처분도 목적달성으로 소멸)

[선순위 가처분 사례]

선순위 가처분이지만 목적달성으로 말소되는 경우

선순위 가처분이지만, 피보전권리가 근저당권설정청구권이고 가처분권자가 근저당권을 설정해 목적달성했으므로 가처분은 말소된다.

[자료 6-8] 선순위 가처분 사례 물건정보

대표소재지	[목록3] 경기 가평군 설악면 신천리 ▆▆▆ [신천중앙로▆▆번길 ▆▆▆] 외 6개 목록					
대표용도	동식물관련시설	채 권 자	가OOOO 임의경매			
기타용도	전, 목장용지, 대지, 단독주택	소 유 자	송OO	신 청 일	2021.06.14
감정평가액	463,444,800원	채 무 자	송OO	개시결정일	2021.07.05
최저경매가	(49%) 227,088,000원	경매 대상	건물전부, 토지전부	감 정 기 일	2021.07.20
낙찰/응찰	281,780,000원 / 3명	토지 면적	1,195㎡ (361.49평)	배당종기일	2021.11.22
청구금액	365,666,519원	건물 면적	322㎡ (97.3평)	낙 찰 일	2022.04.04

【 갑 구 】 (소유권에 관한 사항)				
순위번호	등 기 목 적	접 수	등 기 원 인	권리자 및 기타사항
1	소유권보존			소유자 송▆▆ 371215-******* 충청남도 당진시 합덕읍 내동로 ▆▆ 가처분등기 촉탁으로 인하여 2021년2월19일 등기
2	가처분	2021년2월19일 제3668호	2021년2월15일 의정부지방법원의 가처분결정 (2021카단200▆▆)	피보전권리 2019년 7월 15일자 후취 담보 약정을 원인으로 한 추가 근저당권설정등기이행청구권 보전 채권자 가평군농업협동조합 115536-▆▆▆▆ 경기도 가평군 가평읍 보납로 20 금지사항 매매, 증여, 전세권, 저당권, 임차권의 설정 기타일체의 처분행위 금지
3	임의경매개시결정	2021년7월5일 제16498호	2021년7월5일 의정부지방법원의 임의경매개시결정 (2021타경6▆)	채권자 가평군농업협동조합 115536-▆▆▆▆ 경기 가평군 가평읍 보납로 ▆▆

순위번호	등 기 목 적	접 수	등 기 원 인	권리자 및 기타사항

1	근저당권설정	2021년6월23일
		제15398호
			2019년7월15일
			추가설정계약
				채권최고액 금213,120,000원
				채무자 송■■
				    충청남도 당진시 합덕읍 내동로 4■■
				근저당권자 가평군농업협동조합
				    115536-■■■■■
				    경기도 가평군 가평읍 보납로 ■■
				공동담보목록 제2020-4■■호
				
				대위자 가평군농업협동조합
				    경기도 가평군 가평읍 보납로 ■■
				대위원인 의정부지방법원 2021가단29■■호
				    근저당권설정등기 이행판결에 의함

출처 : 대법원 인터넷등기소

ⓛ 가처분권자가 집행권원을 득하고 강제경매를 신청하거나 배당요구를 한 경우

가처분권자(피보전권리가 사해행위 취소, 재산분할청구 등 소유권에 관한 가처분에서 원상회복 대신 가액배상으로 승소판결 받은 경우의 가처분권자)가 집행권원을 득하고 강제경매를 신청하거나 배당요구종기일까지 배당요구를 한 경우 배당을 받든, 못 받든 가처분 등기는 소멸한다.

ⓒ 제소기간 도과된 가처분

본안소송을 제기하지 않은 3년이 지난 가처분(2005. 7. 28 이후)은 취소신청으로 소멸시킬 수 있다.

(나) 후순위 가처분이더라도 말소되지 않는 가처분 등기

㉠ 피보전권리가 소유권에 관한 가처분(소유권이전 또는 소유권 말소청구권)인 경우 말소되지 않고 소유권을 상실할 수도 있다. 소유권에 관한 가처분등기는 설사 경매로 말소되었다 하더라도 향후 본안소송 여하에 따라 소유권을 잃을 수 있다. 따라서 피보전권리를 잘 봐야 한다.

ⓛ 건물의 가처분등기 피보전권리가 건물철거 및 토지 인도청
  구권인 경우 가처분 등기는 말소되지 않는다.

  예컨대, 토지 소유자가 건물(토지 사용에 관한 권원이 없는 건
  물) 소유자에게 건물을 철거하고 토지를 인도하라는 소송을
  제기하면서 건물철거 및 토지 인도청구권을 피보전권리로 건
  물에 대해 가처분한 경우, 가처분의 목적이 건물철거 및 토지
  인도이기 때문에 건물을 낙찰받은 낙찰자의 건물 가처분등
  기는 말소되지 않는다.

가처분등기 피보전권리가 건물철거 및 토지 인도청구권인 경우

[자료 6-9] 건물철거 및 토지 인도청구권 사례

6	소유권이전	2012년 10월 30일 제84681호	2012년 10월 30일 증여	소유자 훈 윤 7 .020-****** 경기도 파주시 꽃장포길 ▓▓(동패동)
5	4번압류등기말소	2013년 2월 15일 제14044호	2013년 2월 15일 압류해제	
7	가처분	2013년 4월 18일 제34566호	2013년 4월 18일 의정부지방법원 고양지원의 가처분 결정(2013카합1▓▓)	피보전권리 건물철거 및 토지인도청구권 채권자 강남구 경기 시흥시 대화우회로 ▓▓1동 8▓▓호(대화동, ▓▓▓아파트) 구 엽 서울 관악구 남부로 ▓▓ 101동 4▓▓호 권 명 경기 수원시 영통구 영통로 ▓ 번길 12 ▓▓ ▓

출처 : 대한민국법원 인터넷등기소

ⓒ 선순위 근저당권(말소기준권리)이 경매개시 당시 이미 소멸
  했음에도 형식상 등기만 남아 있는 경우의 그 후순위 가처분
  은 매각으로 소멸하지 않는다. 근저당권은 실제 채무가 없어
  실효되어 말소기준권리가 될 수 없기 때문이다(대법원 판결
  1998. 10. 27 선고 97다26104, 26111판결).

③ 매각물건명세서를 열람해 가처분등기가 말소될 것인지 인수

될 것인지 여부를 확인한다. 매각으로 인해 효력을 잃지 않는 가처분은 매각물건명세서에 기재해야 한다. 이를 기재하지 않았다면 매각물건명세서 작성에 중대한 하자가 있는 때에 해당해 매각허가에 대한 이의 사유가 된다.

Tip 〉 **선순위 가처분등기 있는 물건을 낙찰받고자 할 때 진행방법**

(1) 입찰 전
① 본안소송제기 여부 확인 : 물건지 관할 법원에 가처분사건에 대해 본안소송이 들어 왔는지 문의해본다.
(예비 이해관계인으로서 본안소송을 제기하지 않은 것으로 판단하고 낙찰받았는데 본안소송이 제기한 것으로 되어 소유권을 잃게 된다면 재산상 피해를 보기 때문에 사건내용은 모르더라도 본안소송여부만 알려달라고 하면 알려줄 수도 있음)
② 가처분권자를 만나 어떤 상황인지 문의한다.

(2) 낙찰 후 진행방법
선순위 가처분의 경우 낙찰 후 잔금 납부 후 소유권이전등기는 하지 말고 가처분말소소송을 진행하고, 배당은 말소소송확정 시까지 정지할 것을 법원에 신청한다. 왜냐하면 만일 가처분말소소송에서 패소해 향후 소유권을 잃게 될 경우에 취득세, 등록세 등기비용과 채권자를 상대로 배당금반환소송을 하게 되는 힘든 절차를 거쳐야 하기 때문이다.

2. 압류

(1) 압류 유형

부동산에 대한 압류는 사인이 하는 압류와 국가기관에서 하는 압류 2가지로 분류할 수 있다.

사인이 채무명의를 가지고 부동산에 압류를 하게 되면 압류등기를 하지 않고 강제경매개시결정 등기를 하게 된다. 부동산에 압류등기로 나타나는 것은 국가기관에 의한 압류다. 국가기관이 세무서이면 국세체납, 지방자치단체인 시·군·구일 경우 지방세 체납, 공기관일 경우 국민연금, 의료보험료가 압류의 원인이다.

---

① **사인이 하는 압류**
　압류등기× ⇒ 강제경매개시결정 등기

---

② **국가기관이 하는 압류**
　세무서 ⇒ 국세체납
　시군구 ⇒ 지방세체납
　공기관 ⇒ 국민연금, 의료보험료 체납

---

(2) 압류 권리분석

① 경매개시결정 등기 전에 압류를 한 채권자는 배당요구를 하지 않아도 배당을 받지만, 경매개시결정 등기 이후에 압류한 채권자는 배당요구종기일까지 반드시 배당요구를 해야만 배당을 받을 수 있다.

② 강제경매개시결정 등기는 압류등기와 같은 효력이므로 강제경매개시결정 등기는 배당요구신청으로 간주해 배당한다.

③ 확정판결문, 집행력 있는 공정증서를 가지고 있는 채권자는 배당요구종기일까지 배당요구를 해야만 배당받을 수 있다. 가압류와 달리 판결 등에 의해 확정된 채권이므로 공탁절차 없이 채권자에게 배당된다.

3. 가등기

가등기는 청구권보전가등기[31]와 담보가등기[32] 2가지 종류가 있다.

---

31) 부동산등기법 제88조
32) 가등기담보 등에 관한 법률 제2조 제3호. 가등기담보 등에 관한 법률을 약칭 '가담법'이라고 함.

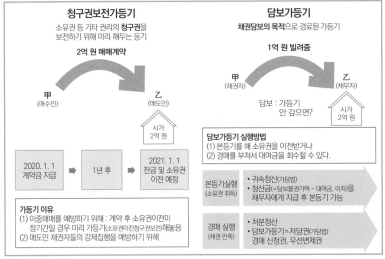

출처 : 저자 작성

(1) 계약하고 나중에 소유권 등기할 테니 팔지 마세요. 청구권보전가등기

① 청구권보전가등기

청구권보전가등기란 소유권 기타권리(지상권, 지역권, 전세권, 저당권, 권리질권, 채권담보권, 임차권)[33]의 설정, 이전, 변경, 소멸의 청구권을 보전하기 위해 미리 예비적으로 해두는 등기다. 부동산 경매 권리분석에서 영향을 미치는 가등기는 대부분 소유권에 관한 가등기다.

소유권이전청구권가등기는 소유권을 이전해달라고 청구하는 권리를 미리 하는 등기다. 예컨대, 甲이 乙 소유 아파트를 2억 원

---

33) 부동산등기법 제3조에 규정된 권리를 말한다. 부동산등기법 제3조(등기할 수 있는 권리 등)
1. 소유권(所有權) 2. 지상권(地上權) 3. 지역권(地役權) 4. 전세권(傳貰權) 5. 저당권(抵當權) 6. 권리질권(權利質權) 7. 채권담보권(債權擔保權) 8. 임차권(賃借權)

에 매수하기로 하고 계약금을 2,000만 원, 잔금은 1년 후 지급하고 소유권이전등기를 받기로 했다고 가정해보자. 1년 사이에 제삼자에게 매매되거나 담보 설정이 있을 것을 염려해 甲이 가등기를 하고 1년 후 본등기를 할 수 있다. 만일 본등기를 하게 되면 가등기 후 본등기 사이 제삼자에게 매매되거나 담보 설정된 권리들은 모두 말소된다. 말소는 등기관(등기공무원)이 직권으로 말소한다. 가등기를 한 후 나중에 본등기를 하게 되면 등기의 순위는 가등기의 순위에 의한다(부동산등기법 제91조).

[자료 6-11] 청구권보전가등기 사례

출처 : 저자 작성

(2) 돈 빌려줄게, 가등기 해줘! 담보가등기

① 담보가등기

담보가등기란 청구권 보전을 위한 가등기 외에 채권담보의 목적으로 경료된 가등기를 말한다(가등기 담보 등에 관한 법률[34] 제2조 3호). 예컨대, 甲이 乙에게 1억 원을 빌리면서 乙에게 시가 2억 원 상당의 본인 소유 아파트에 가등기해주고, 1억 원을 갚지 못할 경우 乙이 본등기를 함으로써 소유권을 이전받거나, 경매를 부쳐서 대여금을 회수한다.

② 담보가등기의 실행방법 및 효력

- 가등기담보 실행방법 : 가등기담보의 실행은 '권리취득에 의한 실행(귀속청산)'과 '경매에 의한 실행(처분청산)' 2가지 방법이 있다. 가등기 담보권자는 2가지 방법 중 임의로 선택할 수 있으며 '권리취득에 의한 실행'의 경우 그 실행절차에 있어 '가등기 담보 등에 관한 법률'의 적용으로 엄격한 제한을 받고 있다. 즉, 담보물건 가액에서 대여금과 이자를 공제한 청산금을 채무자에게 지급해야만 본등기를 할 수 있고 목적물을 인도받을 수 있다. 담보가등기는 경매 신청권이 있으며 '경매에 의한 실행'의 경우 담보가등기를 저당권으로 본다(가담법 제12조 1항).
- 우선변제권 : 담보가등기가 설정된 부동산에 경매가 개시된 경우 담보가등기권자는 다른 채권자보다 자기채권을 우선해 변제받을 권리가 있다. 이 경우 그 순위에 관해 그 담보가등기를 저당권으로 보고, 그 담보가등기를 마친 때에 저당권의 설정등기가 된 것으로 본다(가담법 제13조). 담보가등기권자가 배당을 받으려면 배당요구종기일까지 채권계산서를 제출(배당요구)해야 한다.
- 매각으로 소멸 : 담보가등기가 설정된 부동산에 경매가 개시

---

34) 이하 '가담법'이라 한다.

된 경우 담보가등기는 매각에 의해 소멸한다(가담법 제15조)[35]

(3) 가등기 권리분석 방법 이렇게 한다

① 담보가등기인지, 청구권보전가등기인지 구별

일반적으로 부동산 등기부등본에는 가등기가 담보가등기인지, 청구권보전가등기인지 명확하게 나타나지 않는다(모두 소유권이전 청구권 가등기라고 기재됨). 대법원은 당해가등기가 어떤 종류의 가등기인지는 실제상 판단해야 하고 형식상 판단하지 않는다(예컨대, 담보가등기인지 여부는 채권담보를 목적으로 한 것인지 아닌지 실제상 판단해야 하며, 등기부에 매매예약 또는 대물변제예약으로 되어 있다고 해서 담보가등기가 아니라는 형식상 판단을 해서는 안 된다)라고 한다. 만일, 선순위 가등기의 경우 낙찰자에게 인수될 수 있으므로 당해 가등기가 담보가등기인지, 청구권보전가등기인지 파악해야 한다.

담보가등기인지, 아닌지 구별하는 방법은 법원문건접수내역에서 가등기권자가 법원에 채권계산서를 제출(배당요구)했다면 담보가등기이고, 제출하지 않았다면 청구권보전가등기로 본다.[36] 유의할 것은 가등기권자가 제출한 서류가 권리신고만 한 것이고

---

35) 가담법 제15조(담보가등기권리의 소멸) : 담보가등기를 마친 부동산에 대하여 강제경매 등이 행하여진 경우에는 담보가등기권리는 그 부동산의 매각에 의하여 소멸한다.
36) 가담법 제16조(강제경매 등에 관한 특칙) : ①법원은 소유권의 이전에 관한 가등기가 되어 있는 부동산에 대한 강제경매 등의 개시결정이 있는 경우에는 가등기권리자에게 다음 각 호의 구분에 따른 사항을 법원에 신고하도록 적당한 기간을 정하여 최고하여야 한다.
　1. 해당 가등기가 담보가등기인 경우 : 그 내용과 채권[이자나 그 밖의 부수채권을 포함한다]의 존부·원인 및 금액
　2. 해당 가등기가 담보가등기가 아닌 경우 : 해당 내용
　* 만일 선순위 가등기권자가 법원의 이 최고에도 불구하고 채권계산서를 제출하지 않았다면 담보가등기가 아니며 당해 가등기는 낙찰자가 인수한다.

채권계산서(배당요구서)를 제출하지 않았다면 담보가등기가 아닌 청구권가등기로 봐야 한다. 만일 담보가등기권자가 채권계산서를 제출하지 않아 청구권보전가등기로 취급받고 가등기가 말소되지 않았다면 낙찰자는 그 가등기가 담보가등기임을 입증해 가등기권자를 상대로 말소등기절차의 이행을 구할 수 있다.

② 말소기준권리 이후의 가등기는 모두 소멸한다.

③ 선순위 가등기가 담보가등기인 경우

가등기권자가 배당요구종기일 전에 채권계산서를 제출(배당요구)한 경우 배당받고 매각에 의해 소멸한다.

④ 선순위 가등기가 청구권보전가등기인 경우

- 등기원인이 매매예약인 경우 : 원칙적으로 인수한다. 만일 가등기한 지 10년이 지났으면 제척기간의 도과로 예약완결권이 소멸하며 가등기도 소멸된다.[37] 이 경우 매수인은 가등기말소소송을 해서 가등기를 말소할 수 있다.

- 등기원인이 매매계약인 경우 : 원칙적으로 인수한다. 만일 등기한 지 10년이 지났으면 소멸시효의 경과로 본등기청구권이 소멸하므로 매수인은 가등기말소소송을 해서 가등기를 말소할 수 있을 것이다.[38] 다만 가등기권자가 부동산을 인도받아

---

37) 대법원 판결 2003. 1. 10, 선고 2000다26425 [소유권이전청구권 가등기말소등기] 매매의 일방예약에서 예약자의 상대방이 매매예약 완결의 의사표시를 해 매매의 효력을 생기게 하는 권리로, 매매예약의 완결권은 일종의 형성권으로서 당사자 사이에 그 행사기간을 약정하면 그 기간 내에, 그러한 약정이 없는 때에는 그 예약이 성립한 때로부터 10년 내에 이를 행사해야 한다. 그 기간을 지난 때에는 예약 완결권은 제척기간의 경과로 인해 소멸한다. 제척기간에 있어서는 소멸시효와 같이 기간의 중단이 있을 수 없다.

38) 대법원 판결 1991. 3. 12, 선고 90다카27570 [가등기말소등기 등] 가등기에 기한 소유권이전등기청구권이 시효의 완성으로 소멸되었다면 그 가등기 이후에 그 부동산을 취득한 제삼자는 그 소유권에 기한 방해배제청구로서 그 가등기권자에 대해 본등기청구권의 소멸시효를 주장해 그 등기의 말소를 구할 수 있다.

계속 점유하고 있다면 소멸시효는 진행되지 않는다. 따라서 등기부상의 가등기가 10년이 지났다고 단순하게 소멸시효 완성으로 판단해서는 안 되며, 소멸시효 중단사유인 점유 여부를 조사해봐야 한다. 점유는 간접 점유도 인정된다.

[참고]

· **매매계약과 매매예약**

- 매매계약 : 매도인과 매수인이 부동산을 얼마에 팔고 사겠다는 청약과 승낙으로 성립한다. 소유권이전등기청구권(채권적 청구권, 10년 소멸시효 ○)이 발생함.

- 매매예약 : 당장 매매계약을 하기 곤란한 경우 장래의 매매계약을 확실히 하기 위해 매도인 또는 매수인 어느 일방이 매매를 완결 지을 의사를 표시(예약완결권)하면 매매계약이 성립한다. 소유권이전등기청구권이 아닌 예약완결권(형성권, 10년 소멸시효 ×, 10년 제척기간 ○)이 발생함.

· **소멸시효와 제척기간**

- 소멸시효 : 소멸시효의 중단, 정지가 있으며 일정한 기간이 경과하면 권리가 소멸

- 제척기간 : 권리의 중단, 정지가 없으며 일정한 기간이 경과하면 권리가 소멸

⑤ **선순위 가등기 있는 물건을 낙찰받아 잔금 납부 후 향후 본등기가 행해져 소유권을 잃게 되는 경우 매수인의 구제방법**

선순위 가처분으로 소유권을 잃게 되는 경우와 마찬가지로 매수인은 민법 제578조와 제580조 2항의 매도인의 담보책임을 물어 보호받을 수 있다. 즉, 1차로 채무자(소유자)를 상대로 반환을 청구할 수 있다. 채무자가 자력이 없는 때에는 2차로 배당을 받은 채권자에게 배당받은 금액한도에서 청구할 수 있다. 따라서 입찰 전 배당 관계를 따져 본다. 채권자가 자력이 있는 금융기관이라면 반환청구가 가능할 것이고 일반인이라면 어려울 수 있다.

가등기후 본등기를 할 경우 가등기 후 본등기 사이의 중간등기는 직권말소하지만, 가등기권자가 가등기 후 본등기가 아닌 매매로(가등기와 상관없이) 소유권을 이전받을 경우 가등기 후 본등기 사이의 중간등기는 직권말소하지 않고 그냥 놔둔다. 이 경우 선순위 가등기는 혼동으로 소멸할 수도 있고 소멸하지 않을 수도 있다. 혼동으로 소멸했음이 명백한 경우에는 낙찰받은 매수인(등기권리자)이 가등기권자(등기의무자)를 상대로 가등기말소등기 신청을 해서 말소할 수 있다.[39] 혼동으로 소멸했음이 명백하지 않은 경우에는 가등기는 소멸하지 않는다[판례].[40]

가등기권자가 가등기와 상관없이 소유권이전등기를 받은 경우, 가등기는 혼동으로 소멸한다고 간단히 판단하고 입찰했을 경우, 후일에 가등기는 혼동으로 소멸되지 않고 본등기를 할 수 있으므로 유의해야 한다. 따라서 가등기가 혼동으로 명백히 소멸했다고 확인된다면 입찰해도 무방하다. 경쟁자를 제치고 유리한 가격으로 낙찰받을 수 있을 것이다. 초보자의 경우 매각물건명세서에 인수 여부를 확인 후 입찰 여부를 판단하기 바란다.

---

39) 혼동으로 소멸했으나 말소되지 않은 가등기에 기해 본등기가 경료된 경우 이 가등기 후 본등기 전에 경료된 제삼자 명의의 등기에 대한 직권말소 여부 제정 1997. 6. 17 [등기선례 제5-490호, 시행]
   소유권이전청구권 가등기가 경료된 후 가등기권리자가 이 가등기에 기한 본등기를 하지 않고 별도의 소유권이전등기를 하여 이 소유권이전등기청구권이 혼동으로 소멸했다. 그러나 이 가등기를 말소하지 않고 그대로 둔 채 제삼자에게 소유권이 이전된 후 근저당권설정등기, 임의경매 신청등기, 압류등기 등이 경료된 상태에서 이 가등기권리자가 가등기에 기한 본등기를 했을 경우, 등기부에 의해 이 가등기가 혼동으로 소멸했음이 명백한 경우에는 이 가등기에 기한 본등기는 원인무효의 등기라 할 것이므로, 가등기권리자의 소유권이전등기청구권이 혼동으로 소멸한 후에 경료된 제삼자 명의의 근저당권설정등기 등은 부동산등기법 제175조 내지 제177조의 절차에 따라 등기관이 직권으로 말소할 수는 없을 것이다(1997. 6. 17 등기 3402-431 질의회답).

40) 대법원 판결 1995. 12. 26, 선고 95다29888[가등기에 기한 본등기]
   [1] 채권은 채권과 채무가 동일한 주체에 귀속한 때에 한해 혼동으로 소멸하는 것이 원칙이다. 어느 특정의 물건에 관한 채권을 가지는 자가 그 물건의 소유자가 되었다는 사정만으로는 채권과 채무가 동일한 주체에 귀속한 경우에 해당한다고 할 수 없다. 그 물건에 관한 채권이 혼동으로 소멸하는 것은 아닌바, 토지를 乙에게 명의신탁하고 장차의 소유권이전의 청구권 보전을 위해 자신의 명의로 가등기를 경료한 甲이, 乙에 대해 가지는 가등기에 기한 본등기청구권은 채권으로서, 甲이 乙을 상속하거나 乙의 가등기에 기한 본등기 절차이행의 의무를 인수하지 않는 이상, 甲이 가등기에 기한 본등기 절차에 의하지 않고 乙로부터 별도의 소유권이전등기를 경료받았다고 해서 혼동의 법리에 의해 甲의 가등기에 기한 본등기청구권이 소멸하는 것은 아니다.

- 가등기권자가 본등기 하지 않고 매매로 소유권이전등기를 받은 경우(매각물건명세서 인수 ○)

[자료 6-12] 가등기 사례

【 갑 구 】 (소유권에 관한 사항)				
순위번호	등 기 목 적	접 수	등 기 원 인	권리자 및 기타사항
1 (전 2)	소유권이전	1989년12월12일 제10242호	1982년2월15일 협의분할에 의한 재산상속	소유자 정■■ 620307-******* 영월군 영월읍 덕포리 574-■
2 (전 3)	소유권이전청구권가 등기	1990년11월26일 제10991호	1989년4월21일 매매예약	권리자 김■■ 590601-******* 영월군 영월읍 삼옥리 5■■
3 (전 4)	소유권이전	1991년5월29일 제4288호	1991년5월15일 매매	소유자 김■■ 590601-******* 영월군 영월읍 삼옥리 5■■
				부동산등기법 제177조의 6 제1항의 규정에 의하여 1번 내지 3번 등기를 2001년 05월 15일 전산이기

등기된 부동산에 관한 권리 또는 가처분으로 매각으로 그 효력이 소멸되지 아니하는 것
갑구 순위 2번 소유권이전청구권가등기(1990.11.26.제10991호)는 말소되지 않고, 매수인이 인수함.단, 가등기권자가 현소유자임(5번,6번부동산). 4번 부동산은 1991.5.29.제4288호 매매를 원인으로 가등기권자에게 소유권이전등기 후 현소유자로 소유권이전등기됨

출처 : 대한민국법원 인터넷등기소

4. 지분경매★

하나의 부동산을 2인 이상이 공동으로 소유하는 경우(등기부 갑구 소유자가 2인 이상으로 각 소유자의 지분을 정해 등기함)가 있다. 예컨대, 부동산을 부부공동명의로 취득하거나 상속받은 경우, 공

---

[2] 등기에 기한 본등기 절차에 의하지 않고 별도로 가등기권자 명의의 소유권이전등기가 경료되었다고 하여 가등기 권리자와 의무자 사이의 가등기 약정상의 채무의 본지에 따른 이행이 완료되었다고 할 수는 없다. 특별한 사정이 없는 한, 가등기권자는 가등기의무자에 대하여 그 가등기에 기한 본등기 절차의 이행을 구할 수도 있다.
대법원 판결 2007. 2. 22, 선고 2004다59546 [소유권이전등기]
【판시사항】 [1] 특정 물건에 관한 채권을 가지는 자가 그 물건의 소유자가 된 사정만으로 그 물건에 관한 채권이 혼동으로 소멸하는지 여부(소극) 및 가등기권자가 본등기절차에 의하지 아니하고 가등기설정자로부터 별도의 소유권이전등기를 경료받은 경우, 혼동의 법리에 의해 가등기권자의 본등기청구권이 소멸하는지 여부(소극)

동 투자하는 경우 등이다.

공유자 중 일부의 지분이 경매로 나오는 경우를 '지분경매'라고 한다. 지분경매는 지분만으로 온전한 권리행사(사용, 개발)를 할 수 없고, 공유물은 전원의 동의가 있어야 처분할 수 있다. 또 입찰하더라도 공유자우선매수신청으로 빼앗길 수 있으며, 낙찰 후 대출도 안 나와 일반적으로 기피하는 물건이다. 그러다 보니 일반물건보다 경쟁이 심하지 않아 저렴하게 낙찰받을 수 있다.

(1) 지분경매 용어를 알고 하자

- **공유** : 하나의 부동산을 지분에 의해 수인이 소유하는 것
- **공유자** : 공동으로 소유하는 사람
- **공유물** : 공유한 물건
- **지분** : 공유자가 목적물에 대해 가지는 소유의 비율
- **지분권** : 지분에 기해 각 공유자가 공유물에 대해 가지는 권리

[자료 6-13] 지분경매 사례

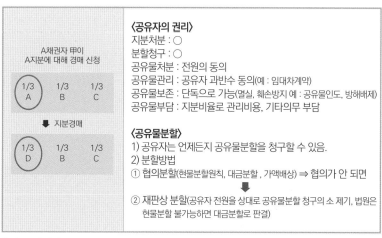

출처 : 저자 작성

(2) 닭 쫓던 개 지붕 쳐다본다? 공유자우선매수권

공유 지분경매에서 일반인이 최고가로 낙찰을 받더라도 나머지 공유자가 일반인이 낙찰받은 최고가로 우선매수할 수 있는 권리를 '공유자우선매수권'이라고 한다.

① 우선매수신청방법

해당 경매 사건의 매각절차가 종료되기 전까지(집행관이 다음 개찰할 사건을 부르기 전까지) 큰 소리로 "우선매수를 하겠습니다"라고 말하고, 동시에 입찰보증금을 납부해야 한다.

② 우선매수권의 제한

- 일괄매각의 경우 : 매각 부동산 중 일부에 대한 공유자는 매각 부동산 전체에 대한 우선매수권행사 × (예 : 토지와 건물 일괄매각 시 토지만의 공유자, 다만 토지만 매각될 경우에는 가능)
- 중복우선매수신고의 경우 : 당회 차 우선 매수를 하고 아무도 입찰을 하지 않아 보증금을 납부하지 않고 다음 회차 매각기일에 우선매수신고를 할 경우 우선매수권 제한(1회만)
- 구분소유적 공유관계인 공유자의 우선매수신청 : 외부적으로 공유지분관계이지만 내부적으로 실제 분할하고 특정해 사용하고 있는 경우(구분소유적 공유관계)
- 채무자의 지분을 인수한 경우 : 경매개시결정 이후 채무자의 지분을 인수해 우선매수 신청하는 경우

(3) 알기 쉬운 지분경매 투자 방법

① 현물분할이 가능한 물건인 경우(토지 등) : 낙찰 후 분할등기해 가치를 상승
② 현물분할이 불가능한 물건인 경우(건물 등) :

- 공유자와 협상해 지분을 매도
- 반대로 지분을 매수하는 방법
- 공유물 전부를 매각해 지분만큼 나누는 방법
- 협의가 안 되면 공유물분할소송(형식적 경매)으로 대금분
  할한다(예 : 1/2지분을 시세에 50%에 매수 → 공유물 전체를
  90%에 매각 → 40% 투자 수익).

[자료 6-14] 지분경매 투자 사례

출처 : 저자 작성

③ 상속 부동산, 종중 부동산인 경우 : 상속인, 종중원 등 다른
   공유자들이 부동산을 지키려 하기 때문에 되팔기 수월하다.
④ 지분 90%을 매수한 경우 : 나머지 지분 10%에 대한 감정가
   격을 배상하고 소유권을 취득하는 가액배상도 가능하다(대
   법원 판결 2004다30583)
⑤ 지분 낙찰 후 다른 공유자의 지분이 경매로 들어갈 경우 '공
   유자우선매수권'을 행사해 온전한 물건을 취득 또는 과반수
   지분을 확보할 수 있다.
⑥ 토지 수용지역 물건의 경우 : 토지 수용예정인 지분물건을 저
   렴하게 낙찰받아 수용보상금을 받는다.

을구
권리분석

1. 근저당권

(1) 알쏭달쏭 저당권과 근저당권

저당권은 피담보채권(채권자가 부동산을 담보로 빌려준 돈을 말한
다)이 소멸하면 저당권도 소멸한다. 주된 권리가 소멸하면 종된
권리도 소멸한다고 해서 이를 부종성(附從性)이라고 한다. 예컨대
1억 원을 빌리면서 변제기한을 1년으로, 저당권 1억 원을 설정등
기하고 1주일 후 1억 원을 갚으면 저당권은 말소등기 없이도 소
멸한다.

그런데 이 피담보채권이 거래약정 기간 이내 소멸하더라도 저당
권을 소멸시키지 않고 장래의 계약기간 만료 시(결산기, 대출기간만
료, 계약해지로 인한 종료 등)에 채권 채무를 확정하는 것으로 해서
저당권을 설정할 수 있다. 이러한 저당권을 '근저당권'이라고 한다.

[저당권과 근저당권의 차이]

첫째, 저당권은 특정채무(채권액)를 담보하지만, 근저당권은 장
래의 증감, 변동하는 불특정채무(채권최고액)를 담보한다. 그래서

등기부에는 저당권은 채권액, 근저당권은 채권최고액이라고 기재한다.

둘째, 저당권은 피담보채권액이 소멸하면 저당권도 함께 소멸한다. 그러나 근저당권은 피담보채권이 일시 소멸하면 근저당권은 함께 소멸하지 않는다. 기한만료 등 일정기간 경과되었을 때 채무를 확정하게 되고 채무가 변제완료되었을 때 소멸한다(부종성의 완화).

(2) 근저당권을 설정한 부동산은 어디까지 담보효력이 있는가?

근저당권을 설정한 목적물의 범위는 어디까지 미치는가의 문제다. 주택 또는 공장을 담보로 근저당권을 설정하고 근저당권에 기한 경매 실행 당시 등기되지 않은 증축된 건물이나 연관된 부속물이 있을 경우 법원 감정에서는 '제시외물건'이라고 하는데, 매수인은 제시외물건의 소유권 취득 여부가 문제가 된다.

[예시]

– 전원주택(토지와 건물)을 낙찰받았는데 토지의 정원수, 정원석도 같이 소유권을 취득하는가(종물 이론)?

: 주된 물건을 주물이라고 하고, 주물의 효용을 돕는 독립된 물건을 종물이라고 한다. 주물의 소유자는 종물의 소유권을 취득한다(원칙).

정원수, 정원석은 토지의 구성 부분(종물 또는 부합물)으로 매매의 경우 별도의 특약이 없으면 매수인이 소유권을 취득하고, 경매의 경우 감정평가서나 매각물건명세서에 '정원수, 정원석은 매각에서 제외'라고 기재하지 않았으면 매수인은 소유권을 취득한다.

- 건물에 근저당권을 설정 후 소유자가 건물을 증축했고 근저당권자가 경매를 부쳤을 때 낙찰자는 증축부분(미등기)에도 소유권을 취득하는가(부합물 이론)?

: 부합물은 수 개의 물건이 결합해 1개의 물건으로 된 것을 말한다. 부합물은 주물에 부합된 물건으로 훼손하지 않으면 분리할 수 없거나 분리에 과다한 비용이 든다. 주물의 소유자는 부합물의 소유권을 취득한다(원칙). 건물의 증축부분이 구조상 이용상 독립성이 없다면 부합물이고, 구조상 이용상 독립성이 있다면 부합물이 아닌 독립건물이다.

근저당권의 효력은 당사자 간에 다른 약정이 없는 한 당해 부동산의 부합물과 종물에도 미친다(민법 제358조 전단). 따라서 주택에 딸린 광이나 건물의 증축부분이 부합물 또는 종물일 경우 낙찰자는 소유권을 취득한다. 다만, 공장근저당권의 경우 부합물, 종물의 관계에 있더라도 기계기구 목록에 기재되어 있지 않으면 근저당권의 효력이 미치지 않는다.

(3) 주물, 종물, 부합물

구분	주물	종물	부합물
의의	주된 물건을 말한다.	주물에 효용을 돕는 독립된 물건	주물에 부합된 물건으로 훼손하지 않으면 분리할 수 없거나 분리에 과다한 비용이 드는 물건
요건	① 주물과 종물은 경제적 효용을 돕는 관계일 것 ② 종물은 주물과 독립된 물건일 것 ③ 주물과 종물은 모두 동일 소유자일 것 (각각 소유자가 다르면 ×).		① 주물에 부합해야 한다. ② 훼손하지 않으면 분리할 수 없거나 분리에 과다한 비용이 발생해야 한다.

효과	– 주물 소유자가 종물의 소유권을 취득한다(종물은 주물의 처분에 따른다. 민법 제100조 2항).		– 원칙 : 주물 소유자는 부합물의 소유권을 취득한다(민법 제256조 본문). – 예외 : 타인의 권원[41]에 의해 부속된 경우에는 그 부합물은 부속시킨 자의 소유가 된다(민법 제256조 단서).
사례	토지, 주택, 집합건물, 주유소의 토지와 건물, 배, 자물쇠	주택에 딸린 광, 건물의 보일러 시설, 정화조, 집합건물의 대지권, 주유소의 주유기, 배의 노, 열쇠, 횟집과 횟집의 어항, 농지에 부속된 양수기시설, 빌라를 분양받을 때 취득한 싱크대, 정원수, 정원석	토지의 수목, 주유소의 지하 유류저장탱크, 증축건물로서 구조상 이용상 독립성이 없는 물건(∵ 구조상 이용상 독립성 있으면 부합물×)

출처 : 저자 작성

2. 제시외물건

(1) 등기부에 없는 물건이 있다? 제시외물건

경매 물건을 보다 보면 가끔 감정평가서나 매각물건명세서에 제시외물건이라고 기재되어 있는 것이 있다. 제시외물건이란 경매 신청 채권자가 신청한 경매 대상 물건을 감정평가기관이 현장에 조사를 가보니 등기부등본이나 건축물대장에 등재하지 않은 물건을 말한다. 쉽게 말해 '법원에서 제시한 물건 외의 물건'을 말한다.

제시외물건은 법률상 용어는 아니고 경매 실무상의 감정평가에서 사용되는 용어다. 예컨대, 토지만의 경매에서 토지를 감정하러 갔는데 지상에 미등기 무허가 건물이 존재하는 경우, 건물

---

41) 여기서 말하는 권원은 타인의 부동산에 부속시켜서 이용할 수 있는 권리를 말한다. 아울러 부속물이 부합시킨 자의 별개의 소유가 되기 위해서는 부속시킨 부속물은 반드시 독립성을 갖추어야 한다. 판례는 독립성의 유무를 부속물이 그 용도와 기능 면에서 주물과 독립한 경제적 효용을 가지고 거래상 별개의 소유권의 객체가 될 수 있는지 여부 및 소유자의 의사 등을 종합적으로 판단해야 한다고 한다(대법원 판결 1988. 2. 23, 87다카600, 대법원 판결 1994. 6. 10, 94다11606, 대법원 판결 2009. 9. 24, 2009다15602).

을 감정하러 갔는데 미등기의 증축한 건물, 정원석 정원수가 있는 경우 등이다.

제시외물건의 종류로는 ① 경매 대상 물건에 종속된 부합물, 종물, ② 부합물, 종물이 아닌 별개의 독립된 건물로 구분해볼 수 있다.

(2) 제시외물건 권리분석은 이렇게 한다.

① 경매 대상 물건의 종속된 부합물, 종물인 경우

첫째, 감정평가서에 제시외물건이 감정평가되었는지 여부를 본다.

- 감정평가에 포함된 경우 : 매수인이 소유권을 취득한다. 만일 부합물이 아님에도 법원에서 부합물로 취급해 감정평가를 하고 매수인이 취득했다면 매수인은 제시외물건의 소유권을 취득하지 못한다.[42]

- 감정평가에 포함되지 않은 경우 : 감정평가에 포함되지 않았더라도 매수인은 소유권을 취득한다. 저당권의 효력은 저당 부동산에 부합된 물건과 종물에 미치므로(민법 제358조), 부합물 또는 종물인 '제시외건물'이 저당권 설정 당시부터 있었던 경우는 물론이고 저당권 설정 이후에 새로이 부합되거나 종물이 된 경우에도 효력이 미치기 때문이다(대법원 판결 1985. 11. 12, 85다카246).

둘째, 특히 독립된 건물의 경우 현장을 답사하고 부합물 또

---

42) 대법원 판결 1988. 2. 23, 선고 87다카600 : 경매 법원이 기존 건물의 종물이라거나 부합된 부속 건물이라고 볼 수 없는 건물에 대해 경매 신청된 기존 건물의 부합물이나 종물로 보고서 경매를 같이 진행해 경락허가를 했다고 하더라도 그 독립된 건물에 대한 경락은 당연무효이고, 따라서 그 경락인은 이 독립된 건물에 대한 소유권을 취득할 수 없다.

는 종물로 보여지는 물건이 누구의 소유인지 파악하고, 그 물건이 부합물 또는 종물에 해당되는지 잘 검토해야 한다.

② 경매 대상 물건과는 별개의 독립된 물건인 경우(부합물, 종물이 아닌 경우)

첫째, 감정평가서에 제시외물건이 감정평가 되었는지 여부를 본다. 제시외물건이 소유자의 소유인 경우 감정평가서에 제시외물건이라고 기재하고 평가금액을 산정해 매각에 포함하지만, 제시외물건이 채무자(소유자)의 소유로 불분명할 경우에는 평가금액을 산정하지 않거나 평가금액을 산정 후 매각에서 제외한다.

- 감정평가에 포함(매각에 포함)된 경우 : 매수인이 소유권을 취득한다. 하지만 감정평가에 포함되었더라도 제시외물건이 타인의 권원에 의해 부속되었고 독립성이 있는 경우 매수인은 소유권을 취득하지 못한다.
- 감정평가에 포함되지 않은 경우 : 매수인은 소유권을 취득하지 못한다. 감정평가되지 않은 별개의 독립된 건물이 있을 경우에는 건물 소유자의 법정지상권 성립 여부를 검토해야 한다.

구분	부합물, 종물인 경우	독립된 물건인 경우 (부합물, 종물이 아닌 경우)
감정평가에 포함된 경우	감정평가에 포함 여부에 상관없이 매수인은 소유권을 취득한다.	원칙 : 매수인은 소유권을 취득한다(○) (단, 제시외물건이 타인 소유인 경우 ×)
감정평가에 포함되지 않은 경우		매수인은 소유권을 취득하지 못한다(×)

출처 : 저자 작성

3. 공장저당권

(1) 공장기계도 같이 팔아요. 공장저당권

공장저당권이란 공장의 토지와 건물, 기계, 기구, 공장의 공용물을 일체로 해서 설정된 저당권을 말한다. 공장저당권은 '공장 및 광업재단저당법'에서 규정하고 있다.

공장저당권은 공장재단저당권과는 별도로 재단을 설정하지 않고, 각각 공장에 속하는 토지 또는 건물에 저당권을 설정함으로써 그 저당권의 목적물에 부가되어 일체를 이루는 물건(부가물), 목적물에 설치된 기계·기구(설치물), 그 밖의 공장의 공용물에 그 저당권의 효력을 미치게 하는 제도를 인정하고 있다(공장 및 광업재단저당법 제3조, 제4조). 이를 협의의 공장저당이라 한다.

(2) 공장저당권의 담보 범위

① 공장저당권의 효력은 공장의 토지, 건물에 설치된 기계, 기구, 그 밖의 공장의 공용물까지 미친다.[43] 다만, 기계, 기구, 공용물에 대해서도 저당권의 효력이 미치게 하려면 저당권 목적물의 목록(기계, 기구목록)을 제출해야 하고, 제출된 목록에 기계, 기구, 공용물이 기재되어야만 효력이 있다(대법원 판결 2006. 10. 26, 2005 다76319).

공장의 폐수처리시설은 토지와 건물 및 기계 기구와 함께 일체를 이루는 기업시설로서 그 공장에 속하는 토지와 건물 및 기계 기구 위에 설정된 공장저당권의 효력은 그 폐수처리시설에도 미친다.

② 경매 실행방법 : 공장저당권의 경매 실행은 공장에 속하는 토지 또는 건물에 설정된 저당권의 효력은 그에 설치된 기계, 기구

---

43) 공장 및 광업재단저당법 제3조, 제4조는 공장에 속하는 토지 또는 건물에 설정한 저당권의 효력은 그 토지 또는 건물에 설치된 기계·기구 기타의 공장공용물에 미치고, 제8조 제1항은 공장저당권의 목적인 토지 또는 건물에 대한 압류의 효력이 공장공용물에 미친다고 해 집행의 불가분성(不可分性)을 규정하고 있다.

기타 공장의 공용물에까지 미치므로 그 부동산과 기계, 기구 등도 일괄 경매해야 하고 토지와 건물만을 경매할 수는 없다(대법원 결정 1971. 2. 19, 자 70마935 : 공장저당법 제7조에 의해 공장에 속하는 토지 또는 건물에 설정된 저당권의 효력은 이에 부가한다. 일체를 이루는 물건과 그에 설치된 기계, 기구 기타 공장의 공용물에까지 미치므로 그 부동산과 기계, 기구에 대한 경매 신청, 최저 경매 가격, 경매 허가결정의 선고 등은 반드시 일괄해서 해야 한다).

(3) 공장저당권 권리분석과 공장기계로 수익 내기

① 공장근저당권의 경우 등기부에 기계, 기구 등 목록이 공동담보로 있는지 확인한다. 기계, 기구 목록이 있는 공장저당권의 경우, 기계, 기구도 일괄해 경매가 진행되어야 한다("공장 및 광업재단 저당법 제6조 목록 제101호" 참조). 그리고 기계, 기구 목록의 물건도 감정평가서에 포함되어 감정이 되었는지 확인한다. 같이 감정평가되었다면 경락 매수인은 기계, 기구도 소유권을 취득하게 된다. 만일, 감정평가에 기계, 기구 목록을 포함해서 감정하지 않았다면 소유권취득에 문제가 된다.

공장저당권에 의해 공장을 취득할 경우 일반적으로 공장 안에 있는 공장기계도 같이 소유권을 취득한다. 공장기계의 경우 가격이 고가인 경우가 많아 낙찰받고 필요 없는 경우 중고기계매매업자에게 좋은 가격에 매각할 수 있다. 경매 공장기계만 전문으로 매입하는 업자들에게 입찰 전 공장기계 매각 시 팔릴 수 있는 금액을 미리 알아보는 것도 입찰가 산정에 도움이 된다.

반면에 기계, 기구가 기계, 기구 목록에는 있지만 실제로 노후되어 사용할 수 없거나, 일부 없어진 물건들도 있다. 보통 토지, 건물과 같이 기계, 기구도 채무자 소유로 담보를 설정하고 채무자의 사업이 망해서 경매로 나올 경우, 채무자가 장기간 사업을 운영하지 않거나 관리가 소홀해 기계가 노후되고, 중요부품이 없거나 좋은 물건의 경우 몰래 매각시키기 때문이다. 그래서 채권자 측에서 공장담보관리차원(담보가치 하락방지)에서 용역회사에 위임해 건물관리를 시키는 경우도 있다. 입찰자는 공장기계가 있는 줄 알았는데, 없어진 경우도 있으므로 입찰 전 공장기계의 실제 유무도 확인해볼 필요가 있으므로 확인이 가능하다면 내부 사진을 찍어놓는다.

감정평가사가 현장에 감정하러 갔는데 공장저당목록에는 있지만 기계, 기구가 일부 없어진 경우, 없는 것은 소재불명으로 기재하고 있는 것은 감정평가해 매각대상에 포함시킨다.

② 공장저당권의 목적이 되는 기계, 기구 등이 채무자의 소유가 아닌 제삼자의 소유인 경우 : 경매가 진행 중이면 제삼자는 제삼자 이의의 소를 제기해 경매 목적물에서 제외시킬 수 있다. 낙찰자가 잔금을 모두 납부했다면 매수인은 특별한 사정이 없는 한 선의취득이 인정되어 소유권을 취득한다. 이 경우 제삼자는 배당받은 채권자를 상대로 부당이득 반환청구를 할 수 있다(대법원 판결 2003. 7. 25, 2002다39616).

4. 전세권

(1) 전세계약 했다고 전세권이 아니다!

전세권은 우리가 전세계약을 했다고 전세권이 되는 것은 아니다. 전세권등기를 해야 여기서 말하는 전세권이 된다. 전세권은 타인의 부동산(토지 또는 건물)을 전세금을 지급하고 사용수익할 수 있는 권리, 또 후순위 권리자보다 우선변제받을 권리다(민법 제303조 제1항). 전세권은 사용수익이라는 용익물권적 성격과 전세권설정자가 전세금반환 지체 시 경매 청구를 해 우선변제를 받을 수 있는 담보물권적인 성격을 아울러 가지고 있다.

(2) 꼭 알아야 할 전세권과 채권적 전세

우리가 집을 전세로 살고 있다고 할 때 전세유형에는 2가지가 있다. 하나는 전세권 등기를 하는 경우이고, 또 하나는 전세권 등기를 하지 않고 사는 경우다.

전세계약을 하고 전세금을 지급하고 전세권 등기를 한 것을 '물권적 전세'라 하고, 전세계약을 하고 전세금을 지급하고 전세권 등기를 하지 않은 것(일반적으로 전세권등기 대신 전입신고와 확정일자를 받는다)을 '채권적 전세'라고 한다.

전세권은 전세권 등기를 해야 성립하는 물권이다.

실제 거래에서는 부동산 등기를 하는 전세권보다는 전세권 등기를 하지 않는 채권적 전세가 대부분이다. 가장 큰 이유는 많은 등기비용[44]을 들여가면서 등기부에 설정되는 것을 꺼려 하는 집주인에게 동의까지 구해서 전세권 등기를 군이 하지 않더라도 주택임대차보호법이나 상가건물임대차보호법인 특별법에서 최소의 비용과 간소한 절차(전입신고 또는 사업자등록과 확정일자)로 임차인의 보호가 거의 되고 있기 때문이다. 따라서 주택임대차보호법이나 상가건물임대차보호법인 특별법에서 임차인 보호가 되지

---

44) 전세권 등기비용 : 전세금액의 0.2%(등록세)+등록세의 20%(지방교육세)+법무사비용

않거나 전세권 등기의 필요성이 있는 경우에만 전세권등기를 하는 실정이다.

전세권과 채권적 전세는 다음과 같이 차이가 있다.

구분	전세권	채권적 전세(임차권)
적용법률규정	민법의 전세권	민법의 임대차, 주택임대차보호법, 상가건물임대차보호법
권리의 성질	물권	채권
취득(성립)요건	전세계약+전세금+등기	전세계약+전세금
존속기간	최장기간 제한 10년 (민법 제312조 ①) 최단기간 1년(건물의 경우)	− 민법 : 최장기간 제한 20년(제651조) 민법상 최단기간의 제한 없음 − 주택, 상가 : 최단기간 주택 2년, 상가 1년(주임법, 상임법)
존속기간의 정함이 없는 경우	소멸통고 받은 날로부터 6월 경과하면 소멸 (민법 제 313조)	− 민법 : 해지통고 받은 날로부터 6월(임대인이 해지한 경우), 1월(임차인이 해지한 경우) 경과하면 해지효력발생(제635조) − 주택, 상가 : 임대인이 해지통지 받은 날로부터 3월이 경과하면 해지의 효력 발생(주임법 제6조의 2, 상임법 제10조 ⑤)
묵시의 갱신	기간만료전 6월~1월 사이에 갱신거절 또는 조건변경의 통지를 하지 않은 경우(민법 제312조 4항) 전전세권과 동일한 조건으로 다시 전세권을 설정한 것으로 본다(단, 존속기간은 정함이 없는 것으로 함).	− 민법 : 임대차기간이 만료한 후 임차인이 임차물의 사용, 수익을 계속하는 경우에 임대인이 상당한 기간 내에 이의를 하지 않은 때(제639조) 전임대차와 동일한 조건으로 다시 임대차 한 것으로 본다. − 주택 : 기간 만료 전 6월~2월 사이(상가 : 6월~1월 사이)에 갱신거절 또는 조건변경의 통지를 하지 않은 경우(주임법 제6조 ①, 상임법 제10조 ④) (묵시의 갱신의 경우 존속기간은 주택은 2년 상가는 1년).
비용상환 청구권	전세권자에게 수선의무 있음(필요비 청구 ×) (민법 제 309조). 유익비상환청구 가능(민법 제310조)	임대인에게 수선의무[45] 있음(민법 제623조). 필요비, 유익비상환청구 모두 할 수 있음(민법 제626조).

---

45) 수선의무는 임대인에게 있으나, 임차인의 사용수익을 방해할 정도가 아닌 사소한 것은 임차인이 부담한다.

대항력	있음.	없음(단, 등기된 임차권, 주임법, 상임법에서 인정).
우선변제권	있음.	없음(단, 주임법, 상임법에서인정).
처분권 (양도, 전대)	가능(임대인 동의 없이 가능)	원칙적으로 없음(임대인 동의 필요).
경매 신청	보증금 미반환 시 바로 경매 신청 가능(임의경매)	보증금 미반환 시 보증금 반환소송을 판결 받아 서 경매 신청 가능(강제경매)

(3) 전세권의 막강한 권리, 경매 청구권과 우선변제권

① 경매 청구권

– 전세권자의 경매 청구권

전세권 설정자가 전세금의 반환을 지체한 때에는 전세권의 목
적물의 경매를 청구할 수 있다(민법 제318조).

– 전세권이 목적물 전부에 설정된 경우

전세권이 건물 또는 토지 전부에 설정된 경우 설정된 부동산
전부에 대해 경매 신청을 할 수 있다. 예컨대 단독주택인 토지
와 건물 중 건물에만 전세권을 설정한 경우 건물에 대해서만
경매 신청을 할 수 있고, 건물 부분만 우선변제권이 있다. 따라
서 건물에만 전세권을 설정한 경우, 토지에는 전세권의 효력
이 미치지 않으므로 토지에는 경매 신청을 할 수 없고, 건물만
경매 신청을 하고, 건물에 대해서만 배당을 받는다(참고로 지방
전원주택이나 단독주택의 경우 매매 시 토지, 건물, 도로지분까지 함
께 거래해야 할 경우 전세권도 토지, 건물, 도로지분까지 모두 설정
해야 향후 경매 신청도 같이 할 수 있게 된다).

– 전세권이 목적물 일부에 설정된 경우

다가구주택처럼 건물 일부에 전세권이 설정된 경우, 나머지 건

물 부분에 대해서는 전세권의 효력이 미치지 않으므로 건물 전체를 경매 신청할 수는 없다. 하지만 제삼자에 의해 경매 시 건물 전부에 우선변제권이 있다. 건물 일부의 전세권자는 전세금을 반환받지 못할 경우, 건물 전부에 대해 경매 신청을 할 수 없기 때문에 이 경우 전세권 부분을 구분등기 후 경매를 신청하거나, 구분등기가 불가능할 경우에는 전세권 설정자를 상대로 전세금반환청구의 소를 제기해 승소 후 건물 전부와 토지에 대해 강제경매를 신청해야 한다.

② 우선변제권

- 전세권자의 우선변제권

전세권자는 전세금을 지급하고 타인의 부동산을 점유해 그 부동산의 용도에 좇아 사용·수익한다. 그 부동산 전부에 대해 후순위 권리자 기타 채권자보다 전세금의 우선변제를 받을 권리가 있다(민법 제303조).

- 건물만 전세권을 설정한 경우

건물 전부에 전세권을 설정한 경우와 건물 일부에 전세권을 설정한 경우가 있는데, 양자 모두 건물 전부에 대해 우선변제권을 갖는다.

Tip **전세권과 확정일자, 어느 것이 유리할까?**

주택임차인이 주택을 인도받고 전입신고와 확정일자를 받으면(이하 확정일자라 함) 주택임대차보호법이 적용되어 대항력과 우선변제권을 취득한다. 확정일자는 임차권이고 전세권은 물권이다. 확정일자를 받으면 우선변제권을 취득해 물권과 같은 효력을 부여한다. 따라서 굳이 비싸게 비용을 들여 전세권등기를 하지 않아도 임대차계약 후 전입신고와 확정일자를 받으면 우선변제권을 취득한다.
하지만 전세권과 확정일자는 다음과 같은 차이가 있다.

구분	전세권	확정일자
등기비용	있다(○).	없다(×).
경매 신청권	있다(○). 보증금 반환받지 못할 경우 바로 경매 신청 가능(유리)	없다(×). 보증금 반환받지 못할 경우 보증금 반환소송승소 후 경매 신청 가능
★ 우선변제권의 범위	① 집합건물 : 건물+대지권 ② 단독건물 : 집합건물이 아닌 다가구 주택이나 단독주택같이 건물만 전세권을 설정한 경우, 향후 경매 시 배당은 건물분에 대해서만 우선변제를 받는다.	① 집합건물 : 건물+대지권 ② 단독건물 : 주택임대차보호법상 주택에 전입신고와 확정일자를 받으면, 향후 경매 시 배당은 건물과 토지분에 대해 우선변제를 받는다(유리).
최우선변제권	없다(×). 소액보증금의 경우 최우선변제권이 없다.	있다(○). 주택임대차보호법상 소액보증금의 경우 최우선변제권이 있다(유리).
★ 선순위 전세권과 선순위 임차인의 경우 미배당금 낙찰자 인수 여부	전세권이 배당요구하거나 경매 신청한 경우, 전세권은 배당받고 매각으로 소멸하며, 전세권자의 미배당금은 매수인이 인수하지 않는다.	임차인의 미배당금은 매수인이 인수한다.

(4) 전세권의 경매 사례 연습

[자료 6-15] 다가구주택(단독주택) 전세권의 경매 사례

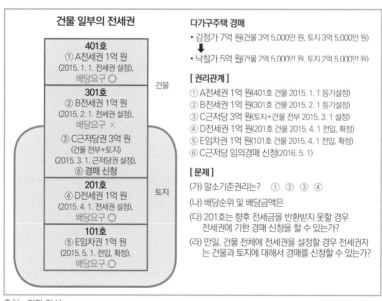

출처 : 저자 작성

| 정답 및 해설 |

(가) 정답 ③

☞ 건물 일부의 최선순위 전세권은 말소기준권리가 될 수 없다
(건물 전체에 대한 권리가 아니므로). 전세권이 말소기준권리가
되기 위해서는 건물 전부의 최선순위 전세권자가 경매 신청
을 하던가, 배당요구를 해야 한다. 따라서 말소기준권리는 C
근저당권이다.

(나) 정답

배당순위	배당권자	배당금액	매수인 인수
1	A전세권자(1억 원)	1억 원(전액) 건물분 1억 원	×
	B전세권자(1억 원)	없음[46]	○
2	C근저당권자(3억 원)	3억 원(전액) 건물분 1억 5,000만 원 + 토지분 1억 5,000만 원	×
4	D전세권자(1억 원)	없음[47]	×
3	E임차인(1억 원)	1억 원(전액)[48] 토지분 1억 원	×

(다) 건물 일부에 전세권이 설정된 경우 건물 전체에 대해 경매
를 신청할 수는 없고, 이 경우 전세권 부분이 구분등기가
가능할 경우 구분등기 후 경매를 신청해야 한다. 만일 구분
등기가 불가능한 경우에는 전세권 설정자를 상대로 전세
금반환청구의 소를 제기해 승소 후 건물 전부와 토지에 대

---

46) B는 배당요구를 하지 않았으므로 배당하지 않는다. 그리고 말소기준권리 이
전에 전세권이고, 전세권자가 배당요구하지 않았으므로 매수인은 B의 전세
권을 인수한다.
47) D전세권은 건물분에 대해 우선변제권이 있고, 토지분에 대해서는 우선변제권
이 없다. 건물분에 대한 잔여배당금이 없어 배당을 받지 못한다.
48) E임차인은 주택임대차보호법상 건물과 토지와의 매각대금에서 우선변제받을
수 있으므로 토지 잔여분에 대해 배당받는다.

해 강제경매를 신청해야 한다.

(라) 건물만 전세권이 설정된 경우, 토지에는 전세권의 효력이 미치지 않으므로 토지에 대해서는 경매를 신청할 수 없다.

(5) 전세권 권리분석

① 말소기준권리보다 먼저 등기된 전세권(이하 '선순위 전세권'이라 한다)은 원칙적으로 소멸하지 않지만, 전세권자가 배당요구를 하면 매각으로 소멸한다(법 제91조 4항). 선순위 전세권자가 배당요구를 하면 전세금을 전액 받지 못했다 하더라도 전세권은 소멸한다. 이 점이 주택임대차의 선순위 임차인의 보증금 인수와 다른 점이다.

② 말소기준권리보다 나중에 등기된 전세권과 전세권자가 경매신청 채권자인 경우의 전세권은 매각으로 무조건 소멸한다.

③ 건물 일부에 대한 전세권은 말소기준권리가 될 수 없다.

④ 단독건물에만 설정한 전세권은 건물 부분에만 우선변제권이 있고, 토지분에 대해서는 우선변제권이 없다. 따라서 토지분에 대해서도 우선변제권을 받으려면, 토지에 대해서도 별도로 전세권을 설정해야 한다.

(6) 전세권을 낙찰받아 수익을 내는 방법

전세권도 경매로 나오는 경우가 있다. 전세권도 경매 목적의 대상이 된다. 전세권자는 전세권을 담보로 돈을 빌릴 수 있다. 이 돈을 갚지 못하면 전세권이 경매로 나온다. 낙찰자는 전세물건(부동산)을 낙찰받는 것이 아니라 전세권을 낙찰받는 것이다.

예컨대, 전세보증금 6억 원의 전세권이 경매로 나왔다면 감정가는 전세보증금인 6억 원이 된다. 그리고 20% 유찰된 경우 최저 경매가는 4억 8,000만 원이 되고 5억 원에 낙찰받았다면, 낙찰자는 5억 원짜리 전세권을 취득하게 된다. 1억 원의 수익이 생기는 것이다. 전세권을 취득하면 전세권 만기 시까지 전세물건을 사용 수익할 수 있고,[49] 집주인인 전세권 설정자에게 전세금 5억 원을 청구할 수 있으며, 집주인이 전세금을 주지 않으면 집을 전세권에 기해 경매를 부쳐 전세금을 회수할 수 있다.

전세권 투자 시 유의할 사항은 전세권보다 앞선 선순위 금액이 있는지 확인하고, 또 선순위 금액이 없더라도 부동산 시세와 가치를 판단해 향후 전세보증금을 모두 받을 수 있을지 검토해봐야 한다. 즉, 만기 시 전세보증금을 반환해주지 않을 경우 경매를 부쳐 전세금을 모두 회수할 수 있을지 검토해본다.

앞서 기술했듯이 경매에서 선순위 전세권이라 할지라도 전세권은 전세금을 모두 반환받지 못할 경우 매각으로 소멸하고, 매수인에게 인수되지 않으므로 유의해야 한다.

[자료 6-16] 전세권 경매 예시

매각물건명세서							
사 건	2018타경37▦▦ 전세권에 대한 임의경매		매각물건번호	1	작성일자	2018.11.12	담임법관(사법보좌관) 이▦우
부동산 및 감정평가액 최저매각가격의 표시	별지기재와 같음		최선순위설정		2015.4.27.(전세권근저당권)		배당요구종기 2018.07.02
*전세권자가 전세권을 담보로 성남중부새마을금고에서 돈을 빌리고 갚지 못하자 전세권근저당권자인 성남중부새마을금고에서 전세권을 경매 신청함.							
3-5	3번전세권임의경매개시결정	2018년4월16일 제21494호	2018년4월16일 임의경매개시결정 (2018타경376')		채권자 성남중부마을금고 131144-▦▦▦▦ 경기도 성남시 수정구 제일로 ▦' (태평동)		

출처 : 대한민국법원 인터넷등기소

---

49) 낙찰받은 경매 매수인은 전세권 만기 시까지 사용수익에 대한 권리가 있으므로 점유자에게 사용수익에 대한 사용료를 청구할 수 있고, 인도명령으로 내보내고 직접 사용할 수도 있다.

5. 임차권

(1) 임차인이 부동산을 사용, 수익할 수 있는 권리, 임차권

임대차는 당사자 일방이 상대방에게 목적물을 사용, 수익하게 할 것을 약정하고 상대방이 이에 대해 차임을 지급할 것을 약정함으로써 성립하는 계약이다(민법 제618조). 부동산 임대차계약에 의해서 임차인이 부동산을 사용, 수익할 수 있는 권리를 임차권이라 한다.

(2) 실무상 임차권등기를 하는 경우는 어떤 경우인가?

임차권은 채권이며 임차권 등기를 한다고 해서 물권이 되는 것이 아니다. 주임법, 상임법에서 간단한 요건을 갖추면 대항력과 우선변제권을 인정해주므로 굳이 비용을 들여 채권인 임차권등기를 할 이유가 없다.

이와 같은 이유로 부동산 경매에서 등기부등본에 임차권 등기를 보게 되는 경우는 거의 없다. 임차권 등기명령에 의한 임차권 등기는 가끔 보게 된다. 임차권 등기명령에 의한 임차권 등기는 민법의 특별법인 주택임대차보호법에서 대항력과 우선변제권을 부여해 임차인을 보호하고 있다.

(3) 임차권 권리분석은 이렇게 한다

① 부동산 임대차는 주거생활과 경제활동을 위해 대다수가 이용하고 있으면서도 계약 특성상 임차인의 지위가 열악해 임차인의 보호를 위한 필요성이 대두되고 있다. 이에 따라 특별법에서 임대차를 규율하고 있다. 농지임대차의 경우 '농지법'이, 주거용건물의 경우 '주택임대차보호법'이, 상가건물

의 경우 '상가건물임대차보호법'이 우선 적용하게 된다. 해당 특별법의 적용을 받지 않는 일반 임대차는 민법의 임대차 규정이 적용된다. 따라서 당해 임차권 등기 물건이 특별법에 적용되는지 여부를 먼저 판단해야 한다.

② 임대차는 채권이므로 원칙적으로 등기 여부와 상관없이 우선변제권이 없지만, 주택(상가)의 전입일자(사업자등록일자)와 확정일자를 받은 임차인과 임차권 등기를 한 경우에는 특별법에서 특별규정을 두어 우선변제권을 인정해주고 있다(주택임대차보호법 제3조의 4, 1항, 상가임대차보호법 제7조 1항).

③ 말소기준권리보다 이후에 설정된 임차권은 매각으로 소멸하지만, 말소기준권리보다 먼저 등기된 임차권은 매각으로 소멸하지 않고 매수인이 인수한다.

(4) 임대차 종료 시 임차인 단독으로 할 수 있는 임차권 등기명령에 의한 임차권 등기

① 의의 : 임대차가 끝난 후 보증금을 반환받지 못한 임차인은 임차주택의 소재지를 관할하는 지방법원·지방법원지원 또는 시·군 법원에 임차권 등기명령을 신청할 수 있다(주택임대차보호법 제3조의 3). 임대차가 종료되어 임차인이 이사를 가야 하는 상황임에도 임대인으로부터 보증금을 반환받지 못한 상태에서 이사를 하거나 전입신고를 이전하게 되면 대항력과 우선변제권을 상실하게 되어 보증금 확보가 어려워진다. 이 경우 임차인은 임차권 등기명령을 단독으로 신청해 대항력과 우선변제권을 유지하면서 이사를 할 수 있다.

순위번호	등기 목적	접수	등기 원인	권리자 및 기타사항
2	주택 임차권	2021년 4월 19일 제87768호	2021년 4월 1일 서울남부지방법원의 임차권 등기명령 (2021카임1015)	임차보증금 금 245,000,000원 차임 없음. 범위 건물 전부 임대차 계약일자 2019년 1월 27일 주민등록일자 2019년 4월 1일 점유개시일자 2019년 3월 29일 확정일자 2019년 2월 22일 임차권자 김갑동 880212-********

② 권리분석 핵심

- 임차인은 임차권 등기명령에 의한 임차권 등기를 마치면 대항력과 우선변제권을 취득한다. 대항력과 우선변제권의 발생일은 등기일자가 아닌 등기부 내용에 기재된 전입일자와 확정일자를 기준으로 한다. 임차권 등기 이후에는 대항요건을 상실하더라도 이미 취득한 대항력이나 우선변제권을 상실하지 않는다(주임법 제3조의 35항).

- 임차권 등기명령에 의한 임차권 등기를 경매개시결정 전에 등기한 경우 임차인은 배당요구하지 않아도 배당요구한 것으로 간주한다(대법원 2005. 9. 15 선고 2005다33039).

- 임차권 등기가 끝난 주택을 그 이후에 임차한 임차인은 소액 보증금의 우선변제를 받을 수 없다(주임법 제3조의 3, 6항)

- 임대인의 보증금반환의무와 임차인의 임차권 등기말소의무는 동시이행관계에 있는 것이 아니고 임대인의 보증금반환의무가 선이행되어야 할 의무다(대법원 판결 2005. 6. 9, 2005다4529).

6. 지상권

(1) 타인의 토지를 최소 30년 이상 사용할 수 있는 권리, 지상권

지상권은 건물 기타 공작물(탑, 전주, 교량, 도로, 지하철, 터널 등)이나 수목을 소유하기 위해 타인의 토지를 사용하는 권리며 용익물권이다. 사용범위는 1필지 토지의 일부라도 상관없고, 토지의 지상 지하 전부에 미친다. 건물을 짓기 위해 타인의 토지에 지상권을 설정하게 되면 지상권자에게 최소 30년 이상을 사용할 수 있도록 법이 보호해주고 있다.

전세권에서의 전세금은 필수적 요소임에 반해 지상권에서의 지료는 필수적 요소가 아니다. 따라서 지상권은 무상으로도 설정이 가능하다.

실무에서는 사용수익을 위한 지상권 등기가 거의 없고 담보목적인 담보지상권이 많다.

(2) 지상권은 어떻게 취득하나?

지상권은 다음과 같이 취득한다.

① 당사자 간의 약정에 의한 취득

지상권의 취득요건은 지상권 설정자(토지 소유자)와 지상권자 간의 지상권설정계약+등기다. 지료(地料)의 지급은 취득요건이 아니다.

② 법률 규정에 의한 취득

- 민법 제187조 : 상속, 공용징수, 판결, 경매 기타 법률의 규정에 의해도 지상권을 취득한다. 이때에는 등기 없이도 취득한다.

- 법정지상권 : 당사자 간의 지상권 설정계약과 등기를 하지 않
아도 일정한 요건이 있으면, 법으로 지상권이 성립한 것으로
인정하는 것이 있다. 그것이 법정지상권이다(법정지상권은 이
책, 법정지상권을 참조).

(3) 영구무한도 가능한 지상권의 존속기간

존속기간을 약정한 경우	① 최장기간 : 제한 없음.[50)] ② 최단기간 : 다음의 기간보다 단축해 정할 수 없음. 최단기간 보장. 　(가) 견고한 건물[51)](석조, 석회조, 연와조), 수목 : 30년 　(나) 견고하지 않은 건물(예 : 목조건물, 조립식건물) : 15년 　(다) 건물 이외의 공작물 : 5년
존속기간을 약정하지 않은 경우	① 최단기간으로 함. ② 공작물의 종류와 구조를 정하지 않은 경우 : 15년

(4) 지상권을 취득하면 인정되는 권리와 지료

① 갱신청구권

지상권이 존속기간 만료로 소멸한 경우에 건물 기타 공작물이
나 수목이 현존한 때에는 지상권자는 계약의 갱신을 청구할 수 있
다(민법 제283조 1항).

---

50) 지상권의 존속기간을 영구로 약정하는 것도 허용된다.
　(대법원 판결 2001. 5. 29, 선고 99다66410 : 민법상 지상권의 존속기간은 최단기만이 규
　정되어 있을 뿐 최장기에 관해서는 아무런 제한이 없으며, 존속기간이 영구(영구)인 지
　상권을 인정할 실제의 필요성도 있다. 이러한 지상권을 인정한다고 하더라도 지상권의
　제한이 없는 토지의 소유권을 회복할 방법이 있다. 뿐만 아니라, 구분지상권의 경우는
　특히 존속기간이 영구라고 할지라도 대지의 소유권을 전면적으로 제한하지 않는다. 여
　기에 비추어 보면, 지상권의 존속기간을 영구로 약정하는 것도 허용된다)
51) 견고한 건물인가 여부는 그 건물이 갖는 물리, 화학적 외력, 화재에 대한 저항
　력 또는 건물해체의 난이도 등을 종합적으로 판단해야 한다(대법원 판결 1988.
　4. 12, 선고 87다카2404).

② 지상물매수청구권

지상권 설정자가 계약의 갱신을 원하지 않을 때는 지상권자는 상당한 가액으로 전항의 공작물이나 수목의 매수를 청구할 수 있다(민법 제283조 2항). 지상권자가 2년 이상의 지료를 체납할 경우 지상권 설정자는 지상권을 해지할 수 있고(민법 제287조), 이 경우 지상권자는 갱신청구와 지상물매수청구권을 행사할 수 없다.

③ 지료관계

(가) 지료는 당사자가 설정계약에서 약정한 경우에만 지료청구권이 발생한다. 지료의 지급은 지상권의 성립요소가 아니므로 무상으로 지상권을 설정하는 것도 상관없다.

(나) 지료를 당사자가 약정한 경우 지료가 토지에 관한 조세 기타 부담의 증감이나 지가의 변동으로 인해 상당하지 않게 되면, 당사자는 그 증감을 청구할 수 있다(민법 제286조). 지상권자가 2년 이상의 지료를 지급하지 않을 때, 지상권 설정자는 지상권의 소멸을 청구할 수 있다(민법 제287조).

(5) 지상권 권리분석은 이렇게 한다

① 말소기준권리보다 먼저 등기된 지상권은 매각으로 소멸하지 않고 매수인이 인수한다. 인수되는 선순위 지상권(구분지상권 포함)의 토지를 낙찰받을 경우 지료가 등기되어 있는지 확인해야 한다. 만일 지료가 등기되어 있지 않으면 지료를 청구하지 못할 수도 있다.

　　판례는 지료가 유상인 경우에는 지료액, 지료지급시기 등을 등기해야만 제삼자에게 대항할 수 있고 지료가 등기되지 않은 경우에는 무상의 지상권으로서 지료증액청구권도 발생할 수 없다(대법원 판결 1999. 9. 3, 99다24874)라고 하고 있다.

따라서 지료가 얼마인지, 일시납인지, 증액할 수 있는지에 관한 등기내용을 잘 살펴보고 입찰에 임해야 한다.

② 말소기준권리보다 나중에 등기된 지상권과 말소기준권리보다 먼저 등기된 지상권이더라도 지상권자의 '지상권말소동의서'가 제출되었다면 매각으로 소멸한다.

7. 담보지상권

(1) 실제 땅은 사용하지 않고 담보목적으로만 설정하는 지상권이 있다

일반적으로 나대지를 담보로 설정할 때 보통 근저당권과 같이 지상권도 담보목적으로 설정한다. 이유는 근저당권만 설정할 경우 토지 소유자가 근저당권 설정 이후 이 토지 위에 건물을 짓거나 공작물을 설치하면, 나중에 토지에 경매를 진행했을 때 지상건물 또는 공작물 때문에 토지의 담보가치가 하락하게 된다. 지상권을 설정하면 향후 토지 소유자가 건축행위를 할 때 지상권자의 동의를 받아야 하므로 토지 근저당권의 담보가치 하락을 방지할 수 있다.

실무상 은행에서는 동의서를 해주면서 토지 소유자에게 2가지를 요구한다. 첫째는 건물을 완공했을 때 건물에 대해서도 공동담보를 해줄 것을 요구하며 공동담보제공확약서를 받는다. 즉 건물이 완공되었을 때 건물보존등기와 동시에 근저당권을 추가로 설정한다. 그렇게 되면 은행에서는 토지와 건물을 동시에 경매를 진행시켜 채권회수를 용이하게 할 수 있게 된다.

둘째는 건축업자에게 유치권 포기각서를 받는다. 나중에 건축업자가 공사를 하고 공사대금을 받지 못해 유치권을 행사하게 되면 은행에서는 토지의 담보가치가 하락하게 된다. 이것을 방지하기 위해서다. 또 지상권자는 방해배제청구로서 신축 중인 건물의 철거와 대지의 인도를 구할 수도 있다(대법원 판결 2008. 2. 15, 선고 2005다47205). 이처럼 등기부에는 지상권이지만, 점유와 사용수익은 지상권자가 아닌 지상권 설정자가 하면서 지상권자는 담보를 목적으로 지상권을 설정한 것을 '담보지상권'이라고 한다.

(2) 담보지상권인지, 아닌지 구별하는 방법

구체적으로는 등기부등본, 경매 기록자료, 당사자의 의사 등을 고려해서 종합적으로 판단해야 한다. 일반적으로는 등기부등본을 봤을 때, 지상권자와 근저당권자가 은행으로 동일인이거나, 순위번호, 접수년월일, 접수번호, 등기원인일자가 같은 날이면 대부분 담보지상권이다.

[사례 1]

등기부등본의 경우 S저축은행에서 같은 날 근저당권을 설정과 동시에 담보지상권을 설정한 사례다.

순위번호	등기 목적	접수	등기 원인	권리자 및 기타사항
2	근저당권 설정	2020년 3월 31일 제15377호	2020년 3월 31일 설정계약	채권최고액 금 1,560,000,000원 채무자 김갑동 서울 강남구 압구정동 ○○○ 근저당권자 S저축은행
3	지상권 설정	2020년 3월 31일 제15378호	2020년 3월 31일 설정계약	목적 건물 기타 공작물이나 수목의 소유 범위 토지의 전부 존속기간 2020년 3월 31일부터 만 30년 지료 없음 지상권자 S저축은행

출처 : 저자 작성

(3) 선순위 담보지상권의 경우 말소방법

① 담보지상권의 발생

이 등기부등본 사례와 같이 말소기준권리인 근저당권 이후의 지상권은 매각으로 소멸해서 문제가 되지 않는다. 하지만 근저당권 이전의 선순위 지상권은 매수인이 인수하는지가 문제가 된다.

[예시]

(가) 甲 은행에서 같은 날 담보지상권(접수년월일 2020년 5월 1일 제1234호)을 먼저 설정하고 근저당권(접수년월일 2020년 5월 1일 제1235호)을 설정한 경우

(나) 甲 은행에서 같은 날 근저당권을 먼저 설정하고 담보지상권을 설정했다가, 돈을 변제한 후 근저당권만 말소하고 담보지상권은 말소시키지 않은 상황에서 나중에 후순위로 근저당권을 설정한 경우[사례 2]

(다) 기타 어떠한 사유로 근저당권만 말소되고 담보지상권이 말소되지 않은 경우 선순위 담보지상권이 발생하게 된다.

[사례 2]

순위번호	등기 목적	접수	등기 원인	권리자 및 기타사항
2	근저당권 설정	~~2020년 3월 31일 제15377호~~	~~2020년 3월 31일 설정계약~~	채권최고액 금 1,560,000,000원 채무자 김갑동 ~~서울 강남구 압구정동 ○○○~~ 근저당권자 S저축은행
3	지상권 설정	2020년 3월 31일 제15378호	2020년 3월 31일 설정계약	목적 건물 기타 공작물이나 수목의 소유 범위 토지의 전부 존속기간 2020년 3월 31일부터 만 30년 지료 없음 지상권자 S저축은행
4	근저당권 설정	2022년 5월 31일 제25345호	2022년 5월 31일 설정계약	채권최고액 금 1,000,000,000원 채무자 김갑동 서울 강남구 압구정동 ○○○ 근저당권자 S저축은행

출처 : 저자 작성

② 선순위 담보지상권의 처리

결론부터 말하면, 담보지상권의 경우 선순위 지상권이라고 하더라도 근저당권이 소멸하면 그 지상권도 소멸한다. 따라서 선순위 담보지상권의 경우 피담보채권이 소멸했는지 지상권자에게 문의하는 등 변제가 완료되었다면 지상권은 말소시킬 수 있다.

실무상 지상권등기는 담보목적의 지상권이 대부분이다. 따라서 선순위 지상권의 경우 매수인이 무조건 매수한다고 판단하고 기피할 것이 아니라 담보지상권인지 판단한다면 큰 수익을 얻을 수도 있을 것이다.

판례는 이러한 담보지상권의 경우 근저당권의 피담보채권이 소멸하면 그 지상권도 소멸한다고 한다(대법원 판결 2011. 4. 14, 2011다6342).

근저당권 등 담보권 설정의 당사자들이 그 목적이 된 토지 위에 차후 용익권이 설정되거나 건물 또는 공작물이 축조·설치되는 등으로써 그 목적물의 담보가치가 저감하는 것을 막는 것을 주요한 목적으로 채권자 앞으로 아울러 지상권을 설정했다고 하자. 그 피담보채권이 변제 등으로 만족을 얻어 소멸한 경우는 물론이고, 시효 소멸한 경우에도 그 지상권은 피담보채권에 부종해 소멸한다.

8. 구분지상권

(1) 토지의 상하를 구분 사용하는 지상권

토지의 지하 또는 지상의 공간은 상하의 범위를 정해 건물 기타 공작물(예컨대, 지하철, 터널, 다리, 송전선 등, 단 수목은 제외)을 소유하기 위한 지상권의 목적으로 할 수 있다(민법 제289조의 2, 1항). 타인 토지의 이용범위를 토지의 지하 또는 지상에, 또 토지의 전부가 아닌 일부에 지상권을 설정할 수 있다. 이러한 지상권을 '구분지상권'이라고 한다.

구분지상권은 제삼자가 토지를 사용·수익할 권리(지상권, 지역권, 전세권, 임차권 등)를 가진 때도 그 권리자의 승낙이 있으면 이를 설정할 수 있다. 구분지상권에 대해서는 민법 지상권에 관한 규정을 준용한다.

(2) 구분지상권 권리분석

① 일반지상권은 말소기준권리보다 나중에 설정되면 말소되지만, 도시철도법상의 지하, 도로법상의 지상 내지 지하, 전기사업법상의 지상 또는 지하에 대한 공익적인 구분지상권은 말소기준권리보다 나중에 설정되더라도 말소되지 않고 매수인에게 인수된다(민사집행법 제91조, 소멸주의 예외).

공익적인 목적의 구분지상권은 인수되더라도 매수인에게 문제되는 것은 없는 것이 대부분이다. 오히려 지하철 같은 경우에는 입지에 더 좋은 영향을 미친다.

② 매수인에게 인수되는 구분지상권은 말소기준권리와 상관없이 법령상 매수인에게 인수되므로 매각물건명세서 '등기된 부동산에 관한 권리 또는 가처분으로 매각허가에 의해 그 효력이 소멸되지 않는 것'에 구분지상권이 인수됨이 기재되어야 한다. 만일 기재되지 않을 경우, 매각물건명세서 작성의 중대한 하자를 이유로 매각불허가 사유가 될 수 있다.

9. 지역권

(1) 맹지에 길을 만들어주는 지역권

자기 토지의 이용가치를 증가시키기 위해 타인의 토지를 통행(通行)하거나, 타인의 토지를 통과해 인수(引水)를 하거나, 관망(觀望)을 위해 타인의 토지에 건축을 하지 못하게 할 수 있는 권리를 '지역권'이라고 한다.

편익을 받는 토지를 요역지(要役地)라고 하고, 편익의 제공을 하는 토지를 승역지(承役地)라고 한다. 예컨대, 내 토지(乙)가 맹지인 경우 타인의 토지(甲)를 통해 도로에 출입이 가능할 경우 타인의 토지 일부에 통행을 위해 지역권을 설정하게 되면 맹지에서 탈출하게 되며 나의 토지가 요역지, 타인의 토지가 승역지다.

맹지의 토지를 저가에 낙찰받아 지역권으로 길을 낼 수 있다면 낙찰받은 토지의 가치는 급상승할 것이다.

요역지는 1필지의 토지이어야 하며, 요역지의 일부에 대해서는 지역권을 설정할 수 없다. 그러나 승역지의 일부는 지역권을 설정할 수 있다. 또 지역권은 유, 무상 가능하나 지료는 등기사항이 아니다. 지역권의 존속기간은 법에 정함이 없어 당사자 간의 약정으로 영구무한도 가능하다.

[자료 6-17] 승역지 등기부 비교

甲 소유 [승역지 등기부]

【 을 구 】 (소유권 이외의 권리에 관한 사항)				
순위번호	등기목적	접수	등기원인	권리자 및 기타사항
1	지역권 설정	2018년 3월 5일 제1005호	2018년 3월 4일 설정계약	목적 통행 범위 동측 50㎡ 요역지 경기도 의왕시 청포동 6 도면편철장 제3책 제5면

乙 소유 [요역지 등기부]

【 을　　　구 】 (소유권 이외의 권리에 관한 사항)				
순위번호	등기목적	접수	등기원인	권리자 및 기타사항
1	요역지지역권			승역지　경기도 의왕시 청포동 5 목적　통행 범위　동측 50㎡ 2014년 3월 5일 등기

출처 : 저자 작성

(2) 지역권 권리분석은 이렇게 한다

① 지역권의 등기는 승역지 등기소에 신청하며 승역지에 지역권이 설정되면 등기관은 직권으로 요역지에 지역권을 등재한다. 지역권은 승역지와 요역지 모두 등기부 을구란에 기재된다. 지역권은 요역지의 종된 권리다. 지역권은 물권으로서 요역지 소유권에 부종해서 이전한다. 즉, 요역지의 처분과 함께 지역권도 이전한다(부종성).

② 따라서 지역권이 있는 요역지를 경매로 낙찰받으면 지역권은 매수인에게 좋은 권리이므로 말소기준권리 선후 상관없이 지역권은 말소되지 않고 매수인이 이전받는다(부종성). 낙찰받으려는 토지가 맹지이지만 통행목적의 지역권이 있다면 맹지는 아니다. 그러나 승역지를 경매로 낙찰받으면 말소기준권리보다 먼저 등기된 선순위 지역권은 매수인에게 인수되고 후순위 지역권은 말소된다. 따라서 요역지를 낙찰받으려는 경우 승역지의 등기부등본을 같이 발급해서 장래 소멸할 가능성이 있는지를 파악할 필요가 있다. 또 승역지를 낙찰받으려는 경우 지역권이 인수될 경우 승역지의 사용제한이 어느 정도 영향을 미치는지 파악하고 입찰해야 할 것이다.

7장

**부동산
등기부 외의
권리분석**

주택임대차

주택임대차와 상가임대차는 민법에 대한 특별법으로 주택임대차보호법[52]과 상가건물임대차보호법[53]에서 각각 규정하고 있다. 주택임대차를 먼저 공부하고, 상가임대차를 살펴보자.

1. 주택임대차보호법이 보호하려는 대상은 주거임차인

(1) 자연인

주임법은 '국민의 주거생활의 안정을 보장함을 목적'으로 하기 때문에 보호대상은 원칙적으로 대한민국의 국적을 가진 '자연인'이다(주임법 제1조). 따라서 재외동포도 보호대상이며, 외국인은 보호대상이 아니다. 그러나 외국인의 경우 주택을 임차후 전입신고에 준하는 체류지 변경신고를 했다면 예외적으로 보호대상이

---

52) 이하 '주임법'이라고 함.
53) 이하 '상임법'이라고 함.

된다(출입국관리법 제88조의 2 제2항 및 서울민사지방법원 판결 1993. 12. 16, 선고 93가합73367).

(2) 법인

법인은 원칙적으로 보호대상이 아니다. 다만 예외적으로 다음의 경우는 주임법이 적용된다(2014. 1. 1 시행). 주임법 적용 법인이라고 하더라도 주임법의 모든 권리를 법인에게 인정해주는 것은 아니며, 주임법의 입법 취지와 법 문언상 대항력과 우선변제권만 인정된다. 따라서 계약갱신청구권, 최우선변제권은 인정되지 않는다.

[예외적으로 주임법이 적용되는 법인]

① 전세임대주택을 지원하는 법인(LH한국토지주택공사, 지방공기업법에 따라 주택사업을 목적으로 설립된 SH서울주택공사 등의 지방공사)이 주택을 임차한 후 지방자치단체의 장 또는 그 법인이 선정한 입주자가 그 주택을 인도받고 주민등록을 마쳤을 때(주임법 제3조 2항, 주임법 시행령 제2조) 익일 0시 대항력을 취득하고, 확정일자를 받았을 때 우선변제권을 취득한다(주임법 제3조의 2, 2항).

② '중소기업기본법' 제2조에 나른 중소기업에 해당하는 법인(자산총액 5,000억 원 이하)이 소속 직원의 주거용으로 주택을 임차한 후 그 법인이 선정한 직원이 해당 주택을 인도받고 주민등록을 마쳤을 때 익일 0시 대항력을 취득한다(임대차가 끝나기 전에 그 직원이 변경된 경우에는 그 법인이 선정한 새로운 직원이 주택을 인도받고 주민등록을 마친 다음 날부터 제삼자에 대해 효력이 생긴다(주임법 제3조 3항). 따라서 기존 직원의 대항력이 유지되지 않는다). 확정일자를 받았을 때 우선변제권을 취득한다(주임법 제3조의 2, 2항).

2. 미등기, 불법건축물에 사는 임차인도 보호가 되나요?

(1) 주거용 건물

① 주거용 건물의 전부 또는 일부

이 법은 주거용 건물(이하 주택)의 전부 또는 일부의 임대차에 관해 적용한다. 그 임차주택(임차주택)의 일부가 주거 외의 목적으로 사용되는 경우에도 또한 같다(주임법 제2조). 임차주택이 미등기건물, 무허가건물 등 불법건축물이더라도 임차 당시 주거용으로 실질적 형태를 갖추고 사용했다면 이 법이 적용된다.

② 주거용 건물의 판단 방법

주거용 건물에 해당하는지 여부는 임대차 목적물의 공부상의 표시만을 기준으로 할 것이 아니라 그 실제 용도에 따라서 정해야 한다. 그리고 건물의 일부가 임대차의 목적이 되어 주거용과 비주거용으로 겸용되는 경우에는 구체적인 경우에 따라 그 임대차의 목적, 전체 건물과 임대차 목적물의 구조와 형태 및 임차인의 임대차목적물의 이용관계 그리고 임차인이 그곳에서 일상생활을 영위하는지 여부를 고려해 합목적적으로 결정해야 한다(대법원 판결 1996. 3. 12, 95다51953).

(2) 미등기, 무허가건물에도 적용

미등기 또는 무허가건물[54]에도 주임법이 적용된다. 주임법은 주택의 임대차에 관해 민법에 대한 특례를 규정함으로써 국민의 주거생활의 안정을 보장함을 목적으로 하고 있다. 주택의 전부 또

---

54) 미등기, 무허가건물도 전입신고가 가능하다(30일 이상 거주할 목적으로 전입신고 할 경우 받아줘야 한다. 대법원 판결 2008두10997).

는 일부의 임대차에 관해 적용된다고 규정하고 있을 뿐 임차주택이 관할 관청의 허가를 받은 건물인지, 등기를 마친 건물인지 아닌지를 구별하지 않는다. 어느 건물이 국민의 주거생활의 용도로 사용되는 주택에 해당하는 이상 비록 그 건물에 관해 아직 등기를 마치지 않았거나 등기가 이루어질 수 없는 사정이 있더라도 다른 특별한 규정이 없는 한 같은 법의 적용대상이 된다(대법원 판결 2007. 6. 21, 2004다26133).

3. 대항력

(1) 보증금 다 받을 때까지 못 나가!

대항력이란 임차인이 임대차기간 동안 주택의 소유자가 변경되더라도 주택의 신소유자에게 임차권을 주장해서 임차보증금을 반환받을 때까지 계속 사용수익 할 수 있는 권리를 말한다. 대항력은 임차인이 기존 주택의 임대인과의 임대차법률관계를 신소유자 및 타인에게 주장할 수 있는 법률상의 힘이다.

(2) 대항력을 취득하기 위한 요건(주택의 인도+주민등록)

부동산 임대차를 등기한 경우에는 등기한 때에 대항력을 취득한다(민법 제621조 1항). 그러나 주임법은 등기를 하지 않아도 임차인이 주택의 인도(이사)와 주민등록을 마친 때에는 그 익일부터 제삼자에 대해 대항력이 생긴다(주임법 제3조 1항).

① 주택의 인도(점유)

인도(引渡)란 점유를 이전하는 것을 말한다. 실제 짐을 풀고 이사하는 것이다.

② 주민등록

(가) 전입신고

주민등록은 전입신고한 때에 주민등록이 된 것으로 본다(주임법 제3조 1항 후단). 전입신고는 해당 관할 행정복지센터에 방문해서 신고할 수 있고, 인터넷(정부24, www.gov.kr)으로도 가능하다. 전입신고는 전입일로부터 14일 이내에 해야 한다. 불이행 시 5만 원 이하의 과태료가 있다.

(나) 가족의 주민등록

주민등록은 임차인 본인뿐만 아니라 그 배우자나 자녀 등 가족의 주민등록을 포함한다.

주택 임차인이 그 가족과 함께 그 주택에 대한 점유를 계속하고 있으면서 그 가족의 주민등록을 그대로 둔 채 임차인만 주민등록을 일시 다른 곳으로 옮긴 경우라면, 전체적으로나 종국적으로 주민등록의 이탈이라고 볼 수 없는 만큼, 임대차의 제삼자에 대한 대항력을 상실하지 아니한다(대법원 판결 1996. 1. 26, 95다30338).

(다) 다가구주택과 공동주택

- 다가구주택(단독주택) : 다가구용 단독주택의 경우에는 전입신고는 지번만 기재하고 개별호수를 기재하지 않아도 유효한 공시방법으로 대항력을 취득한다(대법원 판결 1997. 11. 14, 97다29530).
- 공동주택(아파트, 빌라 등 집합건물) : 공동주택의 경우에는 전입신고는 지번, 동, 층, 개별호수를 모두 정확히 기재해 주민등록이 되어야 한다. 따라서 지번만을 기재했거나, 실제의 동

과 호수가 일치하지 않을 경우 주택임대차의 유효한 공시방법으로 인정받을 수 없어 대항력을 취득할 수 없다(1996. 2. 23, 95다48421).

(3) 대항력은 언제 발생하나요?

① 인도+주민등록 다음 날 0시

임차인은 주택의 인도와 주민등록을 마친 다음 날 0시부터 대항력이 생긴다(대법원 판결 1999. 5. 25, 99다9981). 주택의 인도는 사실상 알기 어려우므로 일반적으로 전입신고일자를 기준으로 인도한 것으로 판단한다. 만일 인도일자가 주민등록일자보다 늦으면 인도일의 다음 날 0시부터 대항력이 생긴다.

② 기타의 경우

(가) 주택을 매도하면서 다시 임차하는 경우 : 주택 소유자가 주택을 타인에게 매도하고 다시 임차해 살고 있다면 그의 대항력의 발생시기는 소유권이전등기 다음 날 0시부터다(2000. 2. 11, 99다59306).

[자료 7-1] 매도 후 임차 시 대항력 취득시기

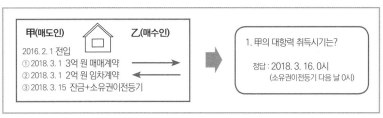

출처 : 저자 작성

(나) 종전 임차인이 낙찰인과 다시 임차하는 경우 : 경매 절차에서 낙찰인이 주민등록은 되어 있으나 대항력은 없는 종전 임차인과의 사이

에 새롭게 임대차계약을 체결하고 낙찰대금을 납부한 경우, 종전 임차인의 주민등록은 낙찰인의 소유권 취득 이전부터 낙찰인과 종전 임차인 사이의 임대차관계를 공시하는 기능을 수행하고 있었으므로, 종전 임차인은 당해 부동산에 관해 낙찰인이 낙찰대금을 납부해 소유권을 취득하는 즉시 임차권의 대항력을 취득한다(대법원 판결 2002. 11. 8, 2002다38361, 38378)

[자료 7-2] 종전 임차인이 재임차 시 대항력 취득시기

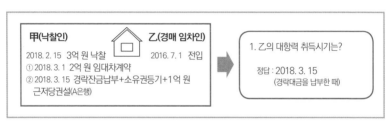

출처 : 저자 작성

(4) 대항력은 유지되어야 한다

① 주택의 인도와 주민등록은 대항력의 취득요건이자 존속요건이다

주택임대차보호법이 제3조 제1항에서 주택임차인에게 주택의 인도와 주민등록을 요건으로 명시해 등기된 물권에 버금가는 강력한 대항력을 부여하고 있는 취지에 비추어 볼 때, 달리 공시방법이 없는 주택임대차에 있어서 주택의 인도 및 주민등록이라는 대항요건은 그 대항력 취득 시에만 구비하면 족한 것이 아니고, 그 대항력을 유지하기 위해서도 계속 존속하고 있어야 한다(대법원 판결 2002. 10. 11, 2002다20957). 그러면 이러한 대항요건은 언제까지 유지하고 있어야 하는가? 예컨대, 경매 중인 부동산 임차인이 다른 지역으로 이사를 하려고 하는데 언제까지 계속 점유와 전입신고를 하지 않고 있어야 하는가의 문제다.

판례는 경매 중인 임차인이 매수인에게 대항하기 위해서 대항요건은 배당요구종기까지 계속 존속하고 있어야 한다(대법원 판결 2007다17475).[55] 하지만 실무상 경매 중인 임차인은 매수인이 낙찰대금을 납부하고 보증금을 반환받을 때까지 점유 및 주민등록을 하고 있어야 안전하다(왜냐하면 만일 임차인이 배당요구종기일까지 살다가 다른 곳으로 이사할 경우, 배당요구종기일이 연장되거나, 경매가 취하, 취소되는 경우 임차인은 대항력을 상실하기 때문이다).

② 문제되는 경우

(가) 임차인이 대항력 취득 후 가족과 함께 일시 다른 곳으로 주민등록을 이전했다가 재전입한 경우

주민등록의 이탈이라고 볼 수 있으므로 그 대항력은 그 전출 당시 이미 대항요건의 상실로 소멸되는 것이고, 재전입한 때부터 새로운 대항력이 재차 발생한다(대법원 판결 2008. 1. 23, 97다43468).

(나) 선순위 임차권을 양도 또는 전대한 경우

주택임대차보호법 제3조 제1항에 의한 대항력을 갖춘 주택임차인이 임대인의 동의를 얻어 적법하게 임차권을 양도 또는 전대[56]한 경우에 있어서 양수인이나 전차인이 임차인의 주민등록퇴

---

55) 대법원 판결 2007. 6. 14, 2007다17475 : 공시방법이 없는 주택임대차에 있어서 주택의 인도와 주민등록이라는 우선변제의 요건은 그 우선변제권 취득 시에만 구비하면 족한 것이 아니고, 민사집행법상 배당요구의 종기까지 계속 존속하고 있어야 한다.

56) 임대인의 동의를 얻은 임차권의 양도와 전대
　1) 임차권의 양도 : 임차권을 동일성을 유지하면서 이전하는 계약. 임차인(양도인)은 임차인의 지위를 빠져나오고 양수인이 임차인의 지위를 승계한다.
　2) 임차권의 전대 : 임차인은 종전의 임차인의 지위를 유지한 채 임차인과 전차인은 임대인에게 의무를 진다. 임대인과 임차인의 임대차기간이 종료되면 전대인(임차인)과 전차인의 전대차계약도 종료된다.

거일로부터 주민등록법상의 전입신고기간 내(신고 사유발생일로부터 14일 이내, 주민등록법 제11조 1항)에 전입신고를 마치고 주택을 인도받아 점유를 계속하고 있다면, 비록 이 임차권의 양도에 의해 임차권의 공시방법인 점유와 주민등록이 변경되었다 하더라도 원래의 임차인이 갖는 임차권의 대항력은 소멸되지 아니하고 동일성을 유지한 채로 존속한다(대법원 판결 87다카2509, 94다3155, 2009다101275).

따라서 말소기준권리 이후의 임차인일지라도 대항력 있는 임차인으로부터 임대의 동의를 얻어 양도 또는 전대되었다면 낙찰자는 보증금을 인수할 수 있다.

예컨대, 乙이 보증금 5,000만 원에 임차해 살다가 그 후 근저당 1억 원이 설정되었고, 乙이 보증금을 받아 나가려고 하는데 선순위 근저당 1억 원 때문에 신규 임차인이 임대차계약을 꺼려 한다. 그래서 乙은 집주인의 동의를 얻어 임차인 丙에게 임차권을 양도하고 丙은 乙의 전입시점인 1월 2일자로 대항력을 유지한다. 그 후 근저당권에 의한 경매가 진행되고 丙은 배당요구를 하지 않았다. 그런데 임차권의 양도양수 사실을 모른 입찰자는 丙이 대항력이 없는 임차인으로 판단하고 낙찰받을 경우 丙의 보증금 5,000만 원을 인수하게 된다.

[자료 7-3] 선순위 임차권 양도 또는 전대

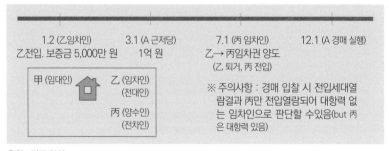

출처 : 저자 작성

문제는 임차인이 스스로 법원에 임차권의 양도 또는 전대계약임을 신고하지 않는 이상 입찰자는 이러한 사실을 알 수 없다는 것이다.

따라서 입찰자는 후순위 임차인이 배당요구를 하지 않은 경우, 매각물건명세서와 현황조사서 등을 통해 임차인의 계약서가 임차권 양도양수계약서인지, 전대차계약서인지를 확인할 필요가 있다.

Tip 선순위 대항력 있는 임차인의 경우 권리분석 주의사항(임금채권, 당해세)

대항력 있는 임차인의 경우 배당받지 못한 임차인의 보증금은 매수인이 인수한다. 만일, 임차인이 배당에서 전액 배당받을 경우 매수인이 인수하지는 않는다.

실무에서 선순위 임차인이 전액 배당받을 것으로 예상하고 입찰했으나 임차인보다 앞서는 임금채권 또는 당해세가 있을 경우, 임차인이 전액 배당을 받지 못할 수 있다. 그럴 경우 배당받지 못한 보증금을 매수인이 인수하게 됨에 유의해야 한다. 경매 입찰자로서는 임금채권, 당해세는 개인정보 차원에서 비공개하므로 금액이 얼마인지 알 수가 없다. 따라서 대항력 있는 임차인 있는 물건을 낙찰받으면, 7일 이내 법원에서 서류를 열람해서 임차인보다 앞서는 임금채권, 당해세가 있는지 확인 후 매수인의 보증금을 인수하게 될 경우 매각불허가 신청을 해서 구제받을 수 있다.

[사례]
– 1순위 임차인 : 보증금 3억 원(2020. 3. 2 전입, 2020. 3. 2 확정일자. 배당요구 ○)
– 낙찰가 : 3억 5,000만 원

예를 들어, 입찰자는 3억 5,000만 원에 낙찰되면 임차인이 3억 원 모두 배당받고 나갈 것이라고 예상했다. 그리고 3억 5,000만 원에 낙찰받았다. 임차인보다 앞서는 당해세 또는 임금채권이 1억 원이 있을 경우, 임차인은 2억 5,000만 원을 배당받게 된다. 임차인이 받지 못한 보증금 5,000만 원은 낙찰자(매수인)가 인수하게 된다.

4. 우선변제권

(1) 후순위 권리자보다 우선해서 변제받을 권리

대항요건(주택의 인도+주민등록)과 임대차계약서상의 확정일자를 갖춘 임차인은 '민사집행법'에 따른 경매 또는 '국세징수법'에 따라 공매할 때, 임차주택(대지가액 포함)의 환가대금에서 후순위 권리자나 그 밖의 채권자보다 우선해 보증금을 변제받을 권리가 있다(주임법 제3조의 2, 2항).

(2) 우선변제권을 취득하기 위한 요건

① 대항요건의 구비 및 존속

임차인은 경매개시결정등기 전에 주택의 인도와 전입(주민등록)의 대항요건을 마치고 있어야 한다. 이러한 대항요건은 배당요구 종기일까지 존속하고 있어야 한다(판례). 하지만 실무상 배당종기일이 연기되거나, 경매가 취하 취소되는 경우도 있을 수 있다. 낙찰자가 잔금을 납부할 때까지 존속하고 있어야 안전하다고 앞서 대항력의 존속기간에서 기술했다.

② 확정일자

(가) 의의 : 확정일자란, 증서에 대해서 그 작성한 일자에 관한 완전한 증거가 될 수 있는 것으로 법률상 인정되는 일자를 말한다. 당사자가 나중에 변경하는 것이 불가능한 확정된 일자를 말한다(대법원 판결 1998. 10. 2, 98다28879).

(나) 확정일자 받는 방법 : 첫째 관할 읍·면·동 행정복지센터에서 확정일자를 받을 수 있고, 둘째 전국 등기소(+인터넷등기소), 셋째 공증인사무실에서도 확정일자를 받을 수 있다. 일반적으로 임대차

계약서를 작성한 후 관할 행정복지센터에서 전입신고함과 동시에 확정일자를 받는다. 확정일자는 임대인의 동의가 없이도 할 수 있으며 비용이 거의 들지 않고(행정복지센터 600원, 인터넷등기소 500원) 절차도 간단하다.

(다) 확정일자의 구비 : 임차인은 임대차계약서상에 확정일자를 배당요구종기까지는 갖추어야 한다. 우선변제요건인 확정일자는 전입신고와 달리 경매개시결정 등기 전에 했는지, 그 후에 했는지는 배당과 무관하다. 하지만 실무상 경매개시결정등기 이후에 확정일자를 갖춘 경우 가장임차인이 대부분이므로 배당에서 제외시키고 향후 진정한 임차인이 확인될 경우(배당이의 등) 배당을 해준다.

③ 배당요구

임차인은 배당요구종기일 전에 배당요구 및 권리신고를 해야한다(대법원 판결 2002. 1. 22, 2001다70702). 배당요구를 하지 않으면, 배당을 받을 수 없으며 배당받은 후순위 채권자를 상대로 부당이득반환청구도 할 수 없다(대법원 판결 1998. 10. 13, 98다12379).

(3) 우선변제권의 효력
① 우선변제권의 효력 발생시기

임차인은 주택의 인도와 주민등록을 마친 다음 날 0시부터 대항력이 생긴다. 임차인이 주택을 인도받고 같은 날 전입신고(주민등록)를 하고 확정일자를 갖추었다면, 전입신고일인 다음 날 0시부터 우선변제권의 효력이 발생한다. 또 확정일자를 전입신고일 전에 갖추었다면 마찬가지로 전입신고일 다음 날 0시부터 우선변제권의 효력이 발생한다.

만일, 주택의 인도와 주민등록을 먼저하고 확정일자를 다음 어느 날 갖추었다면 확정일자를 받은 날에 우선변제권의 효력이 발생한다.

② 보증금을 증액한 경우

확정일자를 갖춘 후 보증금을 증액한 경우 증액한 보증금에 대해 새로 확정일자를 갖춘 때부터 우선변제권을 취득한다.

③ 대항력과 우선변제권의 선택적 행사

최선순위 임차인은 낙찰자에게 보증금을 반환받을 때까지 임대차관계의 존속을 주장할 수 있는 권리(대항력)와 보증금에 관해 임차주택의 가액으로부터 우선변제를 받을 수 있는 권리(우선변제권)를 겸유한다. 이 2가지 권리 중 하나를 선택해 행사할 수 있다(대법원 판결 1993. 12. 24, 93다39676). 만일 대항력 있는 임차인이 우선변제를 받으려고 배당요구를 했다면 임차인의 배당요구에 의해 임대차는 해지 종료된다. 다만 임차인이 보증금의 잔액을 낙찰자에게 반환받을 때까지 임대차관계가 존속하는 것으로 의제될 뿐이므로, 낙찰자는 임대차가 종료된 상태에서의 임대인의 지위를 승계한다(대법원 판결 1998. 7. 10, 98다15545).

④ 우선변제권

주택의 인도 및 전입, 확정일자를 갖춘 임차인은 환가대금에서 후순위 권리자나 일반 채권자보다 우선해 보증금을 변제받는다. 확정일자부 임차인은 저당권과 유사한 효력을 가진다. 저당권설정일자와 확정일자의 선후에 따라 우선순위가 결정된다. 가압류의 경우 확정일자보다 앞선 경우 임차인은 가압류권자와 동순위로 안분배당을 받는다.

☞ [연습문제] 대항력과 우선변제권의 효력 발생시기

구분	전입, 확정일자 시점	대항력 발생시기	우선변제권의 효력 발생시기
전입과 확정일자 시점	2018년 2월 5일 : 전입 + 확정일자	2018. 2. 6. 0시	2018. 2. 6. 0시
	2018년 2월 4일 : 확정일자 2018년 2월 5일 : 전입일자	2018. 2. 6. 0시	2018. 2. 6. 0시
	2018년 2월 5일 : 전입일자 2018년 2월 7일 : 확정일자	2018. 2. 6. 0시	2018. 2. 7(주간)
보증금을 증액한 경우	2018년 2월 5일 : 전입 + 확정일자(1억 원) 2019년 3월 5일 : A근저당 5,000만 원 2020년 2월 5일 : 보증금 2,000만 원 증액 (1억 원 + 2,000만 원 = 1억 2,000만 원)	2018. 2. 6. 0시	증액한 보증금(2,000만 원)에 대해서는 새로 확 정일자를 받은 때 2018. 2. 6(1억 원) 2020. 2. 5(2,000만 원)

출처 : 저자 작성

5. 최우선변제권

(1) 소액임차인은 선순위 권리자보다 최우선으로 변제받는다

주택의 인도와 전입(주민등록)을 마친 임차인은 보증금 중 일정액에 관해 주택 가액(대지가액 포함)의 2분의 1 범위 안에서 다른 담보물권자보다 우선해서 변제받을 권리가 있다(주임법 제8조). 보증금이 소액인 임차인의 경우 보증금 중 일정액을 선순위 담보물권자보다도 우선해서 변제받을 수 있는 권리를 '최우선변제권'이라고 한다.

(2) 최우선변제권을 취득하기 위한 요건

① 보증금 규모의 제한(보증금 범위)

최우선변제를 받을 임차인의 보증금은 주임법이 적용되는 기준

일[57])에 해당 지역의 보증금액 이하여야 한다(주임법 시행령 제11조, 소액보증금범위 및 최우선변제액 표 참조).

② 대항요건의 구비 및 존속

임차인은 경매개시결정등기 전에 주택의 인도와 전입(주민등록)의 대항요건을 마치고 있어야 한다. 이러한 대항요건은 배당요구 종기일까지 존속하고 있어야 한다. 최우선변제권은 확정일자가 반드시 있어야 하는 것은 아니다.

③ 배당요구

임차인은 배당요구종기일 전에 배당요구 및 권리신고를 해야 한다(대법원 판결 2002. 1. 22, 2001다70702).

(3) 최우선변제권의 효력

① 최우선변제금액 지급

최우선변제를 받을 보증금 중 일정액의 범위는 주임법 적용기준일의 최우선변제금액 이하로 한다(주임법 시행령 제10조 1항).

② 대지가액 포함 우선변제

소액임차인은 대지와 주택의 소유자가 동일한 경우에는 주택가액뿐 아니라 대지가액을 포함해서 최우선변제를 받을 수 있다. 건

---

57) ☆ 주임법이 적용되는 기준일은 원칙적으로 임대차계약을 하고 전입을 한 날이 기준이지만, 임대차계약보다 먼저 설정된 담보물권이 있으면 담보물권설정일이 기준일이다. 예컨대, 서울에서 2018. 4. 5 보증금 1억 원에 다세대주택 전세계약을 했지만, 등기부에 2015. 10. 1 근저당권 설정이 되어 있다면 최우선변제보증금 기준일은 2015. 10. 1 당시 주임법의 보증금 범위와 최우선변제금액이다.

물과 토지가 시기를 달리해 따로 경매되더라도 각 경매 절차에 참여해 최우선변제를 받을 수 있다(대법원 판결 1996. 6. 14, 96다7595). 그러나 대지의 저당권 설정 후에 건물이 신축된 경우에는 대지의 환가대금에서는 우선변제를 받을 수 없다(대법원 판결 1999. 7. 23, 99다25532). 미등기주택의 소액임차인도 대지의 매각대금으로부터 최우선변제를 받을 수 있다(대법원 판결 2007. 6. 21, 2004다26133).

(4) 최우선변제권이 인정되지 않는 경우

① 임차인의 보증금 중 일정액이 주택가액(대지가액 포함)의 2분의 1[58]을 초과하는 경우에는 주택가액의 2분의 1에 해당하는 금액까지만 우선변제권이 있다(주임법 시행령 제10조 2항).

② 하나의 주택에 임차인이 2명 이상이고, 그 각 보증금 중 일정액을 모두 합한 금액이 주택가액의 2분의 1을 초과하는 경우에는 그 각 보증금 중 일정액을 모두 합한 금액에 대한 각 임차인의 보증금 중 일정액의 비율로 그 주택가액의 2분의 1에 해당하는 금액을 분할한 금액을 각 임차인의 보증금 중 일정액으로 본다(주임법 시행령 제10조 3항).

③ 하나의 주택에 임차인이 2명 이상이고 이들이 그 주택에서 가정공동생활을 하는 경우에는 이들을 1명의 임차인으로 봐서 이들의 각 보증금을 합산한다(주임법 시행령 제10조 4항).[59]

---

58) 대법원 판결 2001. 4. 27, 2001다8974 : 주택임대차보호법 제8조 소정의 우선변제권의 한도가 되는 주택가액의 2분의 1에서 '주택가액'이라 함은 낙찰대금에다가 입찰보증금에 대한 배당기일까지의 이자, 몰수된 입찰보증금 등을 포함한 금액에서 집행비용을 공제한 실제 배당할 금액이라고 봄이 상당하다.
59) 대법원 판결 2001. 5. 15, 2001다18513 : 피고와 피고의 딸이 동일한 주택을 별개로 임차했으나 이들이 함께 거주하고 있다. 주택임대차보호법 시행령 제3조 제4항 소정의 가정공동생활을 하는 자에 해당하고, 이들의 임대차보증금 합산액이 위 시행령 제4조의 우선변제를 받을 수 있는 소액보증금의 범위를 초과한다.

④ 임차권등기명령에 의한 임차권등기 이후에 임차한 임차인
은 최우선변제권이 인정되지 않는다(주임법 제3조의 3, 6항).

(5) 주택임대차 소액보증금범위 및 최우선변제액

(2022년 12월 기준)

기준 (담보물권 설정일)	지역	보증금 범위	최우선 변제액
1984년 6월 14일부터	특별시, 광역시	300만 원 이하	300만 원
	기타지역	200만 원 이하	200만 원
1987년 12월 1일부터	특별시, 광역시	500만 원 이하	500만 원
	기타지역	400만 원 이하	400만 원
1990년 2월 19일부터	특별시, 광역시	2,000만 원 이하	700만 원
	기타지역	1,500만 원 이하	500만 원
1995년 10월 19일부터	특별시, 광역시	3,000만 원 이하	1,200만 원
	기타지역	2,000만 원 이하	800만 원
2001년 9월 15부터	수도권 중 과밀억제권역	4,000만 원 이하	1,600만 원
	광역시(군지역, 인천 제외)	3,500만 원 이하	1,400만 원
	기타지역	3,000만 원 이하	1,200만 원
2008년 8월 21일부터	수도권 중 과밀억제권역	6,000만 원 이하	2,000만 원
	광역시(군지역, 인천제외)	5,000만 원 이하	1,700만 원
	기타지역	4,000만 원 이하	1,400만 원
2010년 7월 26일부터	서울특별시	7,500만 원 이하	2,500만 원
	수도권 중 과밀억제권역	6,500만 원 이하	2,200만 원
	광역시(군 제외), 용인시, 안산시, 김포시, 광주시	5,500만 원 이하	1,900만 원
	기타지역	4,000만 원 이하	1,400만 원
2014년 1월 1일부터	서울특별시	9,500만 원 이하	3,200만 원
	수도권 중 과밀억제권역	8,000만 원 이하	2,700만 원
	광역시(군 제외), 용인시, 안산시, 김포시, 광주시	6,000만 원 이하	2,000만 원
	기타지역	4,500만 원 이하	1,500만 원
2016년 3월 31일부터	서울특별시	1억 원 이하	3,400만 원
	수도권 중 과밀억제권역	8,000만 원 이하	2,700만 원
	광역시(군 제외), 용인시, 안산시, 김포시, 광주시, 세종시	6,000만 원 이하	2,000만 원
	기타지역	5,000만 원 이하	1,700만 원
2018년 9월 18부터	서울특별시	1억 1,000만 원 이하	3,700만 원
	수도권 중 과밀억제권역 및 세종시, 용인시, 화성시	1억 원 이하	3,400만 원
	광역시, 안산시, 김포, 광주시, 파주시	6,000만 원 이하	2,000만 원
	기타지역	5,000만 원 이하	1,700만 원
2021년 5월 11일부터	서울특별시	1억 5,000만 원 이하	5,000만 원
	수도권 중 과밀억제권역 및 세종시, 용인시, 화성시, 김포시	1억 3,000만 원 이하	4,300만 원
	광역시, 안산시, 광주시, 파주시, 이천시, 평택시	7,000만 원 이하	2,300만 원
	기타지역	6,000만 원 이하	2,000만 원

출처 : 부동산 정보 태인

■ **수도정비계획법 중 과밀억제권역**(담보물권 설정일 : 2009. 1. 15 이전)

▶ 서울특별시, 의정부시, 구리시, 하남시, 고양시, 수원시, 성남시, 안양시, 부천시, 광명시, 과천시, 의왕시, 군포시, 시흥시(반월특수지역 제외), 남양주시(호평동, 평내동, 금곡동, 일패동, 이패동, 삼패동, 가운동, 수석동, 지금동 및 도농동에 한한다), 인천광역시(강화군, 옹진군 중구 운남동, 중구 운북동, 중구 운서동, 중구 중산동, 중구 남북동, 중구 덕교동, 중구 을왕동, 중구 무의동, 서구 대곡동, 서구 불로동, 서구 마전동, 서구 금곡동, 서구 오류동, 서구 왕길동, 서구 당하동, 서구 원당동, 연수구 송도매립지(인천광역시장이 송도신시가지 조성을 위해 1990년 11월 12일 송도 앞 공유수면매립공사면허를 받은 지역을 말한다) 및 남동국가산업단지를 제외) .

■ **수도정비계획법 중 과밀억제권역**(담보물권 설정일 : 2009. 1. 16 이후)

▶ 서울특별시, 의정부시, 구리시, 하남시, 고양시, 수원시, 성남시, 안양시, 부천시, 광명시, 과천시, 의왕시, 군포시, 시흥시(반월특수지역 제외), 남양주시(호평동, 평내동, 금곡동, 일패동, 이패동, 삼패동, 가운동, 수석동, 지금동 및 도농동에 한한다) 인천광역시(단, 강화군, 옹진군, 서구 대곡동, 서구 불로동, 서구 마전동, 서구 금곡동, 서구 오류동, 서구 왕길동, 서구 당하동, 서구 원당동, 인천경제자유구역 및 남동국가산업단지는 제외)

▶ 인천경제자유구역−송도지구(연수구 송도동), 영종지구(중구 중산 운남 운서 운북 남북 덕교 무의 을왕), 청라지구(서구 경서동, 원창, 연희 일부), 남동국가산업단지(남동구 고잔동, 남촌동, 논현동 일부)

6. 묵시적 갱신과 계약갱신요구

(1) 묵시적 갱신

① **묵시적 갱신** : 임대인, 임차인 쌍방이 임대차기간이 끝나기 6개월 전부터 2개월 전까지 갱신거절의 통지 또는 계약조건을 변경하지 않으면 갱신하지 않겠다는 뜻의 통지를 하지 않은 경우에는 그 기간이 끝난 때에 전 임대차와 동일한 조건으로 다

시 임대차한 것으로 본다. 이 경우 임대차의 존속기간은 2년으로 한다.(주임법 제6조 1항, 2항)

② **묵시적 갱신의 경우 계약의 해지** : 묵시적으로 계약이 갱신된 경우 임차인은 임대인에게 언제든지 계약해지를 통지할 수 있고, 임대인은 해지 통지를 받은 날부터 3개월이 지나면 해지의 효력이 발생한다(주임법 제6조의 2).

(2) 계약갱신요구

① **계약갱신요구권** : 임대인은 임차인이 임대차기간이 끝나기 6개월 전부터 2개월 전까지 계약갱신을 요구할 경우 정당한 사유 없이 거절하지 못한다. 임차인은 계약갱신요구권을 한 번 행사할 수 있고, 이 경우 갱신되는 임대차의 존속기간은 2년으로 한다(주임법 제6조의 3, 1항, 2항). 임차인의 임대인에 대한 갱신요구 통지는 전화, 문자, 카톡, 내용증명으로 선택할 수 있으며, 전화로 통화하고 문자로 남겨주면 좋다.

② **계약갱신 요구행사 후 계약의 해지** : 계약갱신요구로 계약이 갱신된 경우 임차인은 임대인에게 언제든지 계약해지를 통지할 수 있고, 임대인은 해지 통지를 받은 날부터 3개월이 지나면 해지의 효력이 발생한다(주임법 제6조의 3, 4항).

상가건물임대차

1. 상가건물임대차보호법 적용 대상

(1) 상가건물의 전부 또는 일부

상가건물임대차보호법(이하 상임법)은 사업자등록의 대상이 되는 상가건물의 임대차(임대차 목적물의 주된 부분을 영업용으로 사용하는 경우를 포함)에 대해 적용한다(상임법 제2조 1항). 따라서 사업자등록의 대상이 되는 사업용 또는 영업용 건물이어야 하며, 해당 상가가 사업자등록을 하지 않았어도 사업자등록의 대상이 되는 건물이면 보호대상이다. 사업자등록이 아닌 비사업자(예 : 교회, 종친회사무실, 동창회사무실)와 비영리법인(사업자등록을 갖추지 않고 고유번호를 발급받는 어린이집 등)의 경우에는 상임법이 적용되지 않는다. 사업자등록의 대상은 개인뿐만 아니라 법인도 가능하므로 주임법과 달리 법인인 임차인도 적용된다.

(2) 임대보증금액의 상한선

임대차보증금액이 대통령령으로 정하는 보증금액을 초과하는 임대차에 대해서는 적용하지 않는다(상임법 제2조 1항 후단).

① 대통령령으로 정하는 보증금액(상가건물임대차보호법 시행령[60] 제2조 1항. 2019. 4. 2 개정)

- 서울특별시 : 9억 원
- '수도권정비계획법'에 따른 과밀억제권역(서울특별시는 제외) : 6억 원
- 광역시('수도권정비계획법'에 따른 과밀억제권역에 포함된 지역과 군지역은 제외), 안산시, 용인시, 김포시 및 광주시 : 5억 4,000만 원
- 그 밖의 지역 : 3억 7,000만 원

② 보증금 외에 차임이 있는 경우 차임액은 월 단위의 차임액에 100을 곱해 환산한 금액을 보증금에 합산한다(상임법 시행령 제2조 2항, 3항). 예컨대 서울지역에 1층 상가를 보증금 2억 원에 월차임 800만 원에 임차할 경우, 환산보증금은 {2억 원 + (800만 원×100) = 10억 원}이므로 9억 원을 초과해서 상임법의 적용이 되지 않는다. 이 경우 임차인의 보증금 확보방법은 전세권, 임차권 또는 근저당권설정등기를 받아야 한다.

단, 다음 경우는 이 보증금액을 초과하는 임대차에 대해서도 적용한다(상임법 제2조 3항).

- 대항력(제3조)
- 계약갱신요구권, 계약기간 10년 보장(제10조 1항, 2항, 3항 본문)

---

60) 이하 '상임법 시행령'이라 함.

– 계약갱신의 경우 차임증감청구, 권리금 회수기회 보호, 임차인 차임 3기 연체 시 해지(제10조의 2부터 제10조의 9까지의 규정), 폐업으로 인한 임차인의 해지권(제11조의 2), 표준계약서의 작성(제19조)

2. 대항력

(1) 상가 대항력을 취득하기 위한 요건(상가의 인도+사업자등록)

① 상가의 인도

임대차는 그 등기가 없는 경우에도 임차인이 건물의 인도와 사업자등록을 신청하면 그다음 날부터 제삼자에 대해 효력이 생긴다(상임법 제3조 1항). 인도란 점유(사실상의 지배)를 이전하는 것을 말한다. 상가임차인이 잔금을 내고 열쇠를 받은 때, 임차건물의 양수인(그 밖에 임대할 권리를 승계한 자를 포함한다)은 임대인의 지위를 승계한 것으로 본다(상임법 제3조 2항).

② 사업자등록

사업자등록이란 사업자가 사업을 하면서 사업자의 과세업무를 처리하기 위해서 사업에 관한 사항을 사업장소재지 관할 세무서에 신고해서 사업자등록부에 등재되는 것을 말한다. 사업자등록상의 지번 등 부동산 표시는 임대차계약서 및 부동산등기부상의 부동산 표시가 일치해야 한다. 만일 불일치한 사업자등록의 경우 유효한 공시방법으로 볼 수 없어 대항력을 취득하지 못한다(대법원 판결 2008다44238).

임차인과 사업자등록 명의인이 다른 경우, 사업자등록을 마친 임차인이 전대차한 경우 임차인은 모두 유효한 공시방법으로 볼 수 없어 대항력을 취득하지 못한다.

(2) 대항력은 언제 발생하나요?

임차인은 건물의 인도와 사업자등록을 신청하면 그다음 날 0시부터 대항력이 생긴다. 사업을 하다가 폐업신고 후 다시 사업자등록을 신청하는 경우에는 폐업신고 시 대항력이 소멸하고 사업자등록을 다시 신청할 때에는 그 익일부터 새로 대항력이 발생한다(대법원 판결 2006. 10. 13, 2006다56299).

(3) 대항력은 계속 유지되어야 한다

사업자등록은 대항력 또는 우선변제권의 취득요건일 뿐만 아니라 존속요건이기도 하므로, 배당요구의 종기까지 존속하고 있어야 한다(대법원 판결 2006. 1. 13, 2005다64002).

하지만, 실무상 경매 중인 임차인은 매수인이 낙찰대금을 납부하고 보증금을 반환받을 때까지 점유 및 사업자등록을 하고 있어야 안전하다(배당요구종기일이 연장되거나, 경매가 취하, 취소되는 경우도 있다).

3. 우선변제권

(1) 상가의 우선변제권

대항요건(상가의 인도+사업자등록)을 갖추고 관할 세무서장으로부터 임대차계약서상의 확정일자를 받은 임차인은 '민사집행법'에 따른 경매 또는 '국세징수법'에 따른 공매 시 임차건물(임대인 소유의 대지를 포함한다)의 환가대금에서 후순위권리자나 그 밖의 채권자보다 우선해 보증금을 변제받을 권리가 있다(상임법

제5조 2항).

(2) 요건

① 대항요건의 구비 및 존속

상가의 인도 및 사업자등록을 갖추고 사업자등록은 배당요구의 종기까지 존속하고 있어야 한다.

② 확정일자

관할 세무서장으로부터 임대차계약서에 확정일자를 받아야 한다. 한편, 임차인은 임차건물을 양수인에게 인도하지 않으면 우선변제보증금을 받을 수 없다(상임법 제5조 3항). 실무에서는 확정일자를 받지 않은 임차인에게는 배당을 하지 않는다.

4. 최우선변제권

(1) 소액상가 임차인의 보증금은 월세도 환산보증금으로 산입

상가의 인도와 사업자등록을 마친 임차인은 보증금 중 일정액에 관해 건물의 가액(대지가액 포함)의 2분의 1 범위 안에서 다른 담보물권자보다 우선해 변제받을 권리가 있다(상임법 제14조, 개정 2013. 8. 13). 임차인의 보증금액은 월세가 있으면 월세를 환산보증금(월세×100)으로 계산한 후 보증금에 산입해서 계산한다.

(2) 최우선변제권을 취득하기 위한 요건

① 보증금 규모의 제한(보증금 범위)

최우선변제를 받을 임차인의 보증금(차임이 있는 경우 보증금과 차임을 환산한 금액의 합계=환산보증금)은 상임법이 적용되는 기준일**61)**에 해당 지역의 보증금액 이하여야 한다(상임법 시행령 제6조, 소액보증금범위 및 최우선변제액 표 참조).

② 대항요건의 구비 및 존속

임차인은 경매개시결정등기 전에 상가의 인도와 사업자등록의 대항요건을 마치고 있어야 한다. 이러한 대항요건은 배당요구종기일까지 존속하고 있어야 한다. 최우선변제권은 확정일자가 반드시 있어야 하는 것은 아니다.

③ 배당요구

임차인은 배당요구종기일 전에 배당요구 및 권리신고를 해야 한다.

(3) 최우선변제권의 효력

최우선변제금액 지급 : 최우선변제를 받을 보증금 중 일정액의 범위는 상임법 적용기준일의 최우선변제금액 이하로 한다(상임법 시행령 제7조 1항).

(4) 최우선변제권이 인정되지 않는 경우

① 임차인의 보증금 중 일정액이 상가건물의 가액의 2분의 1을 초과하는 경우는 상가건물의 가액의 2분의 1에 해당하는 금액에 한해서만 우선변제권이 있다(상임법 시행령 제7조 2항).

---

61) 상임법이 적용되는 기준일은 원칙적으로 상가임대차계약을 하고 사업자등록을 한 날이 기준이지만, 임대차계약보다 먼저 설정된 담보물권이 있으면 담보물권설정일이 기준일이다.

② 하나의 상가건물에 임차인이 2인 이상이고, 그 보증금 중 일정액의 합산액이 상가건물의 가액의 2분의 1을 초과한다면 그 보증금 중 일정액의 합산액에 대한 각 임차인의 보증금 중 일정액의 비율로 그 상가건물의 가액의 2분의 1에 해당하는 금액을 분할한 금액을 각 임차인의 보증금 중 일정액으로 본다(상임법 시행령 제7조 3항).

③ 임차권등기명령에 의한 임차권등기 이후에 임차한 임차인은 최우선변제권이 인정되지 않는다(상임법 제6조 6항).

(5) 상가건물임대차 소액보증금범위 및 최우선변제액

(2022년 12월 기준)

기준일	지역	적용대상 환산보증금=보증금+(월세×100)	소액임차보증금	최우선변제액
2002. 11. 1 ~ 2008. 8. 20	서울시	2억 4,000만 원	4,500만 원	1,350만 원
	과밀억제권역 (서울 제외)	1억 9,000만 원	3,900만 원	1,170만 원
	광역시 (군지역과 인천 제외)	1억 5,000만 원	3,000만 원	900만 원
	그 밖의 지역	1억 4,000만 원	2,500만 원	750만 원
2008. 8. 21 ~ 2010. 7. 25	시울시	2억 6,000만 원	4,500만 원	1,350민 원
	과밀억제권역 (서울 제외)	2억 1,000만 원	3,900만 원	1,170만 원
	광역시 (군지역과 인천 제외)	1억 6,000만 원	3,000만 원	900만 원
	그 밖의 지역	1억 5,000만 원	2,500만 원	750만 원
2010. 7. 26 ~ 2013. 12. 31	서울시	3억 원	5,000만 원	1,500만 원
	과밀억제권역 (서울 제외)	2억 5,000만 원	4,500만 원	1,350만 원
	광역시(군지역과 인천 제외), 김포시, 광주시, 용인시, 안산시	1억 8,000만 원	3,000만 원	900만 원
	그 밖의 지역	1억 5,000만 원	2,500만 원	750만 원

기준일	지역	적용대상	소액임차보증금	최우선변제액
		환산보증금=보증금+(월세×100)		
2014. 1. 1 ~ 2018. 1. 25	서울시	4억 원	6,500만 원	2,200만 원
	과밀억제권역 (서울 제외)	3억 원	5,500만 원	1,900만 원
	광역시(군지역과 인천 제외), 김포시, 광주시, 용인시, 안산시	2억 4,000만 원	3,800만 원	1,300만 원
	그 밖의 지역	1억 8,000만 원	3,000만 원	1,000만 원
2018. 1. 26 ~ 2019. 4. 1	서울시	6억 1,000만 원	6,500만 원	2,200만 원
	과밀억제권역 (서울 제외)	5억 원	5,500만 원 (부산 : 3,800만 원)	1,900만 원 (부산: 1,300만 원)
	광역시 (과밀억제권역과 군지역 및 부산 제외)	3억 9,000만 원	3,800만 원	1,300만 원
	김포시, 광주시, 용인, 안산, 세종, 파주, 화성			
	그 밖의 지역	2억 7,000만 원	3,000만 원	1,000만 원
2019. 4. 2 ~	서울특별시	9억 원	6,500만 원	2,200만 원
	과밀억제권역 (서울 제외)	6억 9,000만 원	5,500만 원 (부산 : 3,800만 원)	1,900만 원 (부산 : 1,300만 원)
	광역시 (과밀억제권역과 군지역 및 부산 제외)	5억 4,000만 원	3,800만 원	1,300만 원
	김포시, 광주시, 용인, 안산, 세종, 파주, 화성			
	그 밖의 지역	3억 7,000만 원	3,000만 원	1,000만 원

출처 : 부동산 정보 태인

5. 상가임대차 존속기간

(1) 상가임대차의 최단기간은 1년

① 기간을 정하지 않거나 기간을 1년 미만으로 정한 임대차는 그 기간을 1년으로 본다. 다만, 임차인은 1년 미만으로 정한 기간이 유효함을 주장할 수 있다(상임법 제9조 1항).

② 임대차가 종료한 경우에도 임차인이 보증금을 돌려받을 때까지는 임대차 관계는 존속하는 것으로 본다(상임법 제9조 2항). 따라서 임대차관계가 종료하더라도 임차인은 보증금을 돌려받을 때까지 당해 건물을 계속 사용·점유할 수 있다.

(2) 임차인의 계약갱신 요구와 임대인의 갱신거절 사유(상임법 제10조)

① 임대인은 임차인이 임대차기간이 만료되기 6개월 전부터 1개월 전까지 사이에 계약갱신을 요구할 경우 정당한 사유 없이 거절하지 못한다. 다만, 다음 중 어느 하나의 경우에 해당하면 갱신하지 않는다(갱신을 거절할 수 있는 사유).

1. 임차인이 3기의 차임액에 해당하는 금액에 이르도록 차임을 연체한 경우
2. 임차인이 거짓이나 그 밖의 부정한 방법으로 임차한 경우
3. 서로 합의해 임대인이 임차인에게 상당한 보상을 제공한 경우
4. 임차인이 임대인의 동의 없이 목적 건물의 전부 또는 일부를 전대한 경우
5. 임차인이 임차한 건물의 전부 또는 일부를 고의나 중대한 과실로 파손한 경우
6. 임차한 건물의 전부 또는 일부가 멸실되어 임대차의 목적을 달성하지 못할 경우
7. 임대인이 다음 각 목의 어느 하나에 해당하는 사유로 목적 건물의 전부 또는 대부분을 철거하거나 재건축하기 위해 목적 건물의 점유를 회복할 필요가 있는 경우

(가) 임대차계약 체결 당시 공사시기 및 소요기간 등을 포함한 철거 또는 재건축 계획을 임차인에게 구체적으로 고지하고 그 계획에 따르는 경우

(나) 건물이 노후·훼손 또는 일부 멸실되는 등 안전사고의 우려가 있는 경우

(다) 다른 법령에 따라 철거 또는 재건축이 이루어지는 경우

8. 그 밖에 임차인이 임차인으로서의 의무를 현저히 위반하거나 임대차를 계속하기 어려운 중대한 사유가 있는 경우

② 임차인의 계약갱신요구권은 최초의 임대차기간을 포함한 전체 임대차기간이 10년을 초과하지 아니하는 범위에서만 행사할 수 있다(2018. 10. 16 개정).

③ 갱신되는 임대차는 전 임대차와 동일한 조건으로 다시 계약된 것으로 본다. 다만, 차임과 보증금은 차임증감청구권에 따른 범위에서 증감할 수 있다.

④ 임대인이 제1항의 기간 이내에 임차인에게 갱신 거절의 통지 또는 조건 변경의 통지를 하지 않은 경우는 그 기간이 만료된 때에 전 임대차와 동일한 조건으로 다시 임대차한 것으로 본다. 이 경우에 임대차의 존속기간은 1년으로 본다(묵시적 갱신).

⑤ 제4항의 경우 임차인은 언제든지 임대인에게 계약해지의 통고를 할 수 있고, 임대인이 통고를 받은 날부터 3개월이 지나면 효력이 발생한다.

(3) 상가임대차기간 10년 보장 관련 궁금한 사항

① **10년 보장 시점** : 10년 보장은 상임법을 시행한 2018년 10월 16일 이후 임대차계약한 임차인만 해당된다. 상임법 부칙 제2조에 '10년 계약갱신요구권은 이 법 시행 후 최초로 체결되거나 갱신[62]되는 임대차부터 적용한다'라고 규정하고 있어 시행일 이전의 상가는 5년이 된다.

---

62) 묵시적 갱신 포함

② **임차인이 변경된 경우** : 10년 계약갱신요구할 권리는 '최초의 임대차기간을 포함한 전체 임대차기간이 10년을 초과하지 않는 범위'에서 행사할 수 있다. 중간에 임차인이 변경되는 경우 10년은 언제부터 시작되는 것일까? 임대인이 신규임차인과 새로운 계약을 체결하게 되면 그 새로운 임대차계약을 체결한 날부터 10년이다. 기존 임차인의 임대차기간을 포함한 10년을 계약갱신요구 행사기간으로 하려면 임대차계약을 임대인 동의에 따른 '임차권 양도양수계약'으로 진행하고 신규임차인에게 기존 임대차계약기간이 10년의 기간에 포함된다는 것을 알려야 한다.

③ **상가임대차기간 10년 만기 후 권리금 청구할 수 있는가?** : 상가임차인은 상가임대차기간 10년이 지나도 권리금을 회수할 수 있다. 임대차 종료 6개월 전부터 임대차 종료 시까지 신규 임차인을 구해서 권리금계약을 체결하고 신규 임차인과 임대차계약을 체결해달라고 통지해 권리금을 회수할 수 있다. 만일 임대인이 권리금 회수 기회를 거절하거나 방해하면 임대인에게 손해배상을 청구할 수 있다.

6. 권리금 보호
(1) 권리금의 종류
권리금은 주택은 없고 상가에서 인정된다. 일반적으로 권리금 종류는 아래와 같다.

① 바닥권리금
그 지역에 대한 자리 권리금, 자리 프리미엄이다. 상가가 입지한 장소가 유동인구가 많고, 역세권이라면 붙는 권리금이다. 공실 상가에도 인정된다.

② 영업권리금

영업하면서 쌓은 노하우, 기술력, 거래처 단골손님 리스트, 학원의 경우 학생 수와 같이 동종업을 처음 시작할 때보다 영업을 유리하게 할 수 있는 이점이 있거나, 동종업계의 평균적인 영업력을 초과해 얻을 수 있는 수익이 있을 경우 이에 대한 권리금이다(산정방식은 따로 없으나, 예컨대 1년에 순이익이 1,000만 원이라면 권리금은 10개월 치 약 1억 원으로 계산).

③ 시설권리금

상가를 하면서 투자한 시설비로, 인테리어, 내부시설 등에 대한 대가다. 시설 연수에 따라 감가상각한다(예 : 1년에 약 20% 정도 감가).

(2) 한눈에 보는 권리금 보호규정

구분	상가권리금 보호규정
권리금의 정의 (상임법 제10조의 3)	– 임대료 이외에 지급한 유·무형의 재산적 가치 ① 권리금 : 임대차 목적물인 상가건물에서 영업을 하는 자 또는 영업을 하려는 자가 영업시설·비품, 거래처, 신용, 영업상의 노하우, 상가건물의 위치에 따른 영업상의 이점 등 유형·무형의 재산적 가치의 양도 또는 이용대가로서 임대인, 임차인에게 보증금과 차임 이외에 지급하는 금전 등의 대가를 말한다. ② 권리금 계약 : 신규 임차인이 되려는 자가 임차인에게 권리금을 지급하기로 하는 계약을 말한다.
권리금 회수기회 보호 (상임법 제10조의 4)	– 임대인은 임대차기간이 끝나기 6개월 전부터 임대차 종료 시까지 정당한 사유 없이 임차인이 주선한 신규 임차인이 되려는 자로부터 권리금을 지급받는 것을 방해해서는 안 되며, 만일 이를 위반할 경우 손해배상을 해야 한다. ※ 임대인의 권리금 지급 방해 행위 구체적 내용(상임법 제10조의 4, 1항) 1) 임차인이 주선한 신규 임차인이 되려는 자에게 권리금을 요구하거나 권리금을 수수하는 행위 2) 임차인이 주선한 신규 임차인이 되려는 자로 임차인에게 권리금을 지급하지 못하게 하는 행위 3) 임차인이 주선한 신규 임차인이 되려는 자에게 현저히 고액의 차임과 보증금을 요구하는 행위 4) 그 밖에 정당한 사유 없이 임대인이 임차인이 주선한 신규 임차인이 되려는 자와 임대차계약의 체결을 거절하는 행위 – 정당한 사유(상임법 제10조의 4, 2항) 1) 신규 인차인이 자력이 없는 경우(상임법 제10조의 4, 5항) 2) 신규 임차인이 임차인의 의무를 위반할 우려가 있는 경우, 그 밖의 임대차를 유지하기 어려운 상당한 사유가 있는 경우 3) 임대상가를 1년 6개월 이상 영리목적으로 사용하지 않은 경우 4) 임대인이 선택한 신규 임차인이 임차인과 권리금계약을 하고 그 권리금을 지급한 경우 – 손해배상책임(임대차 종료한 날부터 3년 내 행사 가능(상임법 제10조의 4, 3항) : 손해배상금액은 신규 임차인이 지급하기로 한 권리금과 임대차 종료 시의 권리금 중 낮은 금액
권리금 감정평가 (상임법 제10조의 7)	– 권리금의 감정평가 : 국토교통부 장관은 권리금에 대한 감정평가의 절차와 방법 등에 관한 기준을 고시한다.

구분	상가권리금 보호규정
권리금 적용 제외 (상임법 제10조의 5)	- '유통산업발전법' 제2조에 따른 대규모점포 또는 준 대규모점포 (예 : 대형마트, 백화점, 쇼핑몰. 단 전통시장은 제외) - 국유재산, 공유재산, 전대차계약

출처 : 저자 작성

(3) 경매로 낙찰받은 상가 권리금 없이 임차인 내보내는 방법

매매의 경우 상가임차인이 대항력이 있든, 없든 상관없이 상가 매수인은 전매도인의 지위를 승계(상임법 제3조 2항)하므로 상가 매수인에게 임차인의 권리금보호규정과 갱신요구권이 적용된다.

그런데 경매의 경우 상가임차인이 대항력이 없을 경우와 대항력 있는 임차인이 있더라도 배당요구한 경우(임대차 종료로 간주), 매수인은 임차인의 권리금보호규정과 갱신요구권이 적용되지 않는다. 따라서 임차인은 상가 경매 매수인에게 권리금을 주장할 수 없고, 경매 매수인은 임차인을 내보낼 수 있으며 안 나가면 강제집행으로 명도할 수 있다. 이 점이 상가를 매매와 경매로 매수할 때의 큰 차이점이다.

주택임대차와
상가건물임대차 비교

구분	주택임대차	상가임대차
적용법률	주택임대차보호법	상가건물임대차보호법
입법목적	국민 주거생활의 안정	국민 경제생활의 안정
보호대상	자연인, 법인(원칙 안 됨. 예외 인정 : ① 주택공사, 지방공사 : 법인이 선정한 입주자 ② 중소기업 : 법인이 선정한 직원이 해당 주택을 인도+주민등록+확정일자 → 대항력, 우선변제권 인정)	자연인, 법인
적용범위	주거용 건물의 전부 또는 일부 미등기, 무허가건물, 불법건축물(○) ▶ 일시사용 임대차 ×	사업자등록이 가능한 상가건물의 전부 또는 일부(∵ 비사업자인 교회, 종친회, 동창회사무실, 비영리법인 ×) ▶ 일시사용 임대차 ×
보증금액의 상한선	없음.	있음.
최단존속기간	2년	1년
계약갱신요구	계약갱신요구권 1회 행사 + 2년(기간만료 6개월~2개월) 주임법 제6조의 3	최장 10년(기간만료 6개월~1개월)
묵시의 갱신	기간만료 6개월~2개월 전 통지 안 할 경우 2년 연장, 단 임차인은 언제든지 해지 가능 임대인 통지 받은 날로 3개월 후 해지 효력	기간만료 6개월~1개월 전 통지 안 할 경우 1년 연장, 단 임차인은 언제든지 해지 가능 임대인 통지 받은 날로 3개월 후 해지 효력
차임보증금 증액의 제한	5% 이내	5% 이내
권리금 보호	없음.	있음(경매의 경우△).
대항력 (변경된 소유자에게 대항할 수 있는 권리)	주택의 인도 + 주민등록(익일부터) - 대항력 발생시기 : 전입신고 익일 0시	건물의 인도 + 사업자등록(익일부터) - 대항력 발생시기 : 사업자등록신고 익일 0시
우선변제권 (후순위자보다 우선변제 받을 수 있는 권리)	주택의 인도+주민등록+확정일자 - 확정일자(행정복지센터, 등기소(인터넷), 공증사무소) - 배당요구종기까지 배당요구해야 함.	주택의 인도+사업자등록+확정일자 - 확정일자(관할 세무서) - 배당요구종기까지 배당요구해야 함.
최우선변제권 (소액임차인, 순위상관 없이 우선변제 받을 권리)	주택의 인도 + 주민등록(확정일자와 무관) - 배당요구종기까지 배당요구해야 함. - 보증금 범위 : 담보물권 적용일 기준, 지역별 구분	주택의 인도 + 사업자등록(확정일자와 무관) - 배당요구종기까지 배당요구해야 함. - 보증금 범위 : 담보물권 적용일 기준, 지역별 구분

출처 : 저자 작성

유치권★

1. 공사대금을 받을 때까지 점유할 수 있는 권리, 유치권

[자료 7-4] 유치권 사진 예시

출처 : 저자 작성

　경매 물건 중에 유치권 신고가 들어온 물건이 있다. 이 경우 법원은 매각물건명세서에 '유치권 성립 여지 있음'으로 기재한다. 실제 유치권이 성립해서 써놓은 것이 아니고 진짜든, 가짜든 제삼자가 유치권 신고만 하면 법원에서 일단은 받아주고 매각물건명세서에 이와 같이 기재하기 때문에 매수인은 유치권이 성립하는

지, 안하는지 판단해서 입찰해야 한다.

유치권이란 쉽게 말해서 채권자가 채무자 소유의 물건(부동산, 동산)에 일을 해주고 돈을 못 받았을 때, 돈(채권)을 받을 때까지 채무자의 물건을 점유할 수 있는 권리를 말한다. 예컨대, 건물 신축공사를 하고 공사대금을 받지 못한 경우 공사업자는 그 공사한 건물을 공사대금을 받을 때까지 점유할 수 있는 권리다.

유치권은 '민법' 제320조 타인의 물건 또는 유가증권을 점유한 자는 그 물건이나 유가증권에 관해 생긴 채권이 변제기에 있는 경우에는 변제를 받을 때까지 그 물건 또는 유가증권을 유치할 권리가 있다(1항). 전항의 규정은 그 점유가 불법행위로 인한 경우에 적용하지 않는다(2항), '민사집행법' 제91조 5항 '매수인은 유치권자에게 그 유치권으로 담보하는 채권을 변제할 책임이 있다'라고 유치권에 관해 규정하고 있다.

유치권은 당사자 간의 의사표시와는 상관없이 일정한 사실관계가 있으면 성립하는 법정담보물권이다.

2. 유치권이 성립하는 경우

부동산 유치권이 성립하기 위해서는 4가지 요건을 갖추어야 하며, 단 1개라도 요건을 갖추지 못할 경우 유치권은 성립하지 않는다.

첫째 타인의 물건(부동산)을 점유하고 있을 것, 둘째 채권이 물건(부동산)에 관해 생긴 것일 것(견련성), 셋째 채권이 변제기에 있을 것, 넷째 유치권 배제특약이 없을 것이다. 이를 좀 더 자세히 설명하면 다음과 같다.

(1) 타인의 물건을 점유하고 있을 것

물건은 타인 소유의 물건이어야 한다. 따라서 자기 소유의 물건은 유치권이 성립하지 않는다. 타인은 채무자에 한하지 않고 제삼자라도 무방하다.[63] 유치권자는 물건을 점유하고 있어야 한다. 점유는 유치권의 성립요건이자 존속요건이다. 따라서 점유는 계속되어야 하며 점유를 잃으면 유치권은 소멸한다.

- 점유는 직접 점유이든, 간접 점유이든 상관없다. 간접 점유라 하더라도 채무자를 직접 점유자로 해 채권자가 간접 점유하는 경우에는 유치권이 성립하지 않는다.[64]
- 점유는 적법한 점유여야 하며 불법행위에 의한 점유는 유치권이 인정되지 않는다(민법 제320조 2항). 예컨대, 차임연체로 임대인이 임대차계약을 해지한 후 임차인이 임차하던 건물에 필요비, 유익비를 지출하더라도 유치권은 성립하지 않는다.
- 경매개시결정등기(압류의 효력) 이후 유치권자의 점유는 압류의 처분금지효에 저촉되어 매수인에게 대항할 수 없다.[65] 즉

---

63) 대법원 판결 1972. 1. 31, 71다2414 : 유치물 소유자(채무자)가 바뀐 후 새로 투입한 유익비에 대해 새로운 소유자(제삼자)에게 유치권이 성립한다고 한 사례 (예 : 경매로 소유권을 취득해 소유자가 바뀐 후 유치권자가 새로 투입한 유익비에 대해 경락 소유자에게 유치권이 성립함)
64) 대법원 판결 2008. 4. 11, 2007다27236 : 유치권의 성립요건이자 존속요건인 유치권자의 점유는 직접 점유이든, 간접 점유이든 관계가 없다. 다만 유치권은 목적물을 유치함으로써 채무자의 변제를 간접적으로 강제하는 것을 본체적 효력으로 하는 권리인 점 등에 비추어, 그 직접 점유자가 채무자인 경우에는 유치권의 요건으로서의 점유에 해당하지 않는다고 할 것이다.
65) 대법원 판결 2009. 1. 15, 2008다70763 : 부동산 경매 절차에서의 매수인은 민사집행법 제91조 제5항에 따라 유치권자에게 그 유치권으로 담보하는 채권을 변제할 책임이 있는 것이 원칙이나, 채무자 소유의 건물 등 부동산에 경매개시결정의 기입등기가 경료되어 압류의 효력이 발생한 후에 채무자가 이 부동산에 관한 공사대금 채권자에게 그 점유를 이전함으로써 유치권을 취득하게

경매개시결정등기 이후의 점유는 유치권이 성립하지 않는다. 법원 현황조사서에는 아무런 점유관계가 없었는데, 그 이후에 유치권신고를 한 경우 경매개시결정등기 이후의 점유로 추정해볼 수 있다.

(2) 채권이 물건(부동산)에 관해 생긴 것일 것(견련성)

채권이 '물건에 관해 생긴 것'이어야 한다. 부동산 경매에서는 채권이 '부동산에 관해 생긴 것'이어야 하는데, '부동산에 관해 생긴 것'이란 채권이 부동산 자체로부터 발생하거나 채권이 목적물의 반환청구권과 동일한 법률관계 또는 동일한 사실관계로부터 발생한 경우를 말한다. 즉, 채권과 부동산 사이에 견련관계(견련성)[66]가 있어야 한다.

견련성의 취지는 채권과 물건 사이에 서로 유치권의 행사는 유치대상이 된 물건에만 행사할 수 있도록 하기 위한 것이다. 예컨대, 공사업자가 동일 소유자의 A주택과 B주택을 신축공사해주고 점유하면서 A주택공사대금은 받았고, B주택공사대금은 받지 못한 상태에서 A주택을 유치권행사 할 수는 없다.

견련성의 의미가 대충 무슨 소리인지 알 것 같은데, 견련성에 대한 구체적이고 명확한 기준은 없다. 실무에서는 채권과 물건 사

한 경우, 그와 같은 점유의 이전은 목적물의 교환가치를 감소시킬 우려가 있는 처분행위에 해당해 민사집행법 제92조 제1항, 제83조 제4항에 따른 압류의 처분금지효에 저촉되므로 점유자로서는 이 유치권을 내세워 그 부동산에 관한 경매 절차의 매수인에게 대항할 수 없다. 그러나 이러한 법리는 경매로 인한 압류의 효력이 발생하기 전에 유치권을 취득한 경우에는 적용되지 않는다.

66) [견련성] 대법원 판결 2007. 9. 7, 2005다16942 : 민법 제320조 제1항에서 그 물건에 관해 생긴 채권'은 유치권 제도 본래의 취지인 공평의 원칙에 특별히 반하지 않는 한 채권이 목적물 자체로부터 발생한 경우는 물론이고 채권이 목적물의 반환청구권과 동일한 법률관계나 사실관계로부터 발생한 경우도 포함한다.

이에 견련성이 있는지 없는지 애매한 부분이 있다. 부동산 경매 관련 판례에서 견련성을 인정하는 부분과 부정하는 부분을 알아두면 된다.

물건에 관해 생긴 채권 (견련성 인정)	물건에 관해 생긴 채권이 아닌 것 (견련성 부정)
1. 필요비·유익비 상환청구권[67] 2. 건물의 신축공사를 한 수급인의 공사대금 채권[68]	1. 임차인이 임대인에 대한 임차보증금반환청구권[69] 2. 임차인의 권리금반환청구권[70] 3. 부속물매수청구권[71] 4. 상가임차인의 인테리어 비용[72] 5. 건축자재대금 채권(공사업자≠건축자재납품자)[73] 6. 매매대금채권[74]

출처 : 저자 작성

---

67) 필요비와 유익비

구분	필요비	유익비
의의	부동산의 보존을 위해 유지. 관리하는 데 소요되는 비용(소모품비) 민법 제626조 1항	부동산의 개관적 가치를 증가시키기 위해 투입한 비용(자본적 지출) 민법 제626조 2항
종류	수도수리비용, 보일러수리비용, 누수로 인한 수리비용, 화장실수리, 싱크대수리	수도시설설치, 보일러설치, 발코니확장, 중문설치, 이중창설치, 방범설치, 창호교체, E/V설치, 토지 개량에 소요된 비용 등

68) 대법원 판결 1995. 9. 15, 95다16202, 95다16219 : 주택건물의 신축공사를 한 수급인이 그 건물을 점유하고 있고 또 그 건물에 관해 생긴 공사금 채권이 있다면, 수급인은 그 채권을 변제받을 때까지 건물을 유치할 권리가 있다. ★그러나 건물신축공사를 도급받은 수급인이 사회통념상 독립한 건물이 되지 못한 정착물을 토지에 설치한 상태에서 공사가 중단된 경우, 위 정착물 또는 토지에 대해서는 유치권을 행사할 수 없다(대법원 판결 2008. 5. 30, 2007마98결정). 또 공사중단 시까지 발생한 공사금채권은 토지에 관해 생긴 것이 아니므로 이 공사금채권을 가지고 토지에 대해 유치권을 행사할 수 없다.

〈공사 중단된 건물에 대한 유치권 성립 여부〉

공사 중단된 건물에 대한 유치권	건물 : 독립한 건물 ○ → 성립 독립한 건물 × → 성립하지 않음
	토지 : 성립하지 않음

(3) 채권이 변제기에 있을 것

채권이 변제기가 도래해야 한다. 변제기가 도래하지 않는 동안은 유치권은 성립하지 않는다. 또 채권이 장기간 행사하지 않아 소멸시효에 걸리지 않았어야 한다.

(4) 유치권 배제특약이 없을 것

당사자 간에 유치권을 배제하는 특약이 없어야 한다. 유치권배제특약이 있다면 그 특약은 유효하며 유치권은 성립하지 않는다.
 - 건물임대차계약서에 '임대차종료 시 건물을 원상복구해 명도하기로 한다'라는 약정은 필요비 및 유익비 상환청구권을 미

---

69) 대법원 판결 1976. 5. 11, 75다1305 : 건물의 임대차에 있어서 임차인의 임대인에게 지급한 임차보증금반환청구권이나 임대인이 건물시설을 하지 않기 때문에 임차인에게 건물을 임차목적대로 사용 못한 것을 이유로 하는 손해배상청구권은 모두 민법 제320조에서 그 건물에 관해 생긴 채권이라 할 수 없다.

70) 대법원 판결 1994. 10. 14, 93다62119 : 임대인과 임차인 사이에 건물명도 시 권리금을 반환하기로 하는 약정이 있었다 하더라도 그와 같은 권리금반환청구권은 건물에 관해 생긴 채권이라 할 수 없으므로 그와 같은 채권을 가지고 건물에 대한 유치권을 행사할 수 없다.

71) 부속물매수청구권이란 임차인이 임대기간 중 사용의 편익을 위해 임대인의 동의를 얻어 건물에 물건을 부속시키거나 임대인으로부터 매수한 부속물이 있는 경우, 임대차 종료 시에 임대인에게 그 부속물을 매수청구할 수 있는 권리(민법 제646조)를 말한다. 대법원 판결 1977. 12. 13, 77다115 : 토지 임차인은 임차지상에 해놓은 시설물에 대한 매수청구권과 보증금반환청구권으로서 임대인에게 임차물인 토지에 대한 유치권을 주장할 수 없다.

72) 일반적으로 상가임차인의 인테리어비용은 임차인 필요에 의한 것으로 상가건물의 객관적인 가치가 증가한 것이 아니기 때문에 유익비에 해당하지 않는다.

73) 예컨대, A공사업자에게 B건축자재 납품업자가 건축자재(모래, 자갈, 시멘트)를 납품하고 자재대금을 받지 못해, 건물 소유주인 건축주 甲에게 유치권을 행사할 경우, 건축자재대금은 A와 B 사이의 매매계약에 따른 매매대금채권에 불과할 뿐 물건에 관해 생긴 채권이 아니므로 유치권이 성립하지 않는다(대법원 판결 2012. 1. 26, 선고 2011다96208).

74) 부동산 매도인이 매매대금을 다 지급받지 않은 상태에서 매수인에게 소유권이전등기를 마쳤으나 부동산을 계속 점유하고 있는 경우, 매매대금채권을 가지고 매수인에게 유치권을 주장할 수 없다(대법원 결정 2012. 1. 12, 자 2011마2380).

리 포기한 것으로 봐서 유치권을 주장할 수 없다.[75]

- 건물 신축공사를 위해 은행에 대출을 받을 경우(예컨대, 토지 소유자가 건물을 짓기 위해 건축주가 되어 토지를 담보로 대출받은 경우), 은행에서는 대부분 건축주 및 공사업자에게 유치권 배제 특약을 받아둔다. 만약 공사하다가 건축주가 부도나서 토지와 건물이 일괄경매[76]로 넘어가게 되고 공사대금의 유치권을 주장하게 될 경우 채권 회수의 어려움을 예방하기 위해 건축주 및 공사업자에게 유치권 포기 또는 유치권 배제특약을 받아둔다. 이러한 배제특약은 유효하며, 경매 진행 중인 유치권물건의 경우 발 빠르게 유치권 배제특약의 정보를 입수한다면 나름대로 상당한 수익을 거둘 수 있을 것이다. 이러한 배제특약에 대한 증거만 명확하면 인도명령을 통해 간단히 명도시킬 수 있다.

3. 유치권자가 행사할 수 있는 권리

(1) 물건을 유치할 수 있는 권리

유치권자는 채권을 변제받을 때까지 물건을 유치할 수 있다. 법 제91조 5항은 '매수인은 유치권자에게 유치권으로 담보하는 채권을 변제할 책임이 있다'라고 규정하고 있다. 여기에서 '변제할

---

75) 대법원 판결 1975. 4. 22, 73다2010 : 건물의 임차인이 임대차관계 종료 시에는 건물을 원상으로 복구해 임대인에게 명도하기로 약정한 것은 건물에 지출한 각종 유익비 또는 필요비의 상환청구권을 미리 포기하기로 한 취지의 특약이라고 볼 수 있어 임차인은 유치권을 주장할 수 없다.
76) 토지의 근저당권 설정 후 토지 소유자가 건물을 축조한 경우 토지 저당권자는 토지와 함께 건물에 대해서도 일괄해서 경매를 청구할 수 있다(민법 제365조). 이를 '일괄경매 청구권'이라고 한다. 일괄경매 시 토지 소유자는 토지에 대한 경매대금에서만 배당받을 수 있다. 일괄경매를 인정하는 이유는 토지만 저당권실행으로 제삼자에게 낙찰될 경우 건물은 철거해야 할 운명이 되어 사회경제적으로 불이익하기 때문이다.

책임이 있다'라는 의미는 부동산상의 부담을 승계한다는 취지로 서 인적 채무까지 인수한다는 취지는 아니다. 유치권자는 경락인 에 대해 그 피담보채권의 변제가 있을 때까지 유치목적물인 부동 산의 인도를 거절할 수 있을 뿐이고, 그 피담보채권의 변제를 청 구할 수는 없다(대법원 판결 1996. 8. 23, 95다8713). 사실상 낙찰자 는 유치권자에게 채무를 변제하지 않는 이상 물건을 인도받을 수 가 없기 때문에 유치권자는 우선변제받는 것과 같은 효과를 본다.

(2) 불가분성(공사대금 다 받을 때까지 못 비켜줘!)

유치권자는 채권전부의 변제를 받을 때까지 유치물 전부에 대 해 그 권리를 행사할 수 있다(민법 제321조).

예컨대, 다세대주택 10채를 지은 공사업자가 공사대금 10억 원 중 잔금 3억 원을 받지 못해 다세대주택 10채 전부를 점유하고 유 치권행사를 할 경우, 건축주는 7채는 유치권을 풀고 3채만 유치권 을 행사하라고 요구할 경우 유치권자는 응할 의무가 없고 공사대 금채권 전액을 변제받을 때까지 공사한 다세대주택 전체를 유치 권행사 할 수 있다(불가분성=나눠지지 않음, 대법원 판결 2007. 9. 7, 선고 2005다16942, 2022. 6. 16, 선고 2018다301350).

(3) 경매권, 간이변제충당권

유치권자는 채권의 변제를 받기 위해서 유치물을 경매할 수 있 다(민법 제320조 1항). 채권을 변제받을 때까지 무작정 유치권자가 물건을 보관하고 있어야 하는 부담을 덜어주기 위해 유치권자도 경매를 신청할 수 있다.

또 물건의 가치가 적어 경매에 부치기가 곤란한 경우에는 유치권자는 감정인의 평가에 의해 유치물을 직접 변제에 충당할 수 있는데, 이를 '간이변제충당권'이라고 한다(민법 제320조 2항).

(4) 과실수취권

유치권자는 유치물의 과실(천연과실, 법정과실[77])을 수취해 다른 채권보다 먼저 그 채권의 변제에 충당할 수 있다.

(5) 유치물 사용권

유치권자는 유치물 보존에 필요한 한도 내에서 유치물을 사용할 수 있다(민법 제324조 2항 단서).

(6) 비용상환청구권

유치권자가 유치물에 관해 필요비와 유익비를 지출한 때에는 소유자에게 그 상환을 청구할 수 있다(민법 제325조).

4. 유치권자의 의무

① 선관의무 : 유치권자는 선량한 관리자의 주의[78]로 유치물을 점유해야 한다(민법 제324조 1항).

② 채무자의 승낙 없이 유치물의 사용, 대여, 담보 제공을 하지 않을 의무 : 유치권자는 채무자의 승낙 없이 유치물의 사용, 대여 또는 담보 제공을 하지 못한다(민법 제324조 2항).

③ 의무위반의 효과 : 유치권자가 전 1, 2항의 의무를 위반한 경우 채무자는 유치권의 소멸을 청구할 수 있다(민법 제324조 3항).

---

77) 천연과실 : 가축의 새끼, 과수의 열매 등. 법정과실 : 이자, 임대료 등
78) 선량한 관리자의 주의의무 : 일반인·평균인에게 요구되는 정도의 주의의무를 말한다.

5. 유치권을 깨트릴 수 있는 것들

다음과 같은 사유로 유치권은 소멸한다(깨트릴 수 있다).

(1) 점유의 상실

유치권자가 점유를 상실하면 유치권은 소멸한다(민법 제328조).

(2) 채무자의 소멸청구

유치권자가 선관주의 의무위반, 채무자의 승낙 없이 유치물의 사용, 대여, 담보제공했을 경우에 채무자는 유치권의 소멸을 청구할 수 있고(민법 제324조 3항), 이 소멸을 청구하면 유치권은 소멸된다.

(3) 타 담보의 제공

채무자는 상당한 담보를 제공하고 유치권의 소멸을 청구할 수 있다(민법 제327조).

(4) 일반 소멸사유

유치권은 담보물권의 일반적 소멸사유인 피담보채권의 소멸, 물건의 멸실 등으로 소멸한다. 채권은 소멸시효가 완성되면 소멸하듯이 유치권의 피담보채권이 소멸시효가 완성되면 유치권은 소멸한다. 유치권자가 점유를 하고 있다고 해서 채권을 행사하고 있는 것은 아니므로 채권의 소멸시효가 정지되지는 않는다.[79] 따라서 유치권자가 별도의 소멸시효 중단사유가 없다면 유치권은 피담보채권의 소멸시효 완성으로 소멸될 수 있다. 예컨대, 공사대

---

79) 민법 제326조(피담보채권의 소멸시효) : 유치권의 행사는 채권의 소멸시효의 진행에 영향을 미치지 아니한다.

금채권의 경우 소멸시효는 3년이므로 3년간 행사를 하지 않으면 유치권은 소멸한 것이 되므로 유치권 공사업자의 소멸시효기간도 알아볼 필요가 있다.

☞ [참고] 소멸시효

구분	채권 소멸시효
의의	일정한 사실 상태가 일정기간 계속된 경우, 그 사실 상태가 진실과 일치하느냐를 따지지 않고 권리를 소멸시키는 제도(권리 위에 잠자는 자는 보호하지 않는다)
종류	채권 : 일반채권 10년, 상사채권 5년, ★ 특수채권 3년, 1년 ★ 3년 소멸시효(민법 제163조) 1. 이자, 부양료, 급료, 사용료 기타 1년 이내의 기간으로 정한 금전채권(예 : 관리비) 2. 도급받은 자, 기사 기타공사의 설계 또는 감독에 종사하는 자의 **공사에 관한 채권** ★ 1년 소멸시효(민법 제164조) 1. 여관, 음식점, 대석, 오락장의 숙박료, 음식료, 대석료, 입장료, 소비물의 대가 및 체당금의 채권 2. 노역인, 연예인의 임금 및 그에 공급한 물건의 대금채권

출처 : 저자 작성

6. 낙찰 후 유치권이 존재하는 경우의 대처방법

입찰 전 경매 서류인 매각물건명세서 등에 '유치권 성립 여지 있음'의 유치권신고 사실을 알고 입찰해서 낙찰받은 경우에는 불허가를 받을 수 없다.

그러나, 입찰 전 경매 서류인 매각물건명세서 등에 유치권신고가 없었는데, 입찰해 낙찰 후 유치권신고가 접수되는 등 유치권 존재사실이 밝혀진 경우에는 낙찰자는 인수할 권리가 변동되어 '부동산에 대한 중대한 권리관계의 변동'이 생기는 경우에 해당[80]하므로 다음과 같은 방법으로 매각불허가를 받거나 대처할 수 있다.

---

80) 대법원 판결 2007. 5. 15, 2007마128

① 매각허가결정 전(낙찰 후 7일 이내) : 매각불허가신청(매각허가에 대한 이의)

② 매각허가결정 후 확정 전(낙찰 후 7일 이후 14일 이내) : 즉시항고(집행법원 스스로의 경정 또는 항고법원의 취소결정을 구함)

③ 매각허가확정 후 대금납부 전 : 매각허가결정의 취소신청(법제127조 1항)

④ 대금납부 후 : 민법상의 담보책임(민법 제578조)[81]을 물을 수 있다. 즉, 매수인은 채무자에게 경매를 해제(계약의 해제) 또는 대금감액청구를 할 수 있으며, 채무자가 자력이 없을 경우 배당받은 채권자에게 청구할 수 있다. 채권자는 배당받은 금액 한도로 책임을 진다.

7. 유치권 뽀개기

(1) 유치권의 현실과 허위유치권 징후들

① 유치권의 현실

유치권은 신청 시기에 제한이 없고 굳이 법원에 유치권 신고를 하지 않아도 성립한다. 또 유치권은 성립 여부를 따지지 않고 일단 법원에 신청만 하면 받아주기 때문에 유치권신고는 어렵지 않게 할 수 있다. 유치권신고를 하게 되면 법원 서류접수 및 매각물건명세서에 공시가 되고 유치권자는 경매 절차의 이해관계인이 되어 당해 경매 사건의 서류열람, 송달받을 권리 등 이해관계인

---

81) 민법 제578조(경매와 매도인의 담보책임) : ① 경매의 경우에는 경락인은 전8조의 규정에 의하여 채무자에게 계약의 해제 또는 대금감액의 청구를 할 수 있다. ② 전항의 경우에 채무자가 자력이 없는 때에는 경락인은 대금의 배당을 받은 채권자에 대하여 그 대금전부나 일부의 반환을 청구할 수 있다.
참고로 경매로 인한 매도인의 담보책임은 권리의 하자가 있는 경우에만 담보책임이 있는 것이다. 물건의 하자로 인한 경우에는 담보책임이 없다(민법 제580조 2항).

의 권리를 가진다. 한편 입찰을 하려고 하는 자로서는 유치권 신고가 되어 있으면 추가인수 부담과 대출이 유치권 금액을 고려해서 잘 안 나오기 때문에 입찰을 꺼려 한다. 유찰율이 높은 것이 일반적이다. 그렇지만 비교적 분석이 쉬운 주거용 부동산 같은 유치권의 경우는 경매의 대중화로 참여자들의 경쟁률은 높은 편이다.

이처럼 유치권은 등기부에 기재되는 것도 아니고 마음만 먹으면 언제든지 간단히 법원에 신고를 함으로써 예측하지 못한 매수인에게 상당한 부담을 주므로 이런 점을 악용해 허위유치권이 난무(亂舞)한 것이 현실이다.

필자가 유치권 있는 많은 물건들을 분석하고 입찰도 해보면, 실무상 약 90% 이상이 유치권 성립이 안 되거나 허위유치권이라고 해도 과언이 아니다. 대부분이 유치권신고를 출처와 근거 내용도 없이 허위 유치권으로 우편으로 제출하는 경우가 많으며, 실제 점유하지 않는 경우가 많다.

허위유치권이 난무하는 이유는 첫째 유치권자 등(채무자, 소유자가 유치권자와 짜고)이 일반인의 입찰을 꺼리게 만들어서 자기들이 저가에 낙찰을 받으려고 하는 경우, 둘째 시간을 끌기 위해, 셋째 이사비용을 더 받아내기 위해서다. 첫 번째 이유가 가장 많다. 이것은 허위유치권이고 나머지 약 10%의 진성유치권의 경우 추가 인수비용을 고려해서 입찰해야 한다.

② **허위유치권 징후들**

(가) 매각기일이 지정된 후 유치권 신고가 들어온 경우

법원의 매각물건명세서와 현황조사서에 유치권을 주장하는 내

용이 없다가 매각기일 전 임박해서 유치권 신고가 들어온 경우를 간혹 볼 수 있다. 유치권 신고도 우편으로 접수하면서 그 신고자도 가상인 경우가 많다. 담당 경매계에 문의해서 유치권 신고가 우편으로 접수되었는지, 신고자의 연락처가 있는지, 신고내용을 물어보면서 근거서류가 있는지 문의해본다. 이런 경우는 채무자 또는 채무자의 이해관계인이 유치권을 신고해서 일반인의 경매 입찰가격을 저감시켜서 입찰한다. 낙찰받으려고 하는 목적으로 허위유치권일 가능성이 많다. 현장을 방문해서 유치권을 주장하는 현수막이나 게시문이 있는지 확인하고 누가 점유하고 언제부터 점유하고 있는지 확인해본다. 실제로 유치권자가 점유하지 않는 경우가 많다(유치권 사례 참조).

(나) 유치권의 내용이 '내부 인테리어 공사비용'인 경우

일반, 주택이나 상가의 경우 임차인이 인테리어 공사를 하고 유치권을 신고하는 경우가 많은데, 인테리어 공사는 임차인의 영업을 위해 필요한 것이기 때문에 유익비에 해당하기 어렵다. 대부분 임대차계약서에 원상복구 문구가 있어 필요비, 유익비청구권을 포기한 것으로 간수하므로 유치권이 성립하기 어렵다.

(다) 유치권자가 채권확보를 위한 보전조치를 취하지 않은 경우

공사대금을 못 받아 건물을 유치하고 있는 유치권자는 채권보전을 위해 점유 중인 건물에 대해 가압류 등의 보전조치를 취함이 일반적이다. 공사대금의 변제기가 오래 지났는데도 가압류조차 하지 않고 있다는 것은 허위유치권일 가능성이 높다.

(라) 유치권자가 아닌 제삼자가 물건을 점유하고 있는 경우

유치권이 신고된 물건을 현장에 가보면 유치권자가 아닌 제삼자가 점유하고 있는 경우가 있다. 점유자인 제삼자가 유치권자로부터 임차해서 사용하고 유치권자가 간접 점유하고 있는 경우가 있다. 유치권자가 소유자의 동의 없이 임대했다면 유치권소멸청구의 대상이 되고 소유자에게 대항할 수 없는 권원이므로 유치권이 성립하지 않는다. 다만, 유치권자가 보존행위로서 일부를 임대했다고 할 경우 사안에 따라 유치권이 성립할 수도 있다.

점유자인 제삼자가 유치권자로부터 유치권을 양도받았다고 주장하는 경우가 있다. 유치권은 피담보채권과 점유를 같이 양도해야 하며 피담보채권의 양도는 채권양도절차(양도인(유치권자)이 채무자(소유자)에게 확정일자 있는 통지를 하거나 채무자(소유자)가 승낙해야 함)가 한다. 만일 점유만 이전하고 피담보채권을 양도하지 않았다면 유치권은 성립하지 않으며 피담보채권을 채권양도절차에 의해 양도하지 않은 경우(채권양도절차 서류가 없는 경우) 유치권은 성립하기 어렵다.

(2) 유치권 투자 방법

유치권 신고가 있는 물건의 경우 위 허위유치권 징후들의 내용이 있는지 본다. 유치권이 성립요건 4가지[82]에 모두 해당하는지를 하나씩 체크한다. 점유를 하고 있는지, 언제부터 점유하고 있

---

82) 유치권 성립요건 4가지
　　첫째, 타인의 물건(부동산)을 점유하고 있을 것
　　둘째, 채권이 물건(부동산)에 관해 생긴 것일 것(견련성)
　　셋째, 채권이 변제기에 있을 것
　　넷째, 유치권 배제특약이 없을 것

는지(점유현황조사서 참조). 채권이 견련성은 있는지, 공사대금 소멸시효는 완성했는지, 유치권 배제특약은 없는지 등을 확인한다.

유치권이 성립하지 않는다고 할 경우 이에 대한 증거자료를 확보한다(예컨대, 유치권자가 점유하지 않을 경우 점유하지 않는 물건에 대한 사진, 동영상, 점유자의 진술을 저장해 본인의 이메일로 전송 보관한다). 그리고 허위유치권자의 경우 협의가 안 되면 형사고소를 하겠다는 내용증명을 보내고 인도명령신청과 병행해 인도받는다. 유치권이 성립할 경우 입찰 전 유치권자와 사전합의 후 입찰하는 것이 좋다.

☞ [참고] 민사유치권과 상사유치권

지금까지 살펴본 것은 민사유치권이고, 상인 간 상행위로 인한 유치권은 상사유치권이 적용된다. 민사유치권(민법 제320조)과 상사유치권(상법 제58조)은 다음과 같은 차이가 있다.

구분	민사유치권	상사유치권
법조항	민법 제320조(유치권의 내용) 타인의 물건 또는 유가증권을 점유한 자는 그 물건이나 유가증권에 관하여 생긴 채권이 변제기에 있는 경우에는 변제를 받을 때까지 그 물건 또는 유가증권을 유치할 권리가 있다.	상법 제58조(상사유치권) 상인 간의 상행위로 인한 채권이 변제기에 있는 때에는 채권자는 변제를 받을 때까지 그 채무자에 대한 상행위로 인하여 자기가 점유하고 있는 채무자 소유의 물건 또는 유가증권을 유치할 수 있다. 그러나 당사자 간에 다른 약정이 있으면 그러하지 아니하다.
요건	① 타인(채무자, 제삼자)의 물건을 점유하고 있을 것 ② 채권이 타인의 물건에 관해 생긴 것일 것(견련성) ③ 채권이 변제기에 있을 것 ④ 유치권 배제특약이 없을 것	① 채무자 소유의 물건을 점유하고 있을 것 ② 채권이 상인 간의 상행위로 인한 채권일 것(견련성 ×) ③ 채권이 변제기에 있을 것 ④ 유치권 배제특약이 없을 것
차이점	첫째, 상사유치권은 견련성을 요하지 않는다. (예컨대, 甲회사가 乙회사에 물품을 공급하고 물품대금을 받지 못한 상태에서 乙회사 소유의 건물을 임차하고 있었다고 할 경우, 甲의 물품대금채권은 건물에 관해 발생한 채권이 아니므로(견련성 ×) 민사유치권은 성립하지 않는다. 그러나 甲과 乙이 모두 상인이고 甲의 물품대금채권은 甲과 乙 사이의 상행위로 인한 채권이며, 甲이 점유하는 건물은 채무자 乙소유의 건물이므로 甲은 물품대금채권을 위해 乙소유 건물에 상사유치권을 행사할 수 있다). [자료 7–5] 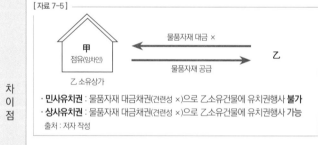 · **민사유치권** : 물품자재 대금채권(견련성 ×)으로 乙소유건물에 유치권행사 **불가** · **상사유치권** : 물품자재 대금채권(견련성 ×)으로 乙소유건물에 유치권행사 **가능** 출처 : 저자 작성 둘째, 상사유치권은 채무자 소유의 물건을 점유해야 한다. 민사유치권은 물건에 관해 발생한 채권이면, 점유하는 물건이 채무자 소유든, 제삼자 소유든 상관없으나, 상사유치권은 반드시 채무자 소유의 물건이어야 한다. 셋째, 경매개시결정등기 이후의 유치권 성립은 압류의 처분금지효에 저촉되어 낙찰자에게 대항할 수 없는 것은 민사유치권과 상사유치권 모두 같다. 그러나, 경매개시결정등기 전에 유치권이 성립했고 유치권 성립 전에 선순위 근저당권 등이 존재할 경우, 민사유치권은 낙찰자에게 유치권을 주장할 수 있다(대법원 판결 2014. 3. 20, 2009다60336). 상사유치권은 채무자 및 그 이후 채무자로부터 부동산을 양수하거나 제한물권을 설정받는 자에 대해서는 유치권을 주장할 수 있지만, 선순위 근저당권자와 선순위 근저당권에 기한 임의경매에서 낙찰받은 낙찰자에게는 유치권을 주장할 수 없다(대법원 판결 2013. 3. 28, 2012다94285, 2020다57350).

출처 : 저자 작성

[자료 7-6] 성립이 어려워 보이는 유치권 사례

여주6계 2021-32○○○(4)

대표소재지	[목록11] 경기 양평군 양동면 단석리 ■■■ [거단길 ■■■] 외 1개 목록				
대표용도	단독주택	채 권 자	검단농협 임의경매		
기타용도	대지	소 유 자	김용■ 외 1명	신 청 일	2021.06.11
감정평가액	154,124,570원	채 무 자	김두■	개시결정일	2021.06.14
최저경매가	**(49%) 75,521,000원**	경매 대상	건물전부, 토지전부	감 정 기 일	2021.07.02
낙찰 / 응찰	93,799,900원 / 2명	토 지 면 적	589㎡ (178.17평)	배당종기일	2021.09.23
청구금액	421,739,834원	건 물 면 적	85㎡ (25.84평)	낙 찰 일	2022.10.19

대법원공고	**[매각물건명세서]** <비고란> • 일괄매각. 목록11. 감정서상 ■■■ 지번은 변경등기전 표기임. 주식회사 ■■코리아로부터 공사대금 <u>359,400,000원 유치권신고</u> 있으나 그 성립여부는 불분명함. 이에 대하여 채권자 농업협동조합자산관리회사로부터 위 유치권은 <u>점유부존재, 압류 이후의 유치권 등의 이유로 한 유치권 배제신청서 제출.</u> **[현황조사서]** • 채무자(소유자) 및 점유자를 만날 수 없어 점유관계 확인할 수 없음.

출처 : 대한민국법원 법원경매정보

유치권 성립이 어려워 보이는 유치권

① 문건접수내역을 보면 유치권 신고일 2022년 8월 8일이며, 1차 매각기일(2022. 8. 10)에 임박해 유치권신고를 한 점.

② 법원현황조사서에 보면 집행관이 점유자를 확인할 수 없음.
→ 유치권자가 점유하는 것이 확인 안 됨. 유치권의 성립요건인 점유가 없으면 유치권 성립 안 됨.

③ 유치권배제신청서 제출 : 채권자 농협자산관리회사에서 점유부 존재, 압류 이후 유치권 이유로 유치권배제신청서 제출
→ 채권자에게 문의하면 유치권부존재에 대한 내용을 얻을 수 있을 것임.

법정지상권★

경매 물건 중에 토지 또는 건물만 경매로 나온 물건이 있다. 이 경우 법원은 매각물건명세서에 '법정지상권 성립 여지 있음'으로 기재한다. 실제 법정지상권이 성립해서 써놓은 것이 아니고 토지만 경매로 나왔는데 지상에 건물이 있는 경우, 건물만 경매로 나왔을 때 법원에서는 매각물건명세서에 이처럼 기재하기 때문에 매수인은 법정지상권의 성립 여부를 판단해서 입찰해야 한다.

1. 약정 없이도 법으로 자동 인정되는 지상권

건물을 사용할 때 토지와 건물의 소유자가 같다면 문제가 없겠지만, 토지와 건물의 소유자가 각각 다르다면, 건물 소유자는 토지 사용에 대한 권한이 있어야 한다. 토지 소유자와 건물 소유자가 다르면 건물 소유자는 토지를 사용하기 위해 토지 소유자와 사용계약(지상권, 전세권, 임차권 설정 또는 임대차계약 등)을 하는 경우가 일반적이다. 하지만 어떤 사정에 의해 당사자 간에 미리 사용계약을 하지 못하는 경우가 있다.

예컨대 토지와 건물이 같은 소유자였다가 토지만 경매로 넘어가 토지 소유자가 바뀌면 건물 소유자는 경락받은 토지 소유자에 대해 이용 권한이 있어야 할 것이다. 만일 건물 소유자에게 이용 권한이 없음을 근거로 건물을 철거하게 되면 건물 소유자에게 가혹할 뿐 아니라 사회경제적으로도 손실일 것이다. 그래서 법에서는 일정한 경우에 당사자 간의 약정이 없어도 법률상 당연히 토지를 사용할 수 있는 지상권을 취득하는 것으로 간주하는 제도가 있다. 이를 '법정지상권'이라고 한다. 법정지상권은 우리 법제가 토지와 건물을 각각 별개의 독립된 부동산으로 취급함으로써 토지와 건물의 소유자가 분리될 때 건물 철거로 인한 사회경제적 손실을 방지하려는 목적으로 공익상 필요가 있어 만든 제도다.

법정지상권은 당사자 간의 약정으로 설정한 약정지상권과 같은 효력을 갖는다. 따라서 법정지상권은 민법 지상권에 관한 규정이 준용[최단존속기간보장(견고한 건물 30년, 견고한 건물이 아닌 건물 15년, 공작물 5년 이상 보장), 지상권자의 갱신청구권, 지상물매수청구권, 지료 발생]된다.

일반매매에서는 토지와 건물이 각각 매매되는 경우가 거의 없지만, 부동산 경매에서는 토지만 경매로 나오거나 건물만 경매로 나오는 경우가 종종 있다.

2. 법정지상권의 종류

법정지상권의 종류는 모두 5개다. '현행법상 법정지상권 4개'와 '관습법상 법정지상권 1개'가 있다.

① 민법 제305조의 법정지상권(건물의 전세권과 법정지상권)

② 민법 제366조의 법정지상권(저당물의 경매로 인한 법정지상권)

③ 가등기담보 등에 관한 법률 제10조의 법정지상권(가등기 담보에 의한 법정지상권)

④ 입목에 관한 법률 제6조의 법정지상권(입목에 대한 법정지상권)

현행법상 법정지상권은 명문규정으로 정해놓은 것이고, 관습법상 법정지상권은 명문 규정에는 없으나 관습법(판례)으로 인정되어 온 법정지상권이다. 부동산 경매 실무에서 많이 적용되고 중요하게 봐야 할 법정지상권은 민법 제366조의 법정지상권과 관습법상 법정지상권이다.

(1) 현행법상 법정지상권

① 민법 제305조의 법정지상권(건물의 전세권과 법정지상권)

대지와 건물이 동일한 소유자에 속한 경우에, 건물에 전세권을 설정한 때는, 그 대지 소유권의 특별승계인은 전세권 설정자(건물 소유자)에 대해 지상권을 설정한 것으로 본다. 그러나 지료는 당사자의 청구에 의해 법원이 정한다(민법 제305조 1항).

② 민법 제366조의 법정지상권(저당물의 경매로 인한 법정지상권)

토지와 그 지상의 건물이 동일한 소유자에게 속할 때, 저당물의 경매로 인해 토지와 그 지상건물이 다른 소유자에게 속하게 되면, 토지 소유자는 건물 소유자에 대해서 지상권을 설정한 것으로 본다. 그러나 지료는 당사자의 청구에 의해 법원이 이를 정한다(민법 제366조).

[자료 7-7] 법정지상권 취득 사례 1

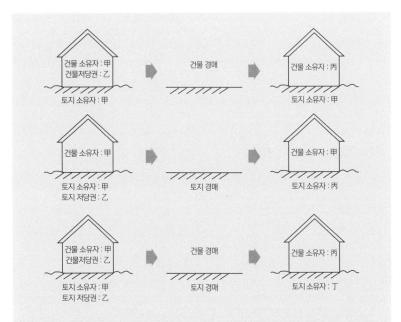

토지와 건물의 소유자가 같다가 건물 또는 토지에 저당권을 설정한 후 건물 또는 토지 소유자가 변경된다면 토지 소유자는 건물 소유자에게 지상권을 설정한 것으로 본다. ➡ 건물 소유자는 법정지상권 취득

출처 : 저자 작성

③ 가등기담보 등에 관한 법률 세10조의 법정시상권(가등기담보에 의한 법정지상권)

토지와 그 지상의 건물이 동일한 소유자에게 속했을 때, 그 토지 또는 건물에 대해 담보권의 실행을 통해 소유권을 취득하거나 담보가등기에 기한 본등기가 행해진 경우는 그 건물의 소유를 목적으로 그 토지 위에 지상권이 설정된 것으로 본다. 이때 그 존속기간 및 지료는 당사자의 청구에 의해 법원이 이를 정한다(가등기담보 등에 관한 법률 제10조).

④ 입목에 관한 법률 제6조의 법정지상권(입목법)

토지와 입목의 소유자가 동일한 경우에 입목의 경매 기타 사유로 토지와 입목이 각각 다른 소유자에게 속하는 경우에는 토지 소유자는 입목 소유자에 대해 지상권을 설정한 것으로 본다. 이 경우 지료에 관해서는 당사자의 약정에 따른다(입목에 관한 법률 제6조).

(2) 관습법상 법정지상권

토지와 건물이 동일한 소유자에게 속했다가, 건물 또는 토지가 매매 기타의 원인(예컨대, 경매, 공매, 증여 등)으로 양자의 소유자가 다르게 된 경우에는, 그 건물을 철거하기로 하는 합의가 있었다는 등 특별한 사정이 없는 한, 건물 소유자는 토지 소유자에 대해 그 건물을 위한 관습상의 지상권을 취득한다(대법원 판결 1966. 2. 22, 선고 65다2223, 2022. 7. 21, 선고 2017다236749).

[자료 7-8] 법정지상권 취득 사례 2

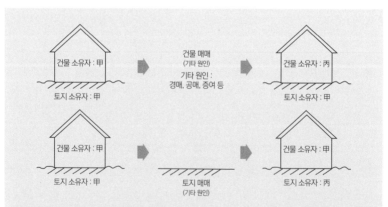

토지와 건물이 동일 소유자이었다가 건물 또는 토지가 매매 기타의 원인(경매, 공매, 증여 등)으로 건물과 토지 소유자가 각각 다르게 된 경우, 甲과 丙 사이에 건물을 철거하기로 한다는 특약이 없으면 건물 소유자는 법정지상권 취득

출처 : 저자 작성

(3) 민법 제366조 법정지상권과 관습법상 법정지상권 비교

구분	민법 제366조(저당권) 법정지상권	관습법상 법정지상권
근거	민법 제366조(강행규정)[83]	판례, 관습법, 판례(임의규정)[84]
성립 요건	1. 저당권을 설정할 것[85] (토지와 건물 어느 한쪽 또는 양쪽에 설정되어 있을 것) 2. 저당권설정 당시 건물이 존재할 것[86] (저당권설정 당시 건물이 없으면 성립×) 3. 저당권설정 당시 토지와 건물이 동일 소유자일 것[87] (저당권설정 당시 소유자가 다르면 성립×) 4. 저당물의 경매[88]로 토지와 건물의 소유자가 변경될 것	1. 처분 당시 토지와 건물이 동일 소유자일 것 (처분될 당시에 동일 소유자이면 족하고 원시적으로 동일 소유자일 필요는 없음)[89] 2. 매매 기타의 원인(강제경매, 공매, 증여 등)으로 소유자가 변경될 것 3. 당사자 간의 건물을 철거한다는 특약이 없을 것[90]
건물의 요건	▶ 건물은 미등기, 무허가 건물도 가능하다.[91] 법정지상권 성립 후 건물을 증축한 경우, 건물이 멸실 훼손되어 재축, 신축한 경우에도 법정지상권은 성립한다. ▶ 건물은 독립된 건물(지붕+기둥+주벽)이어야 함. 비닐하우스나 이동이 가능한 컨테이너는 법정지상권의 대상이 아니다.	
취득 시기 (동일인 소유 판단 시기)	저당물의 경매로 인해 토지와 건물이 다른 소유자에게 속하게 된 때 → 매수인이 잔금을 납부한 때 (등기 시 ×)	**매매** : 소유권이전등기 시 **강제경매** : 잔금 납부 시가 아니라 압류의 효력이 발생한 때(예 : 강제경매된 부동산에 가압류, 압류, 근저당이 있으면 가압류 시, 압류 시,[92] 근저당설정 시, 없으면 강제경매개시결정등기 시를 기준으로 동일 소유자 여부를 가려 법정지상권 성립 여부 판단)
효력	민법의 지상권 규정이 준용 {최단 존속기간 보장(견고한 건물 30년, 견고한 건물이 아닌 건물 15년, 공작물 5년 이상 보장), 지상권자의 갱신청구권, 지상물매수청구권, 지료청구}	

출처 : 저자 작성

---

83) 당사자 간의 특약으로 법정지상권 배제특약은 효력이 없다(87다카1564).
84) 당사자 간의 특약(예 : 건물철거특약) 효력이 있다.
85) 토지와 건물 어느 쪽에도 저당권이 설정되어 있지 않으면 민법 제366조의 법정지상권은 성립하지 않는다. 이 경우 관습법상의 법정지상권을 적용해봐야 한다.
86) 건물이 없는 토지에 저당권을 설정하는 경우 그 후에 지은 건물에 대해 법정지상권을 인정할 경우 토지 담보가치가 떨어지고 토지 경매 가격도 떨어지게 되므로 저당권자에게 피해를 주어 법정지상권은 인정되지 않는다.

(4) 법정지상권 지료는 어떻게 받을까?

관습법상의 법정지상권은 민법 지상권에 관한 규정이 준용된다. 따라서 존속기간보장, 지상권자의 갱신청구권, 지상물매수청구권(민법 제283조), 지료청구가 가능하다.

① **지료청구권 및 지료의 발생시기** : 법정지상권이 발생할 경우 건물 소유자는 토지 소유자에게 지료를 지급할 의무가 있다. 지료는 원칙적으로 당사자의 협의에 의해 정한다. 협의가 이루어지지 않으면 당사자의 청구에 의해 법원에서 정한다(민법 제366조 단서). 지료의 발생 시기는 토지 낙찰자가 잔금을 납부한 때부터다.

② **지료 산정** : 법원은 법정지상권자가 지급할 지료를 정함에 있어서 법정지상권 설정 당시의 제반 사정을 참작해야 한다. 법정지상권이 설정된 건물이 있어서 토지의 소유권이 제한을 받는

---

87) 저당권 설정 당시에 토지와 건물 소유자가 다른 경우 건물 소유자는 이미 토지 소유자에 대해 대항할 수 있는 용익권이 설정되어 있을 것이므로 그 건물을 위해서 다시 법정지상권을 인정해줄 필요가 없기 때문이다.

88) 저당권자의 임의경매를 말하며, 저당권자가 강제경매를 신청하는 경우, 저당권 있는 부동산에 제삼자가 강제경매를 신청하는 경우를 포함한다.

89) 대법원 판결 1995. 7. 28, 95다9075

90) 당사자 사이에 건물을 철거한다는 특약을 한 경우 법정지상권은 성립하지 않는다. 토지 위의 건물만을 양도하면서 토지에 관한 임대차계약을 체결한 경우 법정지상권을 포기한 것으로 간주한다(대법원 판결 1992. 10. 27, 92다3984)

91) 대법원 판결 1988. 4. 12, 87다카2404

92) 대법원 판결 2012. 10. 18, 2010다52140 : 강제경매의 목적이 된 토지 또는 그 지상 건물의 소유권이 강제경매로 인해 그 절차상의 매수인에게 이전된 경우에 건물의 소유를 위한 관습상 법정지상권이 성립하는가 하는 문제에 있어서는 그 매수인이 소유권을 취득하는 매각대금의 완납 시가 아니라 그 압류의 효력이 발생하는 때를 기준으로 토지와 그 지상 건물이 동일인에 속했는지가 판단되어야 한다[=압류(경매기입등기 시) 또는 가압류의 효력 발생 시]. 대법원 판결 2013. 4. 11, 2009다62059 : 강제경매를 위한 압류나 가압류가 있기 이전에 저당권이 설정된 경우 관습법상의 법정지상권 성립요건인 토지와 그 지상 건물이 동일인 소유에 속했는지를 판단하는 시기(=저당권 설정 당시)

사정은 참작해서 평가하지 않는다. 대지의 점거사용으로 얻은 실질적 이득으로 대지 소유자에게 반환할 의무가 있다(대법원 판결 1989. 8. 8, 88다카18504, 1995. 9. 15, 94다61144). 따라서 지료 산정은 경매 감정가를 기준으로 하지 않고 소송절차에서 다시 감정한다. 지상의 건물을 감가해 평가하지 않고, 건물이 없는 나대지 상태를 전제로 주변 토지의 경제적인 가치와 이용 상태 등을 종합해서 평가한다. 판례의 경우 토지 감정가액의 연 5~7%가 있으나 실무에서는 감정평가를 받아서 시중은행의 금리 수준에서 조정한다.

③ **소멸청구** : 법정지상권자가 지료를 2년 이상 연체(2년 연속해서 연체한 것이 아니라, 연체액의 합계가 2년분 이상을 말한다)할 경우 토지 소유자는 법정지상권의 소멸을 청구할 수 있다. 2년 이상의 연체기간은 종전 소유자와의 연체기간을 합산할 수는 없다. 토지 양수인에 대한 연체기간이 2년 이상이어야 한다(대법원 판결 2001. 3. 13, 99다17142).

④ **지료 결정 후 소멸청구 가능** : 지료에 관해 당사자의 협의나 법원에 의한 결정이 없다면, 법정지상권자가 지료를 지급하지 않았다고 하더라도 지료 지급을 지체한 것이라고 할 수 없다. 토지 소유자는 2년 이상의 지료를 지급하지 않았다는 것을 이유로 소멸청구를 할 수 없다(대법원 판결 1994. 12. 2, 93다52297. 대법원 판결 1996. 4. 26, 95다52864). 즉, 구체적인 지료가 특정되어야 지체 여부를 다툴 수 있다.

(5) 법정지상권 성립 여부 상관없이 수익 내는 법

법정지상권 물건을 투자할 경우, 매수인이 취득하고자 하는 목적(실수요, 투자)이 무엇인지에 따라 방향을 잡고 입찰 여부를 결정한다. 크게 법정지상권이 성립하는 경우, 법정지상권이 불성립하는 경우로 나눠볼 수 있다.

① 법정지상권이 성립하는 경우

법정지상권이 성립할 경우 토지 매수인은 건물 소유자에게 지료를 청구할 수 있다. 어떤 물건이냐에 따라 지료 수익이 높다면 웬만한 임대수익 못지 않을 것이다(현재의 예상 지료와 매년 지료를 인상해 수익을 창출하는 것도 생각해볼 수 있음). 또 건물 소유자에게 토지를 시세대로 매각해볼 수도 있다. 만일 건물 소유자가 지료를 2년 이상 연체할 경우 토지 소유자는 법정지상권 해지통보를 하고 건물철거 또는 건물을 저가에 매수[93]할 수 있다.

② 법정지상권이 성립하지 않는 경우

법정지상권이 성립하지 않는다면 건물을 철거해서 나대지가 된 토지를 적합한 용도로 활용(건축, 경작 등)하거나 건물 소유자로부터 건물을 저가에 매수할 수도 있다. 또 건물철거소송을 해서 건물을 저가에 낙찰받을 수도 있다.

법정지상권이 성립 여부로 다투거나 건물을 철거시킬 경우 매입 후 권리행사 및 수익을 얻기까지 장기간 소요될 수 있으므로 시간과 소요비용(명도소송비용, 장기간의 이자 및 기회비용), 자금사정(법정지상권 성립 관련 물건은 대출이 잘 안 나옴)을 예상해서 입찰해야 한다.

---

93) 이 경우 임차인의 채무불이행으로 계약이 해지될 경우 임차인의 지상물매수청구권은 인정되지 않는다(대법원 판결 2003. 4. 22, 2003다7685).

③ 기타

법정지상권이 성립할 경우 토지 소유자는 토지를 사용할 수 없어 지료만 받을 수 있다. 법정지상권이 성립하지 않을 경우 토지 소유자는 건물을 철거시킬 수 있다고만 생각할 것이 아니라 토지 소유자와 건물 소유자 간의 다양한 최유효화방안을 고민해본다면 좋은 수익방안이 나올 수 있다.

예컨대, 지상의 건물이 활용도가 높고 임대수익이 높다면 건물 소유자와 함께 토지와 건물을 공유로 하고 함께 임대수익을 나누는 방법, 아니면 토지와 건물을 동시에 매각(개별매각보다는 동시매각이 토지와 건물의 가치가 높아짐)해 매각대금을 나누는 방법 등을 협상해볼 수 있다.

실무상 토지를 낙찰받은 후 소송보다는 건물 소유자와 협의로 마무리하는 경우가 많다.

☞ **[참고] 법정지상권 성립하지 않는 토지를 매입 후**
　　　　위 지상 건물을 저가에 매입하는 방법

① 토지 인도 및 건물철거청구 + 부당이득반환청구(불법점유를 이유로) **내용증명** ➡

② 건물에 대한 **처분금지가처분**(건물철거청구권을 원인으로) ➡

③ 토지 인도 및 건물철거청구 + 부당이득반환청구의 **소송 제기** ➡

④ **판결 확정** ➡

⑤ 부당이득반환청구채권 확정판결로 **강제경매 신청** ➡

⑥ **토지 소유자 낙찰**받음

[자료 7-9] 법정지상권이 성립하지 않는 사례

원주4계 2022-1○○						
대표소재지	[목록1] 강원 횡성군 횡성읍 옥동리 ▨ 외 3개 목록					
대표용도	창고용지	채 권 자	농협중앙회 강제경매			
기 타용 도	답, 임야	소 유 자	김종▨	신 청 일		2022.01.20
감정평가액	81,241,000원	채 무 자	김종▨	개시결정일		2022.01.21
최저경매가	**(70%) 56,674,000원**	경 매 대 상	토지전부	감 정 기 일		2022.02.14
낙찰/응찰	72,707,000원 / 4명	토 지 면 적	875㎡ (264.69평)	배당종기일		2022.04.27
청구금액	57,639,453원	건 물 면 적	0㎡	낙 찰 일		2022.10.11

대법원공고	**[매각물건명세서]** • 목록 1,3 지상 건물을 위하여 이 사건 토지에 법정지상권이 성립할 여지가 있음 **[현황조사서]** • 채무자(소유자)점유, 임차인(별지)점유 • 사용용도 : 제시 외 건물 ㄱ의 부지 등으로 사용 ㄱ은 건축물대장 있으며, 대장 상 소유자는 채무자 김종▨으로 되어 있음

출처 : 대한민국법원 법원경매정보

토지 : 근저당권 설정일 2017년 5월 19일 채권최고액 1,950만 원 횡성신협, 강제경매 기입등기 2022년 1월 24일 청구액 5,763만 원 농협중앙회

건물 : 건축물대장 소유자 김종○ 착공일 2018년 11월 1일 사용 승인일 2019년 1월 2일

| 설명 | **법정지상권이 성립하지 않는 물건**

1. 이 건은 토지만의 강제경매다. 토지에 대한 근저당권 설정 당시 (2017. 5. 19) 건물이 동일 소유자로 존재하면 민법 제366조 법 정지상권이 성립한다. 그런데 건축물대장을 보면 소유자는 동 일 소유자인데 착공일, 사용승인일이 근저당권설정일 이후다. 따라서 저당권 설정 당시 건물이 존재하지 않는 것으로 보이므

로 민법 제366조 법정지상권은 성립하지 않는다.

2. 이 건은 강제경매 진행 건이므로 관습법상의 법정지상권 성립 여부를 검토해본다. 관습법상의 법정지상권은 토지와 건물이 동일 소유자였다가 처분 당시 동일 소유자였으면 법정지상권이 성립한다. 매매의 경우 처분 당시 동일 소유자였는지 판단 시기는 소유권이전등기 때지만, 강제경매의 경우 압류의 효력이 발생한 시점이다. 즉, 강제경매개시결정 시점(2022. 1. 24)이다. 그런데 강제경매 이전에 근저당권이 설정된 경우 근저당권 설정 시를 기준으로 동일 소유자였는지를 판단한다. 왜냐하면 저당권자는 저당권 설정 당시를 기준으로 담보가치를 평가했는데 저당권 설정 이후 소유자가 변경되었다는 우연한 사정으로 저당권자의 담보가치를 하락시키는 손해를 입히기 때문(대법원 판결 2009다62059)이다. 따라서 이 건은 저당권 설정 당시 동일 소유자가 아니므로 관습법상의 법정지상권도 성립하지 않는다.

분묘기지권★

경매 물건 중에 묘가 있는 물건이 있다. 이 경우 법원은 매각물
건명세서에 '분묘기지권 성립 여지 있음'으로 기재한다. 실제 분
묘기지권이 성립해서 써놓은 것이 아니고 매각물건에 묘가 있으
면 매각물건명세서에 이와 같이 기재를 하기 때문에 매수인은 분
묘기지권 성립 여부를 판단하고 입찰해야 한다.

1. 남의 땅에 묘를 사용할 수 있는 권리, 분묘기지권

타인의 토지에 분묘를 설치한 자는 분묘를 지키고 제사를 지내
는 목적을 달성하는 데 필요한 범위 내에서 타인의 토지를 사용할
수 있는 권리를 가진다. 이를 '분묘기지권'이라고 한다.

분묘기지권은 명문 규정에 없고 판례(대법원 판결 1973. 2. 26, 72
다2454)에 의한 관습법상 인정되는 특수한 지상권이다.

분묘란 그 내부에 사람의 유골, 유해, 유발 등 시신을 매장해

서 사자를 안장한 장소를 말한다. 장래의 묘소로서 설치하는 등 그 내부에 시신이 안장되어 있지 않은 것은 분묘가 아니다. 분묘 기지권이 성립하기 위해서는 봉분 등 외부에서 분묘의 존재를 인식할 수 있는 형태를 갖추고 있어야 하고, 평장되어 있거나 암장 되어 있어 객관적으로 인식할 수 있는 외형을 갖추고 있지 않은 경우는 분묘기지권이 인정되지 않는다(대법원 판결 1991. 10. 25, 91다18040). 그리고 '장사 등에 관한 법률'의 시행으로 2001년 1월 13일 이후에 토지 소유자의 승낙 없이 설치되는 분묘의 경우에는 분묘기지권이 인정되지 않는다(장사 등에 관한 법률 제27조).

2. 분묘기지권 인정 요건

분묘기지권이 성립하기 위한 요건으로 다음과 같이 3가지가 있다. 3가지 중 1가지만 성립하면 분묘기지권은 성립한다.

(1) 토지 소유자의 승낙을 얻어 분묘를 설치한 경우
(2) 토지 소유자의 승낙 없이 분묘를 설치했지만 20년간 평온·공연[94]하게 점유한 경우(대법원 판결 1995. 2. 28, 94다37912)

　　단, '장사 등에 관한 법률'의 시행으로 2001년 1월 13일 이후에 토지 소유자의 승낙 없이 설치되는 분묘의 경우에는 20년이 넘어도 분묘기지권 성립이 안 된다. 분묘설치 시에는 관할 관청에 신고할 의무가 있다.
(3) 자기 소유의 토지에 분묘를 설치한 자가 별도의 특약 없이 토지만을 양도한 경우(대법원 판결 1967. 10. 26, 67다1920)

---

94) 평온한 점유란 점유자가 점유를 취득 또는 보유하는 데 있어 법률상 용인될 수 없는 강포행위를 쓰지 않는 점유이고, 공연한 점유란 은비의 점유가 아닌 점유를 말한다(대법원 판결 1996. 6. 14, 96다14036).

☞ **[참고] 분묘기지권이 성립하지 않는 경우**

2001년 1월 13일 이전 토지 소유자의 승낙 없이 설치한 분묘 중 20년 이하의 분묘, 2001년 1월 13일 이후 토지 소유자 승낙 없이 설치한 분묘, 자기 소유의 토지 매매 시 분묘 이장 특약을 한 경우는 분묘기지권이 성립하지 않는다.

또 다음 지역은 분묘설치제한지역으로 분묘기지권이 성립하지 않는다.

① 수도법 규정에 의한 상수원보호구역(수도법 제5조 1항)
② 문화재보호법 규정에 의한 문화재보호구역(문화재보호법 제8조 및 제55조)
③ 국토의 계획 및 이용에 관한 법률에 의한 주거지역, 상업지역 및 공업지역(국계법 제36조 제1항 제1호)
④ 농지법 규정에 의해 지정된 농업진흥지역(농지법 제30조)
⑤ 산림법 규정에 의해 지정고시된 채종림, 보안림, 요존국유림(산림법 제49조)
⑥ 군사시설보호법 규정에 의해 설정된 군사시설보호구역(군사시설보호법 제4조)

3. 분묘기지권자의 권리와 지료 지급의무

(1) 존속기간

당사자 간의 약정이 있으면 약정에 따른다. 약정이 없으면 분묘의 수호와 봉사를 계속하도록 그 분묘가 존속하고 있는 동안 분묘기지권은 존속한다.[95]

(2) 분묘기지권이 미치는 범위

① **분묘기지와 분묘기지 주위의 공지** : 분묘기지권은 분묘의 기지 자체뿐만 아니라 그 분묘의 설치목적인 분묘의 수호 및 제사에 필요한 범위 내에서 분묘의 기지 주위의 공지를 포함한 지역에까지 미치고 그 확실한 범위는 각 구체적인 경우에 개별적으로 정해야 한다(예 : 묘 1기에 약 3평 정도).[96]

---

95) 대법원 판결 1991. 10. 25, 91다18040
96) 대법원 판결 1994. 8. 26, 94다28970

② **분묘신설 및 합장불허** : 분묘기지권에는 그 효력이 미치는 지역의
  범위 내라고 할지라도 기존의 분묘 외에 새로운 분묘를 신설
  하거나 합장해서 분묘를 설치하는 것도 허용되지 않는다(대
  법원 판결 2001. 8. 21, 2001다28367).

(3) 지료(토지 사용료)

기존에는 지상권에 있어서 지료의 지급은 그 요소가 아니었다.
지료에 관한 약정이 없는 이상 지료를 받을 수 없었다는 점에 비
추어 보면, 분묘기지권을 시효 취득하는 경우에도 지료를 지급할
필요가 없다(대법원 판결 1995. 2. 28, 94다37912)고 했으나 2021년
4월 29일 대법원 판결에서는 타인의 묘지에 분묘를 설치한 자가
분묘기지권을 취득하더라도, 분묘기지권자는 토지 소유자가 분
묘기지에 관한 지료를 청구하면 그 청구한 날부터의 지료를 지급
할 의무가 있다고 판결(대법원 전원합의체 판결 2017다228007)했다.
즉, 자신의 땅에 남의 분묘가 있을 경우 지료를 청구할 수 있다.
만일 지료를 2년간 미납하면 법정지상권과 마찬가지로 토지 소
유자는 분묘 소유자에게 분묘기지권을 소멸청구할 수 있게 된다.

4. 분묘기지권 유의사항과 권리분석 방법

(1) 경매로 낙찰받은 토지에 묘가 있을 경우 임의로 개장하거
  나 훼손 시 형사처벌(분묘발굴죄)[97]을 받을 수 있으므로 유
  의해야 한다.

---

97) 형법 제160조(분묘의 발굴) : 분묘를 발굴한 자는 5년 이하의 징역에 처한다.
   제161조(시체 등의 유기 등) : ① 시체, 유골, 유발 또는 관 속에 넣어 둔 물건을
   손괴(損壞), 유기, 은닉 또는 영득(領得)한 자는 7년 이하의 징역에 처한다. ②
   분묘를 발굴하여 제1항의 죄를 지은 자는 10년 이하의 징역에 처한다.

(2) 분묘기지권 성립요건의 묘는 분묘이어야 한다. 분묘가 아
닌 자연장법에 의해 치른 자연장의 경우 분묘라고 할 수 없
다. 이 경우 분묘기지권이 성립하지 않으며, 분묘가 아니므
로 개장의 대상이 되지 않는다(아래 장사 등에 관한 법률 제2
조 정의 참조). 따라서 자연장의 경우 자연으로 돌아간 자연
의 일부(토지의 구성부분)이며, 흙은 토지의 구성 부분이므로
토지 소유자에게 속한다고 본다.

(3) 분묘기지권의 성립 여부를 검토하기 위해 묘의 관리상태와
주변 환경을 확인한다. 비석이 있는 경우 언제 사망으로 묘
가 들어섰는지 추측해본다. 전 소유자와 인근 주민을 탐문
해서 분묘의 소유자와 분묘설치기간, 관련 내용을 알아본다.
  분묘를 이장하려면 우선 무연고묘(연고자가 없는 경우)인
지, 유연고묘(연고자가 있는 경우)인지, 분묘기지권이 성립하
는지 파악한다.

유연고묘인 경우	① **분묘기지권이 성립하지 않는 경우** : 분묘기지권이 성립하지 않는다고 판단하면 우선 적정한 비용을 주고 합의해 이장한다. 합의가 안 되면 분묘연고자를 상대로 '분묘개장소송'을 제기해 승소 후 개장할 수 있다(장사법).
	② **분묘기지권이 성립하는 경우** : 분묘기지권이 성립한다고 판단하면 적정한 비용을 주고 합의해 이장한다. 합의가 안 되면 지료를 청구하고, 지료 합의가 안 되면 지료 소송을 해 지료청구판결을 확정받는다. 지료 미납 시 분묘기지권을 소멸청구해 소멸시킨 후 분묘개장소송을 제기해 승소 후 개장할 수 있다(장사법).
무연고묘인 경우	분묘기지권이 성립하지 않는 경우와 분묘기지권이 성립하는 경우 : '장사법'에 따라 개장할 수 있다.

출처 : 저자 작성

5. 분묘를 개장하는 방법

(1) 유연고묘

개장신고(개장신고는 연고자가 신청해야 한다. 연고자가 아닌 토지 소유자가 하는 경우에는 법원 개장판결을 받아 개장신고를 할 수 있다)

(2) 무연고묘

개장허가(개장허가는 무연고묘의 경우, 토지 소유자가 신청한다) 무연고묘의 경우 분묘를 관할하는 관청(시·군·구·읍·면)에 개장허가신청 → 개장허가(개장허가증 교부) → 3개월 이상의 기간을 정해 연고자에게 통보, 연고자를 알 수 없는 경우에는 공고한 후 개장 → 화장 및 봉안(납골당 안치)

8장

이것만 알면
권리분석
끝

등기부 권리분석과 임대차권리 초간단 권리분석 방법

지금까지 권리분석에 대해 6장에서는 등기부상의 권리분석을 알아보고, 7장에서는 부동산 등기부 외의 권리분석을 살펴봤다.

이 내용을 공부하는 이유는 부동산을 매수할 때 해당 부동산의 권리관계를 확인하기 위해 등기부등본을 열람하고(등기부 권리분석), 등기부에 나타나지 않는 권리(임대차 등)가 어떤 것이 있는지를 알고, 이러한 권리들이 내가 부동산을 매수할 때 인수될 것인가, 소멸될 것인가를 알아내기 위한 것이다.

그런데 필자가 많은 경매 물건을 분석하고 낙찰받은 경험에 의하면, 경매 물건 중 토지는 일반적으로 임차인이 없으므로 등기부 권리분석과 매각물건명세서 확인만으로 권리분석 해결이 되고, 건물은 대다수가 주거용 건물과 상업용 건물이고 이 물건들은 주택임대차보호법과 상가건물임대차보호법의 적용을 받는 것이 일반적이다. 그래서 등기부 권리분석과 임대차권리 그리고 매각물건명세서 확인만으로 거의 대부분의 권리분석이 해결된다.

다음은 등기부 권리분석과 임대차권리를 쉽고 간단하게 분석하는 방법이다.

1. 권리분석 순서대로 따라 하기
첫째, 등기부상의 등기된 권리를 시간순서에 따라 나열 후 말소기준권리를 찾는다(유료 경매 정보사이트에 등기부상의 권리가 시간순으로 나열되어 있으므로 참고해서 보면 편하다. 또 등기부등본을 열람해 경매 정보사이트에 나와 있는 권리와 시간 순서에 따라 일치하는지 대조하고 확인해본다). 등기부상의 인수권리가 있는지 확인한다.

둘째, 매각물건명세서상의 임차인 전입일자(상가는 사업자등록일)를 확인한다.

셋째, 말소기준권리와 전입일자 중 어느 것이 앞서는지 확인한다. 전입일자가 말소기준권리보다 앞에 있으면 대항력이 있고, 전입일자가 말소기준권리 뒤에 있으면 대항력이 없다.

2. 임대차 권리분석 핵심
등기부에 나타나지 않는 임대차는 전입일자(상가는 사업자등록일자)를 확인한다.

임대차 확인서류 : 매각물건명세서, 점유현황조사서, 전입세대열람
내역서

[자료 8-1] 임대차 권리분석 하기

★ **대항력 : 주택(상가)의 인도 + 전입신고(사업자등록)**

> ☆ 의의 : 낙찰자에게 배당받지 못한 보증금을 전액 청구할 수 있는 힘
>
> ☆ 요건 : 임차인은 주택을 인도받고 말소기준권리보다 먼저 전입신고했을 것. 전입신고일(사업자등록일) 익일 0시 대항력 발생

★ **우선변제권 : 주택(상가)의 인도 + 전입신고(사업자등록) + 확정일자 + 배당요구**

> ☆ 의의 : 후순위 권리자보다 우선해서 보증금을 변제받을 수 있는 권리
>
> ☆ 요건 : 임차인은 대항력(주택의 인도와 전입신고)과 확정일자를 모두 갖추고 배당요구종기일 내에 배당요구를 했을 것

★ **최우선변제권 : 주택(상가)의 인도 + 전입신고(사업자등록) + 배당요구**

> ☆ 의의 : 소액임차인이 보증금 중 일정액에 관해 주택가액(상가건물가액) 1/2범위 안에서 **다른 담보물권자보다 우선해서 변제**받을 수 있는 권리
>
> ☆ 요건 : 소액임차인이 주택의 인도와 전입신고를 갖추고 배당요구종기일 내에 배당요구를 했을 것

출처 : 저자 작성

권리분석의 답안지,
매각물건명세서

1. 경매 물건의 권리 내용을 공시해놓은 서류

부동산 경매에서는 모든 경매 물건에 대해 권리분석을 해놓은
서류가 있다. 바로 매각물건명세서다. 그것도 법원에서 제공해준
서류이므로 정확하고 믿을 만하다. 만일 매각물건명세서의 내용
이 사실과 다르게 기재되는 등 오류를 범할 경우, 예컨대 인수되
는 권리가 있는데 매각물건명세서에 기재하지 않아서 매수인이
인수하게 되는 경우 매각불허가사유[98]로 구제를 해주고 있다.

매각물건명세서는 법원에서 입찰대상 부동산의 현황을 정확히
파악해 일반인에게 그 현황과 권리관계를 공시함으로써 입찰하
려는 사람이 입찰대상 물건에 필요한 정보를 쉽게 얻을 수 있게
해 예측하지 못한 손해를 방지하고자 하는 데 그 취지가 있다(대

---

98) 민사집행법 제121조 제5호에서는 '매각물건명세서의 작성에 중대한 흠이 있
는 때'에 해당해 매각불허가 사유가 된다.

법원 판결 2004. 11. 9, 2004마94). 매각물건명세서는 부동산의 현황과 중요한 권리관계를 공시해놓은 서류다.

2. 매각물건명세서만 잘 봐도 권리분석은 해결

매각물건명세서에는 매각하는 부동산이 어떤 것인지 부동산의 표시를 해놓고, 우리가 앞서 배운 말소기준권리와 임차인의 대항력이 있는지 없는지도 나온다.

또 등기부의 권리 중 인수되는 권리와 등기부에 나타나지 않는 권리가 있을 때도 기재해놓는다. 또 기타 매수인에게 알려줘야 할 중요한 내용이 있으면 비고란에 적어놓는다. 쉽게 말해서 매각물건명세서에 이것저것 많은 내용이 있으면 권리관계가 안 좋다고 할 수 있어서, 공란일수록 좋다. 입찰자는 매각물건명세서만 잘 보아도 대다수의 권리분석은 해결이 된다.

그러면 여기서 이런 질문을 하는 사람이 있을 수 있겠다. '매각물건명세서만 잘 공부하면 그만이지 뭐 이렇게 어렵고 복잡하게 권리분석공부를 할 필요성이 있냐?'라고 말이다. 그런데 모든 경매 물건이 매각물건명세서만으로 완벽하게 해결되는 것은 아니다. 또 매각물건명세서도 사람이 작성하는 일이라서 실수가 있을 수 있고, 기재 내용에 오류가 있을 수도 있다. 또 명확하지 않은 내용을 기재하는 경우도 있다. 이를 믿고 입찰한 사람이 매각불허가로 구제받을 수 있겠지만, 구제받지 못하는 경우도 있기 때문에 매각물건명세서 이외의 권리분석도 필요하다.

3. 매각물건명세로 더 큰 수익 얻기

경매를 잘하는 사람은 매각물건명세서의 내용을 이용해 수익을

낸다. 예컨대, 매각물건명세서에 인수되는 권리(예 : 선순위 임차인, 유치권, 법정지상권, 분묘기지권, 가처분 인수, 지적상맹지 등)가 기재되어 있는데 실제로 인수되지 않는 권리로 알아내거나, 인수되지 않는 권리로 해결할 경우(예 : 가장임차인, 유치권 부존재, 법정지상권 불성립, 분묘기지권 해결, 가처분말소, 맹지 아님 등)에 인수되는 권리라고 믿고 입찰을 포기하는 사람보다 유리한 경쟁으로 좋은 가격에 낙찰받을 수 있을 것이다. 이렇게 낙찰받은 사람은 오히려 경쟁자를 떨어뜨려 준 매각물건명세서가 고마울 것이다.

4. 매각물건명세서 해부해보기

[자료 8-2] 매각물건명세서 사례

출처 : 대한민국법원 법원경매정보

매각물건명세서는 매각기일마다 1주일 전까지 법원에 비치해 누구나 열람할 수 있도록 하고 있다.

① **사건번호와 물건번호** : 사건번호는 경매 사건번호를 적고 중복 경매일 경우 중복 경매 사건번호 모두 기재한다. 물건번호는 물건이 2개 이상 개별매각인 경우 물건번호를 각각 기재한다.

② **작성일자** : 매각물건명세서 작성일자로, 만일 매각물건명세서의 내용이 잘못되었거나 변동이 생긴 경우 매각물건명세서를 정정하고 다시 작성한 날짜를 기재한다. 매각물건명세서를 정정한 경우 매각물건명세서는 가장 최근의 것으로 확인한다.

③ **부동산 및 감정평가액 최저매각가격의 표시** : 부동산의 표시는 내용이 많으므로 별지에 '별지기재와 같음'이라고 적어놓는다.

④ **최선순위 설정** : 등기부상의 말소기준권리다.

⑤ **배당요구종기** : 임차인 및 채권자들이 배당요구할 수 있는 기한이다. 배당요구종기일 이내 배당요구할 수 있고, 또 기한 내 철회도 할 수 있다. 배당요구종기 이후 배당요구는 받아주지 않는다. 임차인이 있는 경우 배당요구종기일 이내 배당요구를 했는지 확인한다.

⑥ **점유관계와 관계인 진술(점유현황)** : 살고 있는 사람이 소유자인지, 임차인인지, 임차인이면 얼마에 살고 있는지 적어 놓는다. 또 인수되는 임차권리가 있는 경우와 점유현황의 특이사항(예 : 점유자와 소유자의 관계)이 있으면 [비고]에 적어 놓는다. 임차인이 없으면 '조사된 임차내역 없음'이라고 기재한다.

- 정보 출처 구분에서 현황조사와 권리신고 2개가 있는데, 현

황조사란에 있는 내용은 법원집행관이 현황조사를 나가서 조사한 내용이고, 권리신고란에 있는 내용은 점유자가 직접 권리신고한 내용이다.

- 임차인의 전입신고일자, 사업자등록신청일자와 ④최선순위 설정일자(=말소기준권리)의 시간순서를 보고 임차인 대항력 유무를 확인한다.

⑦ **등기된 부동산에 관한 권리 또는 가처분으로 매각으로 그 효력이 소멸되지 않는 것** : 등기된 권리 중 인수되는 권리가 있을 경우 기재한다.

⑧ **매각에 따라 설정된 것으로 보는 지상권의 개요** : 법정지상권 성립여지가 있는 경우 기재한다.

⑨ **비고란** : 기타 입찰자에게 알려줘야 할 중요한 사항들을 기재한다. 예컨대, 유치권신고, 특별매각조건인 농지취득자격증명 제출, 재매각사건의 보증금 20~30%, 제시외물건, 매각제외물건 등을 기재한다.

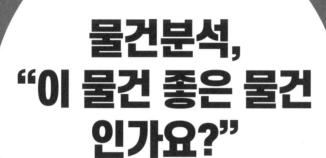

9장

물건분석,
"이 물건 좋은 물건
인가요?"

권리분석은 "이 물건 문제 있나요?"라고 물을 때 그 물건에 대한 '권리의 하자 유무를 분석'을 하는 것이고, 물건분석은 "이 물건 좋은 물건인가요? 라고 물을 때 그 물건에 대한 '가치평가(현재, 미래)'를 하는 것이라고 할 수 있다. 즉, 물건분석은 이 물건이 좋은 물건인지, 안 좋은 물건인지 판단하기 위해 가치를 평가해야 하는데, 여기에서 가치는 현재가치와 미래가치를 포함한다.

현재가치를 파악하기 위해서는 현장조사와 시세조사가 필수다. 미래가치를 파악하기 위해서는 이 물건을 포함한 주변의 개발계획을 확인하고, 낙찰받고자 하는 물건을 가지고 수리, 리모델링, 용도변경 등으로 가치를 올릴 수 있는지도 함께 알아본다. 물건분석에는 현장조사, 시세조사, 개발계획, 상권분석, 수익성분석, 최유효 활용방안이 이에 해당한다.

이 장에서는 물건분석을 위해서 봐야 할 서류와 실무상 주요 체크포인트, 그리고 현장조사방법에 대해 기술한다.

토지와 건물을 매입할 때
연관된 공적 장부

1. 건물과 토지를 매입하게 될 경우 꼭 봐야 할 서류

집합건물은 집합건물 등기부등본을, 일반건물은 건물 등기부등본과 건축물대장을, 토지는 토지 등기부등본과 토지이용계획확인원을 발급해 확인한다. 나머지 서류들은 세부 검토가 필요시 발급받아 확인한다.

2. 공적 장부 열람 및 발급방법

서류열람 및 발급은 인터넷으로 가능하며, 등기부등본은 '대법원인터넷등기소(www.iros.go.kr)', 토지 이용계획열람은 '토지이음(www.eum.go.kr)', 건축물대장과 토지대장 등 나머지 서류들은 주로 '정부24(www.gov.kr)'에서 열람 및 발급할 수 있다.

구분	공적 장부	내용	꼭 봐야할 서류 (필수 ○ 선택 △)	발급받는 곳
건물	① 건물 등기부등본(집합 건물의 경우 : 집합건물 등기부등본)	부동산에 관한 권리관계를 확인 (표제부, 갑구, 을구)	○	**[등기부등본]** 대법원인터넷 등기소(열람 700원, 발급 1,000원)
	② 건축물관리대장	건물의 사실관계를 확인(소재, 구조, 면적, 용도, 건물의 변동사항, 소유자 인적사항 등)	○	**[나머지 서류]** – 오프라인 : 시·군·구청, 행정복지센터
토지	① 토지 등기부등본	건물 등기부등본과 같음	○	– 인터넷 : **정부24** : 건축물대장, 토지대장, 지적도(임야도), 토지이용계획 확인원 (www.gov.kr)
	② 토지(임야) 대장	토지의 사실관계를 확인 (소재, 지번, 지목, 면적, 토지의 변동사항, 소유자 인적사항)	△	
	③ 토지이용계획확인원	토지에 대한 용도와 규제 및 허가사항 확인(소재지, 지목, 면적, 개별공시지가, 용도지역, 개발제한구역 등의 용도구역, 용도지구 등)	○	**토지이음** : 토지이용계획 확인원 (eum.go.kr)
	④ 지적도(임야도)	토지의 소재지번에 대해 경계를 구분한 지도 지적도 : 1200분의 1 축척(일반) 1cm=12m 임야도 : 6000분의 1 축척(일반) 1cm=60m	△	

출처 : 저자 작성

3. 건축물대장을 볼 때 유의할 사항

주거용 집합건물이 아닌 상가나 단독건물(다가구주택, 상가주택 등)의 경우 필히 건축물대장을 발급해보고, 위법건축물 여부를 확인해봐야 한다.

위반건축물이란 건축물에 대한 사용승일을 받은 후 불법으로 용도변경, 증축, 대수선 등의 행위를 한 건축물을 말한다. 경매 물건을 보다 보면 건축물대장의 용도와 등기부등본의 용도 그리고 실제 사용용도가 다른 것이 종종 있다. 위반건축물이라고 하더라도 해당 관청에 위반건축물로 적발(공무원의 자체조사, 일반인의 민원 제기, 항공사진 적발)이 되면 건축물대장에 위반건축물로 등재가 되고, 적발되지 않는다면 위반건축물로 등재가 되어 있지 않다.

따라서 건축물대장에 위반건축물이라고 등재가 되어 있지 않더라도 실제 위반건축물로 사용하고 있다면 적발이 안 되었을 뿐 위반건축물로서 원상복구 및 이행강제금 대상이 될 수 있다.

입찰자는 건축물대장의 면적과 건축물대장에 기재된 용도와 실제 사용하는 용도가 같은지 확인해보고 상이하다면 위반 여부를 확인 후 입찰해야 한다(예 : 건축물대장은 사무실인데 실제는 주택으로 사용하는 경우, 건축물대장에는 없는 면적을 무단 확장 증축해 사용하는 경우 등).

위반건축물의 경우 해당 관청에서는 시정명령 통보를 하고 시정명령을 이행하지 않으면 이행강제금을 부과한다. 이행강제금은 1년에 2회 범위에서 시정명령이 이행될 때까지 반복해서 이행강제금을 부과, 징수할 수 있다. 소유자가 변경된 경우 새로운 소유자에게 시정명령을 하고 이행 여부에 따라 이행강제금을 부과한다.

경매 물건 분석할 때
꼭 봐야 할 서류

1. 법원 경매 3대 서류

어떤 경매 물건을 입찰하더라도 반드시 봐야 할 서류다. 매각물건명세서, 현황조사보고서, 감정평가서, 이 3가지를 법원 경매 3대서류라고도 한다.

(1) 매각물건명세서

법원에서 매각물건 내용을 요약해놓은 것으로 가장 중요한 서류

- 유의할 부분 : 최선순위 설정, 배당요구종기, 임차내역, 등기된 부동산에 관한 권리 또는 가처분으로 매각으로 그 효력이 소멸되지 않는 것과 매각에 따라 설정된 것으로 보는 지상권의 개요와 비고란

- 매각물건명세서에 기재된 내용이 사실과 다를 경우 불허가 신청이 가능하다.

(2) 현황조사보고서

법원집행관이 현장에 가서 조사한 사항을 적은 서류

- 유의할 부분 : 조사일시, 현황 조사한 내용으로, 현황조사한
  내용과 매각물건명세서의 내용이 서로 상이할 경우 매각물건
  명세서를 우선한다.

(3) 감정평가서

법원에서 매각물건을 감정평가한 서류

- 유의할 부분 : 감정일자와 감정금액(감정금액은 시세가 아니며,
  감정시점에 따라 현재시세 차이가 많이 남), 감정내용과 실제 물
  건상태

2. 경매 물건 입찰 전 꼭 봐야 할 서류

법원 경매 3대 서류와 앞서 기술한 토지와 건물을 매입할 때 꼭
봐야 할 서류(등기부등본, 건축물대장, 토지이용계획확인원)는 경매
물건을 분석할 때 입찰 전 꼭 봐야 할 서류다.

농지취득자격증명

1. 농지취득자격증명 발급대상

농지를 취득하고자 하는 사람은 농지취득자격증명(줄여서 '농취증'이라고 함)을 제출해야 한다.[99] 농지는 지목이 전, 답, 과수원이지만 지목을 불문하고 실제로 경작에 쓰이는 토지를 말한다. 농지취득자격증명이란 농지를 취득할 수 있는 자격이 있음을 증명하는 서류다.

경매로 농지를 취득하려면 농지의 경우 매각물건명세서의 매각조건에 농지취득자격증명을 제출하라고 공고하게 된다. 낙찰자는 낙찰 후 7일 이내 농지취득자격증명을 발급받아 해당 경매계에 제출해야 한다.

---

99) 농지법 제8조 1항 : 농지를 취득하려는 자는 농지 소재지를 관할하는 시장, 구청장, 읍장 또는 면장(이하 "시·구·읍·면의 장"이라 한다)에게서 농지취득자격증명을 발급받아야 한다.

미제출 시 보증금이 몰수될 수 있으므로 사전 농지취득자격증명 발급이 가능하고, 기한 내 제출이 가능한지를 파악 후 입찰해야 한다.

2. 2022년 8월 18일 이후 농취증 발급받는 방법

(1) 신청소재지

농지취득자격증명은 농지 소재지를 담당하는 시장, 구청장, 읍장 또는 면장(이하 '시·구·읍·면의 장'이라 한다)에게 신청하고 발급받는다(농지법 제8조 1항).

한편, 온라인 신청도 가능하다(정부24, www.gov.kr → 검색어 '농지취득자격증명신청' → 해당 서비스 신청).

---

100) 예컨대 '근린공원'으로 지정된 경우

(2) 작성서류 및 제출서류

① **작성서류** : 농지취득자격증명을 발급받으려는 자는 농지취득
자격증명 신청서와 함께 농업경영계획서 또는 주말체험 영농
계획서를 작성(참고서식 양식 첨부)하고, 농림축산식품부령으
로 정하는 서류를 첨부해 시·구·읍·면의 장에게 발급신청을
해야 한다(농지법 제8조 2항). 기존에는 주말체험 영농(1,000
m^2 미만 면적 농지) 목적의 토지는 농업경영계획서를 작성하
지 않고 간략한 인적사항과 취득농지 현황을 적으면 농취증
이 발급되었다. 현재는 주말체험 영농계획서와 관련 서류를
제출해 심사를 거친 뒤 농취증 발급이 가능하게 되었다. 그리
고 농업진흥지역(구 절대농지) 농지는 주말체험 영농목적으로
취득이 불가하다.

② **제출서류** : 농지를 취득하려는 자가 제출해야 하는 증명서류

※ 거짓으로 제출할 경우 1차 250만 원, 2차 350만 원, 3차 이상은 500만 원의 과
태료 부과

구분(농지 취득자)	증명서류 종류
농업인**101)**	· 농업경영체 등록이 되어 있는 경우 – 증명서류를 제출하지 않아도 됨 · 농업경영체 등록이 되어 있지 않은 경우 – 농업인확인서
농업법인	· 정관(농업회사법인 & 영농조합법인) · 임원명부(농업회사법인인 경우에만 해당) · 업무집행권을 가진 자 중 3분의 1 이상인 농업인임을 확인할 수 있는 서류(농업회사법인인 경우에만 해당)
농업인이 아닌 개인	재직증명서, 재학증명서 등 직업을 확인할 수 있는 서류
1필지 농지공유 취득 시	각자가 취득하려는 농지의 위치와 면적을 특정해 여러 사람이 구분소유하기로 하는 약정서 및 도면자료

101) 농업·농촌 및 식품산업 기본법 시행령 제3조(농업인의 기준) 1항 : 농업인은
다음 각 호의 어느 하나에 해당하는 사람을 말한다.
1. 1,000m^2 이상의 농지를 경영하거나 경작하는 사람
2. 농업경영을 통한 농산물의 연간 판매액이 120만 원 이상인 사람
3. 1년 중 90일 이상 농업에 종사하는 사람

(3) 농지위원회 심의대상

2022년 8월 18일 이후 농지취득의 경우 : 다음에 해당하는 자는 '농지위원회'[102]에서 심의를 받아야 한다(농지법 시행규칙 제7조 3항). 농지위원회의 심의 대상의 경우에는 농취증 발급 처리기간은 14일 이내다.

① 토지 거래허가구역에 있는 농지를 취득할 때
② 관외 경작자가 농지를 최초로 취득할 때
③ 1필지의 농지를 3인 이상이 공유지분으로 취득할 때
④ 농업법인이 농지를 취득할 때
⑤ 외국인, 외국국적동포가 농지를 취득할 때
⑥ 기타 농업경영능력 등을 심사할 필요가 있어 시·군·자치구의 조례로 정하는 자가 취득할 때

(4) 처리기간

농취증 신청 수수료는 1,000원이다. 농지취득자격증명의 발급 신청을 받은 때에는 그 신청을 받은 날부터 7일(농업경영계획서를 작성하지 않고 농지취득자격증명의 발급신청을 할 수 있는 경우에는 4일, 농지위원회의 심의 대상의 경우에는 14일) 이내에 신청인에게 농지취득자격증명을 발급해야 한다(농지법 제8조 4항, 신설 2021. 8. 17).

3. 낙찰 후 농취증 제출절차와 7일 이내 제출하지 못할 경우 해결방법
(1) 농지를 낙찰받으면 해당 법원에서 바로 최고가매수인증명서를 발급해준다.

---

102) 농지위원회는 시·구·읍·면에 설치되는 자문기구로 지역농민, 전문가 등 10~20명이 구성된다.

(2) 농지소재지 시·구·읍·면·동 행정복지센터에서 농지취득자
격증명신청(농지취득자격증명신청서, 농업경영계획서 또는 주
말체험 영농계획서 작성, 제출서류 첨부)

(3) 신청 후 7일 이내 농지취득자격증명을 발급해준다(농업경영
계획서를 작성하지 않는 경우에는 4일 이내, 농지위원회심의대상
인 경우에는 14일 이내)

(4) 낙찰 후 매각허가결정기일 이전까지(7일 이내) 농지취득자
격증명을 집행법원 담당 경매계에 제출한다.

7일 이내 제출하지 못할 경우에는 입찰 전 농취증 발급기관에 해
당 물건의 번지와 상태를 말하고 농취증 발급이 가능한지 확인하
고 입찰해야 낭패를 보지 않는다. 또 처리기간에 있어 농지위원회
심의대상의 경우 14일 이내이고, 법원에 농취증 제출기한은 7일
이내이므로 농취증을 제출기한 내 제출하지 못하면 보증금이 몰수
될 수 있다. 제출기한 내 농취증 제출이 가능한지, 제출기한을 넘길
경우에 대한 대책방안[103]을 농취증 발급기관과 해당 법원 경매계
에 사전 문의해 검토 후 입찰하도록 한다.

---

103) 농지위원회 심의대상의 경우 14일이 걸릴 수 있으므로 농취증을 입찰일 14
일 전에 미리 농취증 발급기관에 신청해놓는 방법이 있겠다.

미납관리비, 선수관리비,
장기수선충당금

일반 매매에서는 관리비의 경우 잔금 및 이사일 기준으로 사용한 부분에 대해서는 매도인이 정산하고 그 이후분은 매수인이 부담하는 것으로 한다.

경매의 경우는 매매와 달리 관리비를 미납하는 경우가 많으며 실무상 대부분이 살고 있는 전 소유자나 임차인에게 이사 나가는 날 관리비를 정산해서 이사하는 조건으로 이사비를 주고 마무리를 한다.

하지만, 살고 있는 소유자나 임차인과 합의가 안 되어 강제집행으로 내보내거나 아무도 살지 않을 경우 미납된 관리비는 매수인이 떠안게 된다.

경매 물건 아파트, 아파트형 공장, 상가 등 집합건물 미납관리비가 있는 경우 낙찰자가 부담할 수 있으므로 입찰 전 확인해봐야 한다. 미납관리비는 해당 물건 관리사무소에 문의하면 알려준다. 미납관리비는 물건에 따라 적게는 몇만 원에서 많게는 몇천만 원(예 : 면적이 큰 장기미납 상가의 경우 1,000만 원대 이상 밀린 경우가 가끔 있다) 미납관리비가 있을 수 있으므로 주의가 필요하다.

1. 경매 미납관리비, 경매 매수인이 다 내야 하나요?

대법원 판례는 매수인(낙찰자)이 부담해야 할 미납관리비는 공용부분에 대해서만,[104] 연체이자를 제외하고, 3년 이내 분(잔금 납부일 기준 3년 이내)만 부담한다(대법원 판결 2007. 2. 22, 2005다 65821).

따라서 이를 초과(예 : 전 소유자가 사용한 전용부분, 공용부분 연체이자 포함, 3년 초과분)한 미납관리비는 지급할 필요가 없다.

관리사무소에서 이 미납관리비 범위 초과분을 매수인에게 요구할 경우 매수인은 아래 판례 내용을 관리소장에게 보여주고(또는 내용증명으로 발송) 합의하면 대응이 수월하다.

그런데도 관리사무소에서는 미납관리비 전부를 매수인에게 부담시키려고 하고, 전액 납부하지 않으면 이사를 들어올 수 없게 하는 경우가 있을 수 있다. 이러한 경우 적정한 선에서 미납관리비를 다시 합의한다. 합의가 안 되서 이사를 못 들어갈 경우 미납관리비를 우선 전액 납부하고, 나중에 부당이득반환청구소송을 통해 반환받을 수 있다.

---

104) 대법원 전원합의체 판결 2001. 9. 20, 2001다8677

만일, 매수인이 관리사무소에서 요구하는 미납관리비를 전액 납부하지 않고 이사를 하고, 관리사무소에서 매수인에게 체납관리비 미납을 이유로 단전·단수 등의 조치를 할 경우 관리사무소에서는 매수인에게 불법행위를 구성한다. 따라서 매수인은 손해배상을 청구할 수도 있으며, 매수인은 단전·단수 등의 조치기간 동안 발생한 관리비 채무는 부담하지 않는다(대법원 판결 2006. 6. 29, 2004다3598).

[관리사무소 상대로 관리비 소송 진행 시 참고사항]

판례에서 인정하는 미납관리비 초과분 반환신청과 함께 관리사무소에서는 관리비 회수를 위한 관리책임을 다했는지(미납세대에 대한 단전·단수처리 경고안내, 가압류조치, 내용증명발송, 배당요구신청, 기타 관리비를 회수하기 위해 노력한 내역들)를 따져볼 필요가 있다. 간혹, 관리사무소에서는 매수인에게 받을 수 있다는 생각을 가지고 관리책임을 다하지 않거나 심지어 체납자와 통모해 관리비를 조작하는 경우도 있다.

2. 매수인이 부담해야 할 미납관리비 판례

대법원 판결 2007. 2. 22, 2005다65821

【판시 사항】

[1] 집합건물의 전 입주자가 체납한 관리비가 관리규약의 정함에 따라 그 특별승계인에게 승계되는지 여부(=공용부분에 한해서 승계)

[2] 공용부분 관리비에 대한 연체료가 특별승계인이 승계해야하는 공용부분 관리비에 포함되는지 여부(소극)

[3] 민법 제163조 제1호에서 3년의 단기소멸시효에 걸리는 것
으로 규정한 '1년 이내의 기간으로 정한 채권'의 의미 및 1
개월 단위로 지급되는 집합건물의 관리비채권이 이에 해당
하는지 여부(적극)

【판결 요지】

(1) 체납관리비의 승계 범위에 관해

집합건물의 공용부분은 전체 공유자의 이익에 공여하는 것이어
서 공동으로 유지·관리해야 한다. 그에 대한 적정한 유지·관리를
도모하기 위해서는 소요되는 경비에 대한 공유자 간의 채권은 이
를 특히 보장할 필요가 있다. 공유자의 특별승계인에게 그 승계의
사의 유무에 관계 없이 청구할 수 있도록 집합건물법 제18조에서
특별규정을 두고 있다. 이 관리규약 중 공용부분 관리비에 관한
부분은 이 규정에 터를 잡은 것으로서 유효하다고 할 것이다. 집
합건물의 특별승계인은 전 입주자의 체납관리비 중 공용부분에
관해서는 이를 승계해야 한다고 봄이 타당하다(대법원 전원합의체
판결 2001. 9. 20, 선고 2001다8677).

(2) 연체료의 승계 여부에 관해

관리비 납부를 연체할 경우 부과되는 연체료는 위약벌의 일종
이고, 집합건물의 특별승계인이 전 입주자가 체납한 공용부분 관
리비를 승계한다고 해 전 입주자가 관리비 납부를 연체함으로 인
해 이미 발생하게 된 법률효과까지 그대로 승계하는 것은 아니
므로, 공용부분 관리비에 대한 연체료는 집합건물의 특별승계인
에게 승계되는 공용부분 관리비에 포함되지 않는다(대법원 판결

2006. 6. 29, 선고 2004다3598, 3604).

(3) 소멸시효에 관해

민법 제163조 제1호에서 3년의 단기소멸시효에 걸리는 것으로 규정한 '1년 이내의 기간으로 정한 채권'이란 1년 이내의 정기로 지급되는 채권을 말하는 것이다(대법원 판결 1996. 9. 20, 선고 96 다25302) 1개월 단위로 지급되는 집합건물의 관리비 채권은 이에 해당한다.

3. 선수관리비, 장기수선충당금도 매수인이 내야 하나요?

(1) 선수관리비

선수관리비란 공동주택(아파트) 최초 입주 시 소유자가 부담하는 비용으로 미납관리비에 대한 예치적 성격이다. 보통 관리비의 1개월 치 정도를 관리사무소에 예치해놓으며, 선수관리비는 관리행위가 최종적으로 종결(재건축 등)될 때 해당 입주자에게 정산하도록 되어 있다.

매매 등으로 소유자가 변경될 경우 매도인은 관리사무소에서 선수관리비를 찾아가고 매수인은 선수관리비를 다시 관리사무소에 예치해야 한다. 부동산 거래 관례상 선수관리비는 관리사무소에 구 소유자와 신소유자의 승계사실을 통보하고 매수인은 매도인에게 선수관리비를 지급함으로써 선수관리를 승계받는다. 선수관리비는 소유자 간의 인수인계이며 임차인과는 상관이 없다.

경매의 경우 일반적으로 경매 매수인은 전 소유자에게 이사비용을 지불하되 체납관리비를 모두 정산하고 이사하기로 합의한다. 이 경우 선수관리비도 경매 매수인이 전 소유자에게 별도로 지급해야 하는가의 문제가 될 수 있다. 이사비용의 내용이 체납관리비와 선수관리비를 포함해 지급되는 것이 아니라면 매수인은 선수관리비를 별도로 지급해야 한다. 따라서 전 소유자와 이사비용을 주고 합의할 경우 이사비용 내용에 선수관리비 포함 여부를 미리 말해두거나 합의서에 기재해두는 것이 사후에 다툼이 없다.

(2) 장기수선충당금

장기수선충당금이란 공동주택의 관리주체가 장기수선계획에 의해 공동주택의 교체 및 보수에 대비해 미리 적립해놓는 수선비다. 관리사무소에서는 장기수선충당금을 주택 소유자로부터 징수해서 적립해야 한다. 공동주택 장기수선충당금은 소유자가 내는 것이 원칙이다. 일반 부동산 임대차의 경우 장기수선충당금은 관례상 매월 관리비 고지서에 포함되어 임차인이 같이 납부하고 이사 갈 때 소유자에게 받아 나간다.

경매의 경우, 경매 매수인은 공용부분의 미납관리비만 책임을 지며 임차인이 지급한 장기수선충당금까지 인수하지는 않는다(판례). 따라서 임차인의 장기수선충당금은 전 소유자에게 청구할 수 있을 뿐이다.

현장조사 방법

현장조사의 목적은 크게 2가지로 (1) 권리분석에 대한 확인(예컨대, 서류상 인수되는 권리의 확인과 점유자의 명도의 저항성 파악)과 (2) 물건의 가치분석(예컨대, 물건을 확인하고 시세조사를 함)을 위해서다.

1. 현장조사의 중요성, 현장에 답 있다!

입찰하고자 하는 물건을 선정하고 서류상의 권리분석을 마친 후 현장조사를 통해 물건을 확인하고 물건의 가치를 분석한다. 부동산은 똑같은 물건은 없다. 개개의 물건마다 각기 다르고 가격도 다르다(가격이 일반적인 같은 단지 아파트의 경우에도 시세는 같아도 아파트 동과 층과 향에 따라 가격 차이가 있다).

서류상 문제가 없고 사진상 좋아 보이는 물건이더라도 현장에 가보면 사진과 다르거나 기대 이하의 물건이 있다(그때 현장에서 하는 말 "아! 안 와봤으면 큰일 날 뻔했네"). 반대로 기대하지 않은 물건을 현장 와서 기대 이상의 물건도 있다(그때 현장에서 하는 말 "아! 와보길 정말 잘했네").

지인 중에 현장조사를 하지 않고 시세파악만 하고 입찰해 낙찰받고 곤란을 겪은 사례가 있었다. 해당 지역의 아파트는 평소에 관심이 있던지라 시세는 잘 알고 있었고 권리관계도 문제될 것이 없었다. 운 좋게 원하는 가격에 낙찰을 받고 대출을 최대한 받아 잔금을 치르고 임대를 놓아 잔금을 일부 상환할 계획이었다.

임대를 놓는 과정에서 임대가 쉽게 나가지 않게 되었는데, 이유는 낙찰받은 집이 얼마 전 점유자가 자살한 집으로 동네 소문이 돌아 임대를 들어오려는 사람이 없었기 때문이었다. 그제야 입찰 전에 부동산 중개사무소에 들러서 문의만 했어도 좋았을 텐데 하며 후회했다. 이처럼 권리분석을 떠나 현장에서 이웃 주민이나 중개업사무소를 통해 몰랐던 정보와 이야기를 들을 수 있는데 이것은 현장조사에서만 얻을 수 있다. 그래서 현장에 답이 있다!

2. 현장조사 해야 할 내용과 순서

(1) 현장조사 전 준비사항

① 기초권리분석 → 경매 사이트 참조

- **꼭 봐야 할 서류** : 매각물건명세서, 임대차현황조사서, 감정평가서, 등기부등본, (건물이면) 건축물대장, (토지이면) 토지이용계획확인원
- **위성지도 및 로드뷰 확인** : 위치와 로드뷰를 통한 물건확인, 주변환경과 예상거리 확인

② 인터넷 시세 및 실거래가 조사

- **시세조사** : 네이버 부동산 매물 확인(https://new.land.naver. com) → 동종물건 매물확인

- **국민은행(KB)시세**(https://kbland.kr) → 대출가능금액 기준

- **실거래가** : 국토교통부 실거래가 공개시스템(rt.molit.go.kr, 국토교통부에서 운영하는 국내 부동산 실거래 공개사이트), 아실(https://asil.kr) 아파트, 오피스텔 실거래가(매매, 전세, 월세) 조회 민간 사이트의 장점은 거래된 해당 단지 동 표시가 나온다. 밸류맵(www.valueupmap.com) 토지, 건물에 대한 실거래 정보 민간 사이트

- **낙찰사례** : 경매 사이트 참조 → 동종물건 낙찰사례 확인

③ 현장에 들고 갈 서류(경매 정보지, 사진, 위치도 등), 나침반(토지의 경우)

(2) 물건지 방문

① 물건 및 주변환경 확인

- **물건조사** : 건물상태, 방향, 조망과 채광, 주차, 진출입로, 도시가스 또는 LPG[105]

- **주변 환경** : 주변 혐오시설, 교통, 상가의 경우 주변 상권과 공실율

② 우편함(수신인 이름, 우편물이 장기간 쌓였는지), 전기계량기 확인(사용 중인지)

③ 점유자 확인

④ 관리비 확인 → 관리사무소

---

105) 간혹 단독주택이나 아파트, 연립주택의 경우 도시가스가 아닌 LPG 공급이 있다. LPG의 경우에는 사용요금이 도시가스보다 많이 나오므로 관리소나 사용주민에게 문의해서 평균 사용요금을 알아본다.

(3) 시세조사(중개사무소)

① 시세조사 : 동종물건 시세와 경매 물건의 경우 임대 시 임대료와 매매 가능 여부

② 최근 거래된 금액

③ 개발계획, 미래가치

→ 중개사무소 방문 시 참고 멘트 : "이 물건 임대(매매) 놓으면 얼마 받을 수 있습니까? 임대(매매) 나가는 데 시간이 얼마나 걸릴까요? 낙찰받으면 사장님이 임대 놓아(팔아)주실 수 있어요?"

④ 기타 경매 관련 문의할 곳 방문 : 행정복지센터, 인허가기관 등

3. 현장조사 체크리스트

현장조사는 물건에 따라 조사내용과 체크포인트가 조금씩 다르다. 현장조사 시 일반적으로 봐야 할 공통적인 체크포인트는 다음과 같다.

입찰하고자 하는 물건에 대해서는 물건별로 추가적으로 체크해야 할 것들이 있을 것이다(예컨대, 물건유형별 중요 부분, 매각물건명세서상의 특별매각조건 있는 물건, 특수물건 등).

현장조사 체크리스트를 참조하되 물건별로 추가적으로 체크해야 할 사항이 있으면 그때그때 조사하면 된다.

현장조사 체크리스트			조사일자 20 년 월 일
물건유형		사건번호	타경
주소지			
구분	체크할 사항	체크 여부	
현장조사 전	기초권리분석	○ ×	
	경매 진행서류	○ ×	
물건지 방문	물건 외부조사	○ ×	
	점유자 확인	○ ×	
	주변환경, 입지	○ ×	
	관리비	○ ×	
중개사무소	시세조사 매매, 전세, 월세	○ ×	
	개발계획	○ ×	
행정복지센터	전입세대열람	○ ×	
추가체크할 사항	1. 2. 3.		

출처 : 저자 작성

입찰가
산정방법

1. 얼마 쓰면 될까요?

입찰하고자 하는 경매 물건을 선정하고 권리분석과 현장조사를 통한 물건분석을 했다면, 이제 얼마를 쓰면 될 것인지의 문제가 남았다. 물건을 조사하는 과정에서 이 물건은 이 금액에 써야겠다는 생각을 하기도 한다.

최종적으로 분석했다면 분석한 내용을 근거로 다음과 같이 입찰가를 산정해보면 된다. 우선 입찰하고자 하는 물건의 감정가는 무시하고 정확한 시세를 파악한다. 다시 말하지만 감정가는 시세가 아니고, 감정시점과 감정평가방법에 따라 가격 차이가 제 각각이므로 감정금액은 참고만 한다. 시세를 파악했다면 현재가치와 미래가치를 고려해서 이 경매 물건의 가격을 정한다. 이 경매 물건은 얼마짜리인가를 스스로 분석하고 정한다. 이 경매 물건과 같거나 비슷한 조건의 물건을 매매로 매수할 수 있는 경우 매매로 살 수 있는 가격이 이 경매 물건의 가격이다.

예컨대 감정가는 3억 2,000만 원인데, 시세는 2억 8,000만 원~3억 원이고, 이 물건은 다른 물건보다 층과 향이 좋고 수리도 되어 있고, 이와 비슷한 물건을 매매로 살 수 있는 가격 3억 원(= 경매 물건 가격)으로 정했다고 해보자(참고로 시세조사는 각자의 조사내용에 따라 시세가 다를 수 있고, 가치분석도 개인의 성향과 판단기준에 따라 다를 수 있다). 그리고 경매 물건을 매입하게 될 때의 총비용을 산정한다. 마지막으로 매매로 살 때의 금액과 경매로 살 때의 금액을 비교해서 매매로 살 때보다 저렴하게 입찰가를 산정한다.

2. 입찰가 산정을 위한 세부내용 보기

좀 더 세부적으로 분석하면 다음과 같다.

(1) 권리분석

권리분석상의 문제가 없는지 확인한다.

(2) 물건분석

현재 경매 물건의 시세와 가치를 파악해서 가격을 정한다(이 물건을 매매로 살 수 있는 가격 산정, 예 : 3억 원).

(2)-1 현장조사
(2)-2 시세(일반시세, 국민은행 시세, 실거래가)
(2)-3 낙찰사례, 낙찰통계
(2)-4 투자 가치분석(개발계획, 투자 의견)

(3) 비용

총비용 합계(예 : 1,000만 원)
(3)-1 취득세 및 등기비용(법무사)
(3)-2 명도비(이사비 또는 강제집행비용), 미납관리비

(3)-3 입주 시까지 대출이자

(3)-4 수리비

(3)-5 컨설팅 수수료

(3)-6 기타비용

(4) 예상 낙찰가

① 동종의 매물을 매매로 살 때의 금액과 비교해 매매보다 저렴
하게 입찰가를 산정한다.

예) 수도권 지역 아파트 25평, 무주택자 → 경매 물건의 감정가 3억
2,000만 원, '경매 물건의 가격 = 매매로 살 수 있는 가격' = 3억
원 + 비용 1,000만 원(취득세, 등기비용 약1.5%, 명도비 300만 원,
기타 250만 원) = 3억 1,000만 원(경매로 살 때의 금액, 매매로 살
수 있는 가격 : 3억 원 + 비용 600만 원(취득세 및 등기비용 약1.5%,
중개수수료 120만 원) = 3억 570만 원 = 매매로 살 때의 금액
→ 매매로 살 때의 금액 3억 570만 원보다 저렴하게 입찰가(제
비용포함)를 산정한다.

② 매매가보다 저렴하게 입찰가 산정 : 싸게 입찰하는 것이 중요
하지만 낙찰 가능성이 있어야 하므로 물건 유형의 낙찰사례
와 낙찰가율을 참고한다. 그리고 상승장, 하락장, 물건의 희
소성, 미래가치, 자금사정(대출가능액)을 고려해서 입찰한다.

│ 입찰가 참고 범위 │[106)]

· 주거용 : 경매 물건 가격의 70~95%

· 비주거용 : 경매 물건 가격의 60~90%

· 특수물건 : 일반물건보다 더 저렴하게

---

106) 일반적인 경우다. 부동산 상승기이거나 물건이 희소하고 가치가 높다면 시
세 또는 그 이상으로 입찰할 수도 있고, 반대로 부동산 하락기에는 더 저가
로 입찰할 수도 있다.

10장

명도,
"사는 사람
내보내기"

경매의 꽃,
명도

1. 명도의 지름길

경매를 성공적으로 낙찰 후 기쁨도 잠시 또 하나의 관문이 남아 있다. 바로 '경매의 꽃'이라고도 불리는 명도다. 명도란 건물 안에 있는 물건 등을 모두 밖으로 반출하고 건물 점유를 이전하는 것을 말한다. 부동산 강제집행에서 명도와 인도는 같은 의미로 사용되고 있다.[107]

경매 특성상 살고 있는 사람이 기분 좋게 순순히 비워줄 것이라고 기대하기는 곤란하다. 호미로 막을 수 있는 것을 가래로 막는

---

[107] 구 민사소송법에서는 부동산 등의 인도청구 집행이라는 제목으로 '채무자가 부동산 선박을 인도 또는 명도할 때'라면서 점유를 현상 그대로 이전시키는 '인도'와 부동산 안에 있는 점유자의 물품 등을 부동산 밖으로 반출시키고 점유를 이전하는 '명도'를 구분해 사용하고 있었다. 그러나 2002년 개정된 민사집행법 이후에는 명도와 인도의 의미를 포괄해서 인도로 사용하고 있다. 즉, 예를 들어 명도소송판결에 건물을 인도하라고 기재되어 있더라도 건물에 비품 등을 그대로 놓아둔 것은 인도 의무를 완료했다고 볼 수 없다.

다는 말처럼 점유하고 있는 사람을 잘못 건드렸다가는 시간과 비용이 늘어나는 손해를 볼 수 있다.

칼자루는 낙찰자가 쥐고 있음을 분명히 인지하되 살고 있는 사람의 자존심이나 신경을 예민하게 건드리지 말아야 한다. 져주는 척하며 합의로 명도하는 것이 명도의 지름길이라고 할 수 있다. 참고로 유의할 것은 명도를 하기 위해 낙찰 후 물건지를 방문해 점유자를 만나는 것이 일반적이나, 명도의 저항성을 따져 보기 위해서는 입찰 전에 방문해서 점유자를 파악해볼 필요도 있다. 그래서 점유자가 쉽게 나갈 것 같은지 아닌지, 얼마 정도의 비용과 시간을 예상해야 하는지 대략 파악하는 것이 가능하다.

명도가 어려운 경우가 있다. 예컨대, 교회 등 종교시설의 경우, 살고 있는 사람이 장애인, 환자 및 거동이 불편한 노인일 경우는 집행관들은 집행을 꺼려 한다. 더욱이 보증금을 한 푼도 받지 못하는 고령의 노인이 병으로 드러누워 있거나 오갈 데 없는 소년 소녀 가장이 살고 있다고 한다면 정말 법과 원칙을 통한 성공 투자 이전에 이 물건을 입찰해야 할지 생각해볼 필요가 있을 것이다.

2. 명도! 방법과 원칙이 있다

(1) 명도 방법

명도방법은 크게 2가지다. 첫째 합의고, 둘째 강제집행이다. 다른 말로 당근과 채찍에 비유하기도 한다. 필자의 경우 많은 명도를 하면서 95%는 합의로 명도가 되었다.

합의가 좋은가, 강제집행이 좋은가? 좋은 게 좋다고 당연히 합의로 인도받는 것이 서로가 좋은 것이다. 명도를 잘한다는 것은 합의를 잘한다는 것과 같다. 합의를 이끌어내기 위해서 때로는 당근이 필요하다. 따라서 이사비용을 어느 정도 줄 생각을 하고 있어야 한다. 어느 정도의 이사비용이 적절한가에 대해서는 점유자의 처한 사정을 고려하되 강제집행비용범위 이내를 생각하면 무난하다. 이사비용이란 낙찰자가 법적으로 지급할 의무가 있는 것은 아니지만, 원만한 명도진행을 위해 필수적으로 고려해야 하는 부분이다. 그런데 점유자가 그 이상을 무리하게 요구한다면 강제집행으로 진행하면 된다.

(2) 명도 원칙

협의를 원칙으로 하되 강제집행을 병행한다. 만일 언제까지 이사하기로 합의해놓고 막상 이사하기로 한 날에 못 간다고 버티거나 이사기간이나 이사비용을 더 달라는 등 다른 이야기를 할 경우, 그제야 강제집행을 신청하면 많은 시간이 소요된다. 따라서 합의를 했더라도 명도 전에는 강제집행진행은 강제집행대로, 합의는 합의대로 같이 병행해서 진행하고, 합의명도가 완료되면 강제집행은 취하하면 된다.

3. 명도 유형

① 세입자 명도가 어려울까, 소유자 명도가 어려울까?

(가) 세입자

- 보증금 전액배당 받는 경우 :
  · 명도비용 : 없음.[108]
  · 명도난이도 : 쉬움.

- · 명도확인서 : ○
- 보증금 일부배당 받는 경우 :
  - · 명도비용 : 조금
  - · 명도난이도 : 보통
  - · 명도확인서 : ○
- 보증금 전혀 못 받는 경우 :
  - · 명도비용 : 보통~
  - · 명도난이도 : 어려움.
  - · 명도확인서 : ×

명도확인서 : 명도확인서는 매수인(소유자)이 임차인에게 임차인이 명도했음을 확인하고 지급하는 서류다. 명도확인서에는 매수인의 인감도장을 날인하고 인감증명서를 첨부해야 한다. 임차인은 이 명도확인서가 있어야 법원에서 보증금을 받을 수 있다. 보증금반환과 임차인의 명도는 동시이행관계이기 때문이다. 명도전에 명도확인서를 지급할 경우 향후 인도명령에 의한 강제집행을 할 수가 없다.

명도 전 세입자가 명도확인서를 요구할 경우?

· 원칙 : 안 됨.

· 예외 : 선지급할 수 있으나, 보증금 중 일부는 예치하고 이사 나갈 때 반환해주는 것이 안전하다. 방법은 매수인이 명도확인서

---

108) 세입자가 보증금을 전액배당받는다고 해 명도비용이 없다는 것은 일반적으로 그렇다는 것이고 상황에 따라 지급할 수도 있다. 예컨대 세입자가 협조를 잘해주거나 등 선의로 지급할 수도 있고, 세입자가 요구하거나 무서워서 빨리 마무리 지으려고 지급하는 경우도 있다.

를 가지고 임차인과 함께 법원에 가서 보증금을 찾을 때 서로 합의해서 예치하기로 한 보증금 일부를 임대인계좌로 입금을 받는다. 그리고 임차인에게 영수증을 써주고 이사할 때 이사확인 후 임차인에게 입금해준다.

명도확인서를 매수인이 작성해주지 않을 경우

만일, 임차인이 명도했는데 매수인이 명도확인서를 주지 않을 경우, 임차인은 매각 부동산을 매수인에게 명도했다는 점을 입증하면 명도확인서 없이 배당받을 수 있다.

예컨대, 이사한 전입지의 임대차계약서와 주민등록등(초)본을 첨부한 통반장의 확인서나, 아파트관리소장 명의의 확인서 등을 예로 들 수 있다.

(나) 소유자(=채무자) : 사람 성향에 따라 다르다

- 욕심이 없는 사람 : 이사비용이 적거나 이사비용 없이 무난하게 명도(예 : 고급주택 회장님, 낙찰받고 방문하니 관리직원이 와서 회장님께서 새 주인이 오면 문제없이 조용히 열쇠를 주라고 했다고 해 이사비 없이 명도 받은 사례가 있다)
- 욕심이 있는 사람 : 이사비용이 많거나 명도 시 어려움 예상(예 : 고가 인테리어 된 집. 고가의 수입자재로 인테리어와 내부시설을 해 시설인테리어비용 일부 요구하고 협의하는 과정에서 협의가 안 되자 내부시설을 모두 부숴놓고 나간 사례가 있다)

② 사람 살고 있는 명도가 어려울까, 빈집 명도가 어려울까?

일반적으로 사람이 살고 있지 않은 집이 명도가 수월할 것이라고 생각할 수 있는데, 실제로는 그렇지 않은 경우가 않다. 만일 사람이 행방불명으로 폐문부재고, 짐만 있는 상태라면 매수인은 강제집행절차를 진행해 건물을 인도받고 내부의 짐들은 매수인 비용으로 보관센터에 맡기고 안 찾아가면 동산 경매 신청해서 집행비용을 회수한다. 시간이 오래 걸리고 골치 아픈 일이다.

유의할 것은 사람이 살지 않는다고 강제집행절차를 거치지 않고 임의로 문을 열거나 내부 짐을 치우고 나서 주인이 나타나 물건이 없어졌다며 항변할 경우, 매수인은 형법상 주거침입죄, 재물손괴죄, 기타의 죄와 함께 형사 처벌과 민사상 손해배상까지 해주게 되는 상황이 될 수도 있다. 따라서 사람이 살지 않는 빈집이라 해도 합의가 안 되었다면 강제집행절차에 의해 진행하도록 한다.

[빈집 명도사례]

첫 번째는 낙찰받기 전부터 살지 않던 집이고, 두 번째는 낙찰이후 짐을 놓고 이사간 경우다.

첫 번째는 낙찰받고 가보니 연락도 없고 계량기도 안 돌아가고 사람이 살지 않는다고 판단해 강제집행을 신청하고 강제집행 전단계인 계고를 가서 십행관이 내부에 짐이 없음을 확인한 후 그 자리에서 바로 명도 받은 사례다(안양 ○○ 래미안 대형평수).

두 번째는 서울의 대형평수 주상복합아파트를 낙찰받아 살고 있는 소유자와 명도협의가 안 되어 강제집행을 하게 되었는데, 소유자가 강제집행 전에 재산가치 없는 짐들과 쓰레기를 놓아두고 이사를 가버렸고, 강제집행으로(노무비, 운반비 등 강제집행 비용 발생) 짐을 옮긴 후 장기간의 보관비용이 발생했고, 결국 짐을 찾아가지 않아서 법원에 매각신청 및 결정을 받아 처리한 사례다.

③ 빈집 확인방법

우편물과 전기계량기 등을 확인하고, 여러 차례 방문해서 초인종을 누른다. 안내문을 꽂아두고, 관리사무소나 옆집에 문의한다. 기타(예 : 테이프를 문 사이에 붙여 두고 다음 날 와서 떨어져 있으면 살고 있는 것으로 추정) 방법 및 집행관 계고를 통해서 확인한다.

4. 명도요령과 명도진행순서는 이대로 따라 하면 된다

명도는 각각 사안에 따라 명도방법이 똑같을 수 없지만, 일반적으로 원활한 명도를 위해 점유자에게 대하는 요령과 낙찰 후 명도의 진행순서를 설명하면 다음과 같다. 초보자의 경우 이대로 따라 하면 쉬울 것이다.

(가) 명도요령

말보다는 문서로 하는 것이 좋다.

- **1차 문서(잔금 납부 전)** : 문서를 작성해서 직접 만나서 전달하거나 못 만나면 문에 꽂아 둔다. 문서의 내용은 '낙찰자 연락처, 잔금을 언제 납부할 예정인데 언제까지는 이사해주셨으면 좋겠다' 등으로 간략히 적는다. 상대에게 '언제까지 이사하지 않으면 강제집행하겠다'라는 등의 감정을 상하게 하는 말은 하지 않는 것이 좋다. 연락이 오면 대화로 풀어 합의하고, 합의가 되면 합의서를 작성한다(명도합의이행각서 샘플 참조).
- **2차 문서(잔금 납부 후)** : 답변이 없거나 합의가 안 될 경우, 좀 더 강한 어조의 내용증명으로 발송한다(내용증명 샘플 참조). 문서의 내용은 명도기한, 이사비용,[109] 명도조건,[110] 명도불이행 시 강제집행을 하고, 집행소요비용과 명도 시까지의 사용료를

청구하겠다고 적는다.

연락처를 받으면 문자로 전달한다(필요한 말만 한다).

명도 시 점유자와 만날 때 말과 행동은 가벼워 보이지 않는 것이 좋다. 너무 친절한 것도 좋지 않다. 많은 대화를 하지 않는다. 필요한 말만 한다.

상대의 사정은 들어는 주되 응해줄 이유는 없다. 나도 사정이 여유롭지 않다.

칼자루는 낙찰자가 쥐고 있음(매수인은 가장 강력한 국가의 공권력을 움직일 수 있다)을 분명히 인지하되 살고 있는 사람의 자존심이나 신경을 예민하게 건드리지 않는다. 해줄 수 있는 기준을 명확히 세우고 져주는 척하며 합의로 명도하는 것이 명도의 지름길이다.

(나) 명도진행순서

– 낙찰 후 7일 이내 : 권리분석상 유치권, 가장임차인 등 의심스러운 경우 집행법원 담당 경매계에서 서류를 열람한다(불허가 사유가 있는지 재검토). 낙찰자는 경매 서류열람이 가능하다. 서류내용상 점유자를 만날 필요성이 있을 경우 방문한다. 불허가 사유가 있을 경우 7일 이내 매각불허가신청을 해서 보증금을 반환받아야 한다.

---

109) 명도기한 내 이사 시 지급하겠다는 내용으로 빨리 이사하면 이사비용은 좀 더 줄 수 있고, 기한 이후 이사 시 이사비용은 줄이거나 안 주는 방법으로 내용을 보내는 것이 좋다(예 : 명도기한 5월 31일까지 이사 시 이사비용 200만 원, 5월 10일까지 이사 시 이사비용 300만 원, 5월 31일 이후는 이사비용 없고 강제집행 진행하겠다는 등).

110) 이사 시 이사일까지 관리비는 정산하고, 내외부 시설물은 현 상태로 두고 내부 짐과 폐기물이 없어야 하고, 이사비용 지급은 이사일에 이사확인 후 즉시 지급한다는 조건이다.

- **낙찰 후 7일 이후 14일 이내** : 매각허가결정 후 낙찰받은 물건지를 방문해서 점유자에게 본인이 이번에 이 물건을 낙찰받았고 잔금은 언제쯤 낼 것이며, 언제까지는 비워주시면 좋을 것 같다고 간단히 인사차 통보하고 연락처를 주고받는다. 주의할 것은 잔금도 내기 전에 언제까지 비워 달라는 감정을 상하게 하는 말은 가급적 해서는 안 된다. 현장을 방문했는데 아무도 없을 경우 이 내용과 연락처를 적은 안내문을 문틈에 꽂아두고 돌아오고 연락을 기다린다.

- **낙찰 후 14일 이후 잔금납부 전** : 점유자 연락처를 받은 경우라면 점유자에게 어떻게 이사할 것은 알아보고 계신지 등 물어보면서 서서히 언제까지 비워주어야 할 것이라고 통보(문자)한다. 못 만나고 연락이 없는 경우에는 이후 재차 방문해 안내문이 그대로 있는지 가져갔는지 확인하고, 없으면 다시 안내문을 문틈에 꽂아 놓고 온다.

- **잔금 납부 및 인도명령신청** : 잔금 납부와 동시에 인도명령을 신청한다. 인도명령신청을 하면 사건번호(예 : 2021타인1020)가 나온다. 이 사건번호를 대법원 나의 사건검색에서 조회해서 진행사항을 체크하고, 인도명령결정과 집행신청이 최대한 빨리 진행될 수 있도록 한다.

  잔금 납부 후 합의가 안 된 경우 내용증명을 발송한다(내용증명 샘플 참조). '잔금을 언제 납부했고 법률상 소유자가 되었으며 언제까지 비워주지 않으면 강제집행이 진행되고 이로 인한 집행비용 및 손해비용 등은 모두 점유자가 물어주게 된다'라는 내용증명을 보낸다. 점유자에 대한 명도기한은 보통 잔금납부 후 1개월 이내로 정한다.

- **합의와 강제집행 동시 병행** : 합의가 된 경우에는 합의서를 작성한다(명도합의이행각서 샘플 참조). 합의가 안 된 경우는 강제집행을 진행한다.

  주의할 것은 합의가 되었더라도 강제집행절차는 진행해야 하며 명도 완료 시 강제집행신청을 취하하면 된다. 만일 합의 후 강제집행절차를 진행하지 않거나 취하할 경우 점유자가 비워주기로 한 날에 이사하지 않거나 딴소리를 하게 될 경우 강제집행신청을 다시 하는 등 많은 시간이 소요된다.

- **명도완료** : 합의 시에는 이사하기로 한 날에 관리비 정산확인 및 이사 확인 후 이사비용을 지급한다. 합의불가 시에는 강제집행진행절차에 따라 진행한다(집행신청 → 계고 → 명도집행). 명도 완료 후 열쇠를 바로 교체한다.

5. 유용한 내용증명 보내기

잔금납부 시까지 합의가 안 될 경우 다음과 같은 방식으로 내용증명을 보낸다.

내용증명

제 목 : 부동산 인도요청 및 법적절차 진행예정 통보

발신인 : 박○성

　　　　경기도 안양시 동안구 부림로 ○○○번길○○ 101동 1***호

수신인 : 홍길동

　　　　서울시 동작구 신대방동 ○○○ D아파트 12동 제12층 제120*호

부동산의 표시 : 서울시 동작구 신대방동 ○○○ D아파트 12동 제12층 제120*호

　　　　(사건번호 : 2022타경258** 부동산 임의경매 서울중앙지방법원)

안녕하십니까?

1. 발신인은 귀하께서 점유하고 계신 이 부동산을 경매로 낙찰받고, 20○○년 8월 20일 잔금을 모두 납부한 이 부동산의 소유자입니다.

　발신인은 낙찰 후 귀하에게 수차례 연락을 취해서 원만한 명도합의를 제의 했으나 이에 응하지 않기에 부득이 서면으로 앞으로의 진행절차에 대해 통 보를 드립니다.

2. 부동산 인도요청 및 법적절차 예정 통보

　발신인은 지금도 귀하와 원만하게 명도가 합의되기를 원합니다. 합의 의사 가 있으실 경우 이 서면을 수신 후 3일 이내 연락을 주십시오.

　이 내용증명 수신 후 3일 이내 연락이 없을 경우 합의 의사가 없는 것으로 간주하고 이 부동산에 대한 강제집행을 진행하겠습니다.

　그리고 하기 기한까지 꼭 인도해 주시기를 요청합니다.

* 인도기한 : 20○○. 9. 20까지

3. 만일, 이 기한까지 명도하지 않아 강제집행으로 인도될 경우 이로 인해 발 생하는 강제집행비용 및 소송 비용, 그리고 잔금 납입일부터 명도 시까지 귀하께서 사용하신 임대료 상당의 부당이득금액(보증금 없는 월 임대료 150 만 원), 기타손해금액을 청구할 것이며 이 모든 비용은 귀하께서 부담하시 게 됨을 알려드립니다.

　또한 합의가 되지 않아 발생된 강제집행비용, 소송비용, 사용료 등의 일체비 용은 귀하의 재산에 압류조치를 취한 후 받을 예정입니다.

　그러니, 빠른 시일 내 이사 날짜를 정하시고 상기 부동산을 인도해주시기 바랍니다.

　　　　　　　　　　20○○. 8. .

　　　　　　　　　　발신인　박○성 (인)

6. 명도합의 시 합의서 작성과 이사비 지급 영수증

(1) 이사날짜와 이사비 지급에 대해 합의가 된 경우 다음 양식
으로 작성한다.

명도합의 이행각서

갑 : 소유자(매수인)

을 : 점유자

부동산의 표시 : 서울시 동작구 신대방동 ○○○ D아파트 12동 제12층 제120*호
(사건번호 : 2022타경258** 부동산 임의경매 서울중앙지방법원)

을은 이 표시 목적물에 대해 다음과 같이 성실히 이행하기로 약속한다.

- 다음 -

1. 을은 이 목적 부동산을 타인에게 이전하거나 점유명의를 변경하지 않는다.
2. 을은 ___년 _월 _일까지 이 부동산을 갑에게 명도(이사)한다.
3. 을은 상기 명도일까지 체납관리비 등 각종 공과금을 정산한다.
4. 건물에 부착된 전등, 싱크대 등 부착물과 시설물은 현 상태로 두고 이사한다.
5. 명도(이사) 시에는 깨끗이 정리하고, 잔존물(쓰레기)이 없도록 한다. 명도일 이후에 남아 있는 잔존물은 폐기 처분해도 파손, 분실 등 여하한 민형사상의 책임을 묻지 않기로 한다.
6. 약정한 날에 명도를 하지 않을 경우 을은 소유권 이전일부터 명도일까지 손해를 배상(지연손해금 1일당 7만 원)한다. 또한 강제집행 시 집행비용은 물론 집행에 소요되는 모든 비용을 갑이 청구하면 을은 지불한다.
7. 갑은 을의 상기 1번에서 6번항을 성실히 이행함을 전제로 이사비로 금 이백오십만 원(₩2,500,000)을 명도완료 후 즉시 을에게 지급한다.

년 월 일

을   성명 :   (인)

주민번호 :

주소 :

연락처 :

갑   성명 :   (인)

(2) 이사일에 이사비용[111]을 지급한 경우 아래의 양식을 참조
해 영수증을 받는다.

영 수 증

사건번호 : 2022타경258**   부동산 임의경매

부동산의 표시 :

　　서울시 동작구 신대방동 ○○○ D아파트 12동 제12층 제120*호

　이 부동산에 대한 이사비용으로 금 2,500,000원(이백 오십만 원)을 영
수했음.

　　　　　　　　　　년　월　일

　　　　　　영 수 인 :　　　　　(인)

소유자(매수인) 귀하

---

111) 경매 명도비용(이사비용)의 비용처리 가능 여부
　① 법인의 경우 : 비용처리 가능함(○). 서면-2019-법인-4511, 2020. 8. 25
　법인이 경락 부동산을 취득하면서 그 부동산을 명도받기 위해 불가피하
　게 지급하는 사회통념상 타당하다고 인정되는 범위 내의 금액은 부동산
　의 취득가액에 가산하는 것이다.
　② 개인의 경우 : 비용처리 안 됨(×). 서면 부동산 2020-2101, 2022. 8. 30
　부동산을 경매로 취득한 후 세입자에게 지출한 명도비용은 필요경비에
　해당하지 않는다.
　법규-1492, 2007. 3. 30 부동산을 법원 경매로 취득해서 세입자를 내보
　내는 과정에서 소요된 명도비용은 필요경비에 산입하지 않는 것이며….

쉽게 생각하면 안 되는
인도명령

1. 강제명도 집행할 수 있는 인도명령

매수인이 잔금을 납부 후 6개월 이내에 채무자, 소유자 또는 부동산 점유자에게 명도소송을 하지 않고 부동산을 인도하겠다고 법원에 신청하면, 법원은 매수인에게 인도하라고 3일 안에 결정(재판)을 내려준다. 인도명령은 강제명도집행을 할 수 있는 집행 권원이다.

경매가 아닌 경우에는 명도소송으로 사는 사람을 내보내야 하는 데, 경매의 경우에는 인도명령이라는 제도로 쉽고 빠르게 강제집행을 할 수가 있다. 그런데 살고 있는 사람 모두에게 인도명령을 해주는 것은 아니기에 인도명령을 누구에게 신청해야 하는지, 그리고 확실한 인도명령을 위한 인도명령신청방법에 대해 유의할 필요가 있다.

2. 인도명령의 당사자는 누구인가?

(1) 신청인

매수인(공동매수인 ○, 상속인 ○, 특별승계인[112] ×)

(2) 상대방

채무자, 소유자, 매수인에게 대항할 수 없는 점유자(채무자와 소유자의 동거가족, 채무자의 직원 등. 대법원 판결 96다30786)

[사례] **인도명령의 상대방(누구를 상대로 신청하나?) 참조**

(3) 인도명령신청이 불가능한 경우

① 매수인이 잔금 납부 후 매수인으로부터 소유권을 이전받은 양수인은 인도명령신청을 할 수 없다(인도명령은 행사상의 일신전속권[113] ○)

② 매수인이 잔금납부 후 채무자나 소유자에게 목적 부동산을 매도한 경우(이 경우 매수인은 매매계약이 해제되었다는 등 점유권원이 소멸했다는 사실을 입증해야 함. 대법원 판결 98마3897)

③ 매수인이 부동산을 인도받은 후 점유를 빼앗긴 경우(인도명령의 목적은 이미 달성되었기 때문에)

④ 잔금 납부 후 6개월이 지난 경우

⑤ 대항력 있는 임차인, 선순위 용익권자, 유치권자, 법정지상권자

3. 경매 서류에 있는 사람과 없는 사람에 대한 인도명령 신청방법

인도명령 신성서는 법원비치된 양식으로 작성하거나 잔금납부 시 법무사에게 인도명령신청도 서비스로 같이 진행해달라고 미

---

112) 매수인으로부터 부동산을 매수한 자
113) 다른 사람에게 귀속될 수 없는 권리

리 말해놓는다.

(1) 인도명령의 상대방이 채무자, 소유자 또는 현황조사보고서 등 기록상 명백한 점유자일 때에는 인도명령 신청시 증빙서류가 필요하지 않으나, 경매 기록서류에 나타나지 않은 점유자를 상대방으로 할 경우에는 점유자의 주민등록등본(예 : 인도명령신청 후 법원에서 점유자의 주민등록등본을 첨부하라고 보정명령이 나오면 보정명령서를 가지고 주민센터에서 발급받아 제출할 수 있다) 또는 집행불능조서(예 : 집행관이 집행 시 점유자와 집행권원이 다를 경우 집행관의 집행불능조서) 등 점유사실과 점유개시 일자를 증명하는 서류를 첨부해야 한다.

(2) 인도명령결정 후 인도명령 대상자가 제삼자에게 점유이전을 하게 되면 인도명령집행이 불가능하게 되어 제삼자에 대해 또다시 인도명령 신청을 해야 하므로 점유이전이 우려되는 경우에는 점유이전금지가처분을 동시에 해두는 것이 좋음.

4. 인도명령 재판은 어떻게 하나?

(1) 심리

① 채무자, 소유자 : 서면심리만으로(서류만 보고) 재판

② 점유자 : 원칙 점유자를 심문해야 한다. 다만, 점유자가 매수인에게 대항할 수 있는 권원이 없으면 심문하지 않고 서면으로 재판

(2) 재판

① 인도명령 결정 : 집행법원은 신청인이 제출한 자료와 집행기록, 심문결과 등으로 인도명령의 사유가 소명되면 인

도명령을 한다.

② 인도명령 기각 : 점유자가 매수인에게 대항할 수 있는 권원(대항력 있는 임차인, 선순위 용익권자, 유치권자 등)이 있으면 인도명령을 기각한다.

5. 인도명령 집행은 이렇게 진행된다

(1) 송달 : 인도명령 결정은 집행을 받을 자에게 송달해야 한다(집행개시요건).

(2) 효력 : 인도명령이 상대방에게 송달[114]되면 즉시 효력(집행력)이 생긴다.

(3) 집행신청 : 인도명령이 상대방에게 송달되면, 신청인이 송달받은 인도명령결정정본을 첨부해서 담당 경매계에 가서 송달증명원 및 집행문신청을 해 송달증명원 및 집행문을 부여받아 집행관사무실에가서 강제집행신청(인도집행)을 한다.

[사례] 인도명령의 상대방(누구를 상대로 신청하나?)

사례	살고 있는 사람	누구를 상대로 신청하나?	비고
①	A(소유자,채무자), B(배우자), C(아들)	A	B, C는 생활공동체이므로 A만 신청하면 된다(B, C는 점유보조자. 점유보조자는 점유는 하지만 점유권이 없다).
②	A(소유자, 채무자), B(임차인)	A, B	
③	전입신고, 사업자등록이 별도로 되어 있거나 점유사실이 경매 기록상 확인되는 경우	모두	

출처 : 저자 작성

---

114) 송달이 안 되면 재송달하거나, 발송 송달로 해주는 경우도 있다. 법원마다 지침이 다르다.

03

인도명령에 의한
강제집행 진행절차

1. 강제집행 시작과 끝을 따라 해보자

(1) 인도명령신청서 작성 및 법원접수

　잔금 납부와 동시에 한다. 법무사 소유권 등기 시 같이 신청해 달라고 요청한다. 인도명령 사건번호 확인 후 인도명령신청 후 결정까지 진행사항을 대법원 나의 사건검색에서 사건번호로 조회한다(검색창에 '대법원 나의 사건 검색' www.scourt.go.kr > portal).

[자료 10-1] 대법원 나의 사건 김색 해보기

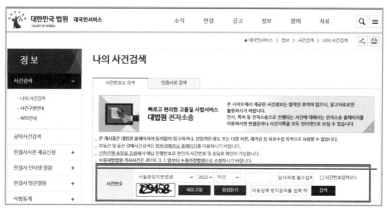

출처 : 대한민국법원 법원경매정보

(2) 인도명령 결정(법원 결정)

→ 신청 후 약 1주일 소요

(3) 인도명령결정문 신청인과 상대방에게 송달

상대방에게 송달이 되어야 집행신청이 가능함(집행개시요건) → 약 1~2주 소요, 송달 여부 확인은 '대법원 나의 사건검색'에서 조회한다.

(4) 담당 경매계에서 송달증명원 및 집행문신청 부여받음

(인지구입 송달증명원 500원, 집행문 신청 500원 합 1,000원)

→ 인도명령결정문을 가지고 가서 신청한다(송달증명원, 집행문 부여 신청서 양식 참조).

(5) 집행관사무실에서 강제집행신청

(강제집행신청서 작성 및 집행비용 예납, 강제집행신청서 양식 첨부)

(6) 계고집행

→ 강제집행신청 후 약 1~2주

강제집행을 하기 전 집행관이 방문해서 채무자에게 일정기간을 주고, 그때까지 자진인도하지 않으면 강제집행하겠다는 경고 및 최후통첩이다. 계고 후 약 1~2주 정도 시간을 준다(계고집행은 법원마다 조금씩 차이가 있는데, 집행관과 직원이 방문해 채무자에게 계고장을 직접 전달하거나 없으면 문틈에 꽂아두거나 문에 붙여놓는 경우도 있고, 사람이 없을 경우 2인의 증인이 입회해 열쇠공을 불러 문을 강제개문해 들어가 계고장을 집 안에 붙여놓는 경우도 있다).

(7) 강제집행(본집행)

→ 계고집행 후 약 2주 후

계고기간이 끝났는데도 인도하지 않은 경우, 채권자는 강제집행속행신청서를 제출하고 집행관은 집행날짜를 정해 집행 당일에는 채무자 소유의 물건을 반출하고 창고에 보관한다.

채무자가 보관된 물건을 찾아가지 않으면 채권자는 보관료를 보관업자에게 계속 납부해야 하므로 채권자는 유체동산매각절차(동산경매)를 진행[115]해 매각대금에서 비용을 뺀 후 남은 금액이 있으면 공탁한다(민사집행법 제258조 6항).

(1)~(7)까지 약 1개월~2개월 소요됨.

2. 강제집행 비용은 얼마나 나올까?

(1) **집행신청비용** : 약 20만 원(수수료, 여비 등. 집행신청 시 접수비용)+열쇠공 약 20만 원

(2) **노무비** : 1인당 약 13~14만 원(면적에 따라 인원 수 증감. 노무자수 10평~20평 : 10명, 20평~30평 : 13명, 30~40평 : 16명, 40~50평 : 19명, 50평 이상 : 매 10평 증가 시 2명~3명 추가. 공휴일 야간집행은 20~30% 추가)

(3) **운반비와 보관비** : 컨테이너 1대당 약 110만 원 → 짐이 많으면 늘어남(내역 : 5톤 화물차 1대당 50만 원, 창고보관비 60만 원(1개월 20만 원×3개월).

---

[115] 1차적으로 채무자에게 짐을 가져가라고 내용증명을 보내고 안 가져갈 경우 매각명령신청서를 제출해 진행한다. 채권자가 매각명령을 신청하면 약 1개월 정도 후에 매각명령이 나오고, 또 1개월 정도 후에 매각기일이 잡힌다. 제삼자가 낙찰을 받거나 낙찰받을 사람이 없을 경우 보통 채권자가 직접 낙찰을 받아 물건을 정리한다.

(4) 기타 : 자재비(박스, 테이프 등), 에어컨 해체 비용, 필요시 사다
리차, 지게차 등을 이용할 경우 비용추가, 부가세 별도

- 강제집행 시 살아 있는 동물이 있는 경우(개, 고양이, 새 등)
  동물 보호비를 별도로 납부해야 하는데 비용이 비싸다.
  보통 마리당 일수 계산해서 3개월 치를 납부한다(예 : 강
  아지 1마리, 1일 3만 원 90일 보호비=270만 원, 부가세 별도).
- 강제집행비용은 면적 크기에 비례함. 인건비와 물가가 올
  라서 시기와 법원과 집행하는 업체별로 차이가 있음.
- 전용면적 평당 15만 원 정도로 계산해서 대략적으로 예상
  한다(예 : 전용 25평 아파트 375만 원).

☞ **[참고서식] 송달증명원·집행문부여신청서**

신 청 서	(* 해당 사항을 기재하고 해당 번호란에 "○"표)

사건번호　2022 타인 123** 부동산 인도명령

원고(채권자) 김신청 (주민등록번호 등　－　)　집행문 부여　인지액 500원
　　　　　　　　　　　　　　　　　　　　송달증명　　인지액 500원
피고(채무자) 안나가 (주민등록번호 등　－　)　확정증명　　인지액 500원

제삼채무자

✓ **1. 집행문 부여 신청**

　　당사자 간 사건의(판결, 결정, 명령, 화해조서, 인낙조서, 조정조서) 정본에 집행문을 부여해
　　주시기 바랍니다.

✓ **2. 송달증명원**

　　위 사건의(판결, 결정, 명령, 화해조서, 인낙조서, 조정조서) 정본이 20 ．　．　자로 상대방에게
　　송달되었음을 증명해주시기 바랍니다.

---

3. 확정증명원

　　위 사건의 (판결, 결정, 명령,　　　　)이 20 ．　．　자로 확정되었음을 증명해주시기
　　바랍니다.

---

20 ．　．
위 (1항, 2항, 3항) 신청인　　원고(채권자)　　김신청　(날인 또는 서명)

　　　　　　　　　　　　　　　　　　　　　　　　　법원　　　　　귀중

위 (송달, 확정) 사실을 증명합니다.
20 ．　．
　　　법원　법원사무관(주사)　　　　　(인)

[유의사항] 1. 사건번호는 법원으로부터 수령한 소송서류 등으로 확인해 정확하게 기재하기 바랍
니다.

☞ **[참고서식] 강제집행신청서**

강 제 집 행 신 청 서

OO지방법원 OO지원　집행관사무소　　　　　집행관　　　　　귀하

채권자	성 명	김신청	주민등록번호 (사업자등록번호)		전화번호	
					우편번호	
	주 소			(전화번호 :)		
	대리인	성 명 : 주민등록번호 :		전화번호		

채무자	성 명	안나가	주민등록번호 (사업자등록번호)		전화번호	
					우편번호	
	주 소			(전화번호 :)		

집행목적물소재지	(※다른 경우는 아래에 기재함)
집행권원	20○○ 타인 123** 부동산 인도명령 결정
집행의 목적물 및 집행방법	동산 압류, 동산 가압류, 동산 가처분, 부동산 점유이전금지가처분, 건물 명도, 철거, 부동산 인도, 자동차 인도, 기타( )
청구금액	원(내역은 뒷면과 같음)

위 집행권원에 기한 집행을 해 주시기 바랍니다.

※ 첨부서류
1. 집행권원　1통
2. 송달증명서　1통
3. 위임장　1통

　　　　　　　　　　　　　　　20
　　　　　　　　　　　　채권자　　김신청　　(인)
　　　　　　　　　　　　대리인　　　　　　　(인)

※ 특약사항

1. 본인이 수령할 예납금잔액을 본인의 비용부담하에
　 오른쪽에 표시한 예금계좌에 입금해 주실 것을 신청합니다.

예금계좌	개설은행	
	예 금 주	
	계좌번호	

　　　　채권자(신청인)　　　　　(인)

2. 집행관이 계산한 수수료 기타 비용의 예납통지 또는 강제집행 속행 의사 유무 확인 촉구를 2회 이상 받고도 채권자가 상당한 기간 내에 그 예납 또는 속행의 의사표시를 하지 않은 때는 본건 강제집행 위임을 취하한 것으로 보고 완결처분 해도 이의 없음.

　　　　채권자(신청인)　　　　　(인)

[경매 관련 법령]

1. 경매 관련 형법 : 경매 관련 형법조문과 범죄유형

죄명	법조항	범죄유형
경매 입찰 방해죄	**형법 제315조(경매, 입찰의 방해)** 위계 또는 위력 기타 방법으로 경매 또는 입찰의 공정을 해한 자는 2년 이하의 징역 또는 700만 원 이하의 벌금에 처한다.	▶ 경매 입찰하려는 자가 서로 통모해 그중 1인만 낙찰받게 하기로 하고 기타의 자는 일정가격 이상 또는 그 이하로 입찰하지 않을 것을 협정하는 것. 또는 입찰을 포기시키는 것 ▶ 가장임차인이 대항력 있음을 주장해 허위임대차계약서를 제출하고 입찰가를 저감시킨 경우 (부천지원2001고단23) ▶ 경매 목적물의 소유자와 유치권신고자가 공모해 허위의 유치권(공사를 하지도, 점유하지도 않고 공사한 것처럼 경락대금을 떨어뜨리고 낙찰받음)을 신고한 것에 대해 경매 방해죄를 인정(2013고정1174 수원지법 안산지원) ▶ 허위유치권(공사를 하지 않았는데도 공사한 것처럼 신고하거나, 공사대금을 부풀려서 신고하는 경우, 허위공사도급계약서 제출)은 위계의 방법으로 경매의 공정을 해한 것이므로 경매방해죄가 성립한다(2007도6062 대법원, 2011노109 대구지법).
주거 침입죄	**형법 제319조(주거침입)** ① 사람의 주거, 관리하는 건조물, 선박이나 항공기 또는 점유하는 방실에 침입한 자는 3년 이하의 징역 또는 500만 원 이하의 벌금에 처한다.	▶ 낙찰받은 빈집에 몰래 들어간 경우(△) ▶ 강제집행 후 내보낸 점유자가 다시 침입한 경우 ▶ 유치권자가 건물을 관리자의 승락을 얻지 않고 불법적으로 점거한 경우(2007도654) ▶ 경락허가결정이 당연무효라고 하더라도 이에 기한 인도명령에 의한 집행으로서 경락인에게 점유가 이전된 이상, 이 건물의 소유자가 위 무효인 인도집행에 반해 위 건물에 들어간 경우에도 주거침입죄는 성립한다(1983도1429).
강제집행 면탈죄	**형법 제327조(강제집행면탈)** 강제집행을 면할 목적으로 재산을 은닉, 손괴, 허위양도 또는 허위의 채무 부담해 채권자를 해한 자는 3년 이하의 징역 또는 1,000만 원 이하의 벌금	▶ 강제경매를 신청하려고 하자 채무자가 짜고 타인(배우자 등) 명의로 부동산을 명의이전한 경우 ▶ 채무자가 채권자를 해하려는 목적으로 허위공사대금채무를 부담하는 것으로 꾸미고 유치권을 주장하게 하는 때, ▶ 허위임대차계약서를 작성해 최우선변제보증금을 배당받은 경우(서울남부2007고단2137)
사문서 위조죄	**형법 제231조(사문서 등의 위조·변조)** 행사할 목적으로 권리·의무 또는 사실증명에 관한 타인의 문서 또는 도화를 위조 또는 변조한 자는 5년 이하의 징역 또는 1,000만 원 이하의 벌금	▶ 허위임대차계약서 제출 ▶ 허위유치권 서류 제출 (가짜 공사계약서, 가짜 거래명세표 등)

죄명	법조항	관련사례
재물 손괴죄	**형법 제366조(재물손괴 등)** 타인의 재물, 문서 또는 전자기록등 특수매체기록을 손괴 또는 은닉 기타 방법으로 기 효용을 해한 자는 3년 이하의 징역 또는 700만 원 이하의 벌금에 처한다.	▶ 낙찰받은 빈집을 강제로 문을 따고 들어간 경우 ▶ 낙찰받은 집을 전 소유자가 훼손한 경우(재물손괴죄), 떼어간 경우(절도죄) ▶ 유치권자가 소유자나 제삼자의 점유침탈을 막으려고 아파트 출입문에 용접을 한 행위(2010도5989) ▶ 경락받은 공장건물을 개조하기 위해 그 안에 시설되어 있는 타인의 자재를 적법한 절차 없이 철거하게 해 손괴한 행위(90도700)
업무 방해죄	**형법 제314조(업무방해)** ① 허위사실을 유포하거나 위계 또는 위력으로써 사람의 업무를 방해한 자는 5년 이하의 징역 또는 1500만 원 이하의 벌금에 처한다.	▶ 미납관리비 체납으로 관리사무소에서 단전·단수처리한 경우 ▶ 유치권자가 건물공사대금을 지급받지 못해 신축건물1층의 일부 출입문을 쇠사슬로 채워 출입하지 못하게 하고, 위력으로 피해자의 내장공사를 방해한 경우(2004도46)
권리행사 방해죄	**형법 제323조(권리행사방해)** 타인의 점유 또는 권리의 목적이 된 자기의 물건 또는 전자기록 등 특수매체기록을 취거, 은닉 또는 손괴해 타인의 권리행사를 방해한 자는 5년 이하의 징역 또는 700만 원 이하의 벌금에 처한다.	▶ 매수인이 유치권자를 완력으로 내보내고 매수인이 점유하는 경우, 매수인은 권리행사방해죄가 성립할 수 있음. 유치권자가 점유하는 주택의 출입문을 해제하고 들어가 거주한 경우 권리행사방해죄 인정(2011도2368)
사기죄, 소송사기죄	**형법 제347조(사기)** ① 사람을 기망해 재물의 교부를 받거나 재산상의 이익을 취득한 자는 10년 이하의 징역 또는 2,000만 원 이하의 벌금에 처한다.	**사기죄** ▶ 허위 유치권신고를 해 낙찰가격이 많이 하락한 경우 채무자에 대해 사기죄가 성립할 수 있음. ▶ 허위임대차계약서를 작성해 최우선변제보증금을 배당받은 경우(서울 남부 2007고단2137) ▶ 임대인이 임대차계약을 체결하면서 임차인에게 임대목적물이 경매 진행 중인 사실을 알리지 않은 경우(98도3263) **소송사기죄** ▶ 유치권에 의한 경매 신청한 유치권자가 공사대금을 허위로 부풀려 신고한 경우 법원을 기망해 배당이라는 법원의 처분행위에 재산상이익을 취하려는 행위로 소송사기죄의 실행의 착수에 해당한다(소송사기죄 성립 ○. 2012도9603) ▶ 진정한 임차권자가 아니면서 허위의 임대차계약서를 법원에 제출해 임차권등기명령를 신청한 행위는 소송사기의 실행의 착수에 해당(소송사기죄 성립 ○. 2010도12732)

2. 기타 경매 관련 법령

기타 경매 관련된 주요 법령은 다음과 같다. 법령과 판례 검색은 '대한민국법원 종합법률정보(https://glaw.scourt.go.kr)'에서 무료로 검색하고 열람이 가능하다. 최신 자료를 필요시 열람하고 스크랩할 수 있다.

▶ 민사집행법
    제2편 제2절 부동산에 대한 강제집행 제78조~제171조
    제3편 담보권실행 등을 위한 경매 제264조~제275조
▶ 부동산 등에 대한 경매 절차 처리지침(재민 2004-3)
▶ 주택임대차보호법
▶ 주택임대차보호법 시행령
▶ 상가건물임대차보호법
▶ 상가건물임대차보호법 시행령
▶ 민법
    제1편 총칙 제4장 물건 제98조~제102조
    제2편 물권 제185조~제372조

[부동산 경매 공부 시 유용한 사이트]

법원 경매 정보사이트	– 대한민국법원 법원경매정보 사이트(www.courtauction.go.kr) – 유료 경매정보 사이트 : 지지옥션(ggi.co.kr), 옥션원(auction1.co.kr), 부동산 태인(taein.co.kr) 외 다수 – 무료 경매정보 사이트 : 두리옥션(www.dooriauction.co.kr) 외 다수
공매 정보사이트	온비드(www.onbid.co.kr) : 자산관리공사 공매 물건
공적장부 열람 및 발급	– 등기부등본 : 대법원인터넷등기소(www.iros.go.kr) – 토지이용계획확인원 열람 : 토지이음(www.eum.go.kr) – 건축물대장과 토지대장 등 : 정부24(www.gov.kr) – 부동산 종합증명서 무료 열람 : 일사편리(https://kras.go.kr:444) – 건축물대장, 도면 발급, 건축행정민원 신청 : 세움터(https://cloud.eais.go.kr)
시세조회, 실거래가 조회	– 네이버 부동산(https://new.land.naver.com) – 국민은행(KB)시세(https://kbland.kr) – 국토교통부 실거래가 공개시스템(rt.molit.go.kr) – 아실(https://asil.kr) – 밸류맵(www.valueupmap.com)

법률	– 대한민국 종합법률정보(http://glaw.scourt.go.kr) :
	  모든 법령정보와 판례를 검색할 수 있음.
	– 대한민국법원 사건검색 서비스(www.scourt.go.kr) :
	  사건번호로 소송진행내역을 열람
	– 대한민국법원 전자소송(https://ecfs.scourt.go.kr) :
	  전자소송사이트, 전자소송양식
	– 대한법률구조공단(www.klac.or.kr) : 법률 무료상담, 법률서식

지하철, 철도정보	– 미래철도 DB(www.frdb.wo.to) : 대한민국 신설예정철도, 지하철, 광역 전철, 경전철 노선정보사이트
산림정보	– 다드림(gis.kofpi.or.kr) : 임업환경정보, 토양정보, 적정재배품목, 경사 도 등
상권정보	– 소상공인 상권정보 시스템(https://sg.sbiz.or.kr/godo/index.sg) – 마이프차(https://myfranchise.kr)

출처 : 저자 작성

초보자도 고수 되는 부동산 경매

제1판 1쇄 2023년 1월 30일

지은이 박노성
펴낸이 최경선 **펴낸곳** 매경출판㈜
기획제작 ㈜두드림미디어
책임편집 이향선, 배성분 **디자인** 디자인 뜰채 apexmino@hanmail.net
마케팅 김성현, 한동우, 장하라

매경출판㈜
등 록 2003년 4월 24일(No. 2-3759)
주 소 (04557) 서울시 중구 충무로 2(필동 1가) 매일경제 별관 2층 매경출판㈜
홈페이지 www.mkbook.co.kr
전 화 02)333-3577
이메일 dodreamedia@naver.com(원고 투고 및 출판 관련 문의)
인쇄·제본 ㈜M-print 031)8071-0961
ISBN 979-11-6484-507-1 (03320)

같이 읽으면 좋은 책들

📍 같이 읽으면 좋은 책들 📍

신방수 세무사의
양도
소득세
완전
분석

사례로 풀어보는
지분경매
지분경매 해결 TWO 기둥
= 소송 + 협상

신방수 세무사의
부동산 거래 전에
자금출처 부터
준비하라!

부동산 관리도
경영의 시대

부동산 관리와
종합서비스

신방수 세무사의
상속분쟁 예방과
상속
증여
절세 비법

김 과장도 돈 버는
셰어하우스
SHARE
HOUSE

내 생애 짜릿한
대박 상가
투자법

신방수 세무사의
주택임대사업자
등록과
절세 비법

나는 장애를 딛고
부동산 경매로
성공했다

상위
1%
공인
중개사의
마케팅
비법

아파트는 살고
땅은 사라

부동산
상식을
돈으로
바꾸는 방법

해외 부동산 투자,
나는 말레이시아로
간다
MALAYSIA

당신도 건물주가 될 수 있다
원룸
마스터

부동산
실무 法
용어사전
1,000

부자로 환승하라
머니트레인

부동산 투자
인사이트

그는 어떻게
부동산
1인 창업으로
10억을
벌었을까?

돈 버는
주택임대
관리기법

DM
dodreamedia

㈜두드림미디어
경제·경영, 재테크, 자기계발, 실용서 전문 종합출판사

가치 있는 콘텐츠와 사람
꿈꾸던 미래와 현재를 잇는 통로

Tel : 02-333-3577
E-mail : dodreamedia@naver.com

https://cafe.naver.
com/dodreamedia